名人家书典藏

〔清〕曾国藩 ◎ 著

唐浩明 ◎ 评析

曾国藩家书

长江出版传媒

长江文艺出版社

图书在版编目（ＣＩＰ）数据

曾国藩家书 / （清）曾国藩著 ； 唐浩民评析. -- 武
汉：长江文艺出版社， 2022.1
（名人家书典藏系列）
ISBN 978-7-5702-1710-6

Ⅰ. ①曾… Ⅱ. ①曾… ②唐… Ⅲ. ①曾国藩（
1811-1872）－书信集 Ⅳ. ①K827=52

中国版本图书馆 CIP 数据核字(2020)第 252875 号

曾国藩家书
ZENG GUOFAN JIASHU

责任编辑：程华清　　　　　　　　　　责任校对：毛　娟
装帧设计：天行云翼·宋晓亮　　　　　责任印制：邱　莉　杨　帆

出版：长江出版传媒 | 长江文艺出版社
地址：武汉市雄楚大街 268 号　　　　邮编：430070
发行：长江文艺出版社
http://www.cjlap.com
印刷：武汉中远印务有限公司

开本：700 毫米×1000 毫米　　　1/16　　印张：25.75　　插页：1 页
版次：2022 年 1 月第 1 版　　　　2022 年 1 月第 1 次印刷
字数：341 千字

定价：49.80 元

总序

　　近些年来，传统文化大倡，生成诸多热点，家书即其中之一。传统社会，游子在外游学、游宦、经商、征战、旅行，与家人互通音讯，只有家书。当下我们能够看到的最早的家书，是两个攻打楚国的秦军士兵，在战场上写给兄长的。信中除了问候母亲安否，还要求在家乡的兄长给他们筹措必要的生活物品，寄到军中。这两封家书是在湖北省云梦县"睡虎地秦墓"中发现的，距今已有两千三四百年了。最近，湘西里耶秦简在国博展出，在众多书简中，也能看到当时家书的模样。这些书信都写在竹简或木简上，字体为秦篆或秦隶。可以想见，那时交通不便，秦始皇统一六国后虽然创建了十分完备的邮政系统，但私人书信的传递诚非易事，因而才有"家书抵万金"的慨叹，或寄希望于"鱼雁"，即所谓"云中谁寄锦书来，雁字回时，月满西楼"。

　　这些都说明了家书之难得与弥足珍贵。历史上，有很多家书，历经战乱而保存至今，都已成为重要的文献史料；而名家荟萃，信手挥洒，或成名篇。值得一提的如：刘邦的《手敕太子文》、司马谈的《命子迁》、刘向的《诫子歆书》、曹操的《戒子植》、马援的《诫兄子严敦书》、孙权的《让孙皎书》、诸葛亮的《诫外甥书》、姜维的《报母书》、王祥的《诫子孙遗令》、骆宾王的《与情亲书》、欧阳修的《与十二侄》、司马光的《训俭示康》、苏轼的《与侄千之书》、黄庭坚的《答洪驹父书》、文天祥的《狱中家书》、宗臣的《报刘一丈书》、袁凯的《京城得家书》、商家梅的《得家书》，林觉民的《与妻书》等等，真可谓琳琅满目，美不胜收，"千载之下，读其言，反覆其意，未尝不为之潸然出涕者"，亦可见忠义之气，家国情怀，直抒胸臆，盎然言表。

明永乐年间曾有创建民信局之举，历史上一直为官府所垄断的邮政系统惠及民间，即始于此时。这一举措极大地方便了私人信函的传递，家书的产量因而进入快速增长期。明清两代的名臣硕儒，居官在外既久，多以书信和家人联络，处理家族事务。其中常见者，不外乎问候尊长，私语妻室，训育子弟，抒写见闻之文字。有写得好的，或以情怀，或以德行，皆为世所珍视。故明清以降，多有收藏、编纂名家书信者，所重者，一为人，二为字，三为文，也有以资纪念或求为考据的。晚近更见名家书信的流行，尤以家书为甚。如《曾国藩家书》《梁启超家书》，即名重一时，被几代读者视为增进修养、完善人格的美文。

这次长江文艺出版社策划出版"名人家书典藏"，首批就选了王阳明、曾国藩、李鸿章、梁启超，是很有眼光的。这四个人，都非寻常角色。历史上，他们各有其非凡之处和显赫地位，当今又为广大读者所推重，是仍然活在现实中的历史人物。而他们的家书所呈现出来的现实意义和思想价值，恰恰为他们在当代社会的再生提供了强大的内在生命力。最先进入当代人视野的是曾国藩。唐浩明先生曾被称为"点燃曾国藩热之火的人"，他把曾国藩推到当代读者面前，一时间，士林官场、商界军营，乃至市井百姓，无不以阅读、谈论曾国藩为时尚，尤其是他的家书，更被推崇为治家教子的"圣经"。紧随其后的是王阳明。他是著名的"陆王心学"的代表人物，在思想道德领域，他的名头恐怕要比曾国藩大得多。就某种意义而言，曾国藩恰是"陆王心学"的践行者。众所周知，"陆王心学"的核心内容即强调"淑身济物"，"克己尽心"，王阳明更提出"致良知"，为众人指出一条成圣之路。曾国藩便是世所公认的近代社会最后一位"圣人"，他的道德文章影响了岂止一代人？不过，与曾国藩家书自清末以来就风行海内外不同的是，王阳明家书直到近些年才有专辑印行于世。这次列入丛书出版，也算是弥补这种缺憾吧。

至于梁启超，与王阳明及曾国藩更有着千丝万缕的联系。在他的家乡，广东新会白沙里，有一位与王阳明齐名的儒学大师陈献章，世称白沙先生，其思想上接陆九渊，下启王阳明，是"陆王心学"中承前启后的人物，对岭南的民风、学风影响极大。梁启超的祖父、父亲都是白沙先生的信奉者，他们留给后代的精神遗产，也即梁氏家风的根基，就是"宋明儒义理名节之教"。再有，梁启超师从康有为，而康氏的老师朱九江也是一位宋明理学的代表人物，主张"发先圣大道之本，举修己爱人之义，扫去汉宋之门户，而归宗于孔子"。因而，在梁启超的伦理道德思想中，可见很深厚的传统儒学的涵养。他很推崇阳明心学，曾以"王阳明知行合一之教"为题发表演讲，呼吁改革现代学校教育；他对曾国藩更近乎崇拜，在给亲友师长的信函中多次表示，因读曾文正家书而猛然自省，并以曾文正之法，洗心涤虑，克厉修己。在其所作《曾文正公嘉言钞序》中，他视曾国藩为"立德立功立言三不朽"的伟人，说他"生当学绝道丧，人欲横流之际"，却能够"自拔于流俗，而困而知，而勉而行"，从而"变举世之风气而挽一时之浩劫"。观其所言，"字字皆得之阅历而切于实际，故其亲切有味，资吾侪当前之受用者，非唐宋以后儒先之言所能逮也"。故而他的家书在此一方面与王阳明、曾国藩能够一脉相承，一以贯之，则毋庸置疑。区别仅在于，梁启超生于西风渐盛之时，又是一位西方思想文化重要的阐释者、传播者，他的道德伦理故染有西学的色彩，体现为以儒学为根基，兼收西学优秀道德伦理观念的特点，他在家书中固能自觉地将中西道德伦理熔于一炉。

李鸿章的情况则有些复杂。俗语有所谓"盖棺论定"一说。这种说法对平常人或者适用，对非常之人往往就行不通了。李鸿章就是这样一位无论生前还是死后都大有争议的非常之人。此人离世已逾百年，论不仅不能定，分歧乃有愈演愈烈之势。而且，这种分歧不仅表现在政治层面，更表现在道德层面。虽说他与曾国藩有师生的名分，但二者的行为方式大有不同。有人说，曾国藩遇事考虑该不该做，李鸿章则考虑能不能做。这种人生态度总会借各种机会体现在家书中，故李鸿章的家书中少有王阳明、曾国藩、梁启超家书中关于义理名节大强调，而多为军务政务、朝局国事、官场情状，这或许正是李鸿章家书的独特之处和价值所在。再有一点，自民国之初，李鸿章家书就是出版商追捧的热点，有多种李鸿章假家书行于世，故此次列入丛书出版的《李鸿章家书》，特意标明"真家书"，以正视听。为此，编纂评析此书的董丛林先生做了大量的、艰苦细致的甄别、辨析工作，并参考了当下最新的学术研究成果，以求为读者提供一部真实可信的《李鸿章家书》。

此次出版"名人家书典藏"评析本首批四种，分别为《王阳明家书》，周月亮、程林评析；《曾国藩家书》，唐浩明评析；《李鸿章家书》，董丛林评析；《梁启超家书》，解玺璋评析。这几位评析者都对自己评析的对象有过多年的潜心研究和思考，并结合自身的人生感悟，以及对当今现实社会的观察，故能以深入浅出、以古喻今的文字出之，意在为读者，特别是年轻一代的读者提供一条沟通古今人生的"时空隧道"，使优秀的中华民族文化能在新的历史环境下得以弘扬和传承。这一点微薄的希望如能得到读者的认可和共鸣，则于愿足矣。书中或有种种疏漏和不足，也望读者指出，不吝赐教。

解玺璋

己亥冬至于望京二随堂

目录

曾国藩家书

禀父母（道光二十年二月初九日）

男国藩跪禀父亲、母亲大人膝下：

去年十二月十六日，男在汉口寄家信，付湘潭人和纸行，不知已收到否？后于二十一日在汉口开车，二人共雇二把手小车六辆，男占三辆半。行三百余里，至河南八里汉度岁。正月初二日开车，初七日至周家口，即换大车。雇三套篷车二辆，每套钱十五千文。男占四套，朱占二套。初九日开车，十二日至河南省城，拜客耽搁四天，获百余金。十六日起行，即于是日三更，趁风平浪静，径渡黄河，二十八日到京。一路清吉平安，天气亦好，惟过年二天微雪耳。

到京在长郡会馆卸车。二月初一日移寓南横街千佛庵。屋四间，每月赁钱四千文，与梅、陈二人居址甚近。三人联会，间日一课，每课一赋一诗誊真。初八日是汤中堂老师大课，题"智若禹之行水赋"，以"行所无事则智大矣"为韵，诗题赋得"池面鱼吹柳絮行"，得"吹"字，三月尚有大课一次。同年未到者不过一二人，梅、陈二人皆正月始到。岱云江南、山东之行无甚佳处，到京除偿债外，不过存二三百金，又有八口之家。

男路上用去百金，刻下光景颇好。接家眷之说，郑小珊现无回信。伊若允诺，似尽妥妙；如其不可，则另图善计，或缓一二年亦可，因儿子太小故也。

家中诸事都不挂念，惟诸弟读书不知有进境否？须将所作文字诗赋寄一二首来京。丹阁叔大作亦望寄示。男在京一切谨慎，家中尽可放心。

又禀者，大行皇后于正月十一日升遐，百日以内禁剃发，期年禁燕会音乐。何仙槎年伯于二月初五日溘逝。是日男在何家早饭，并未闻其大病，不数刻而凶问至矣。没后，加太子太保衔。其次子何子毅，已于去年十一月物故。自前年出京后，同乡相继殂逝者：夏一卿、李高衢、杨宝筠三主事，熊子谦、谢庵及何氏父子凡七人，光景为之一变。男现慎保身体，自奉颇厚。

季仙九师升正詹，放浙江学政，初十日出京。廖钰夫师升尚书。吴甄甫师任福建巡抚。朱师、徐师灵榇并已回南矣。

詹有乾家墨，到京竟不可用，以胶太重也，拟仍付回，或退或用随便。接家眷事，三月又有信回家中。信来，须将本房及各亲戚家附载详明，堂上各老人须一一分叙，以烦琐为贵。

谨此跪禀万福金安。

评点：破天荒翰林

这是现存曾国藩家书中年代最早的一封。

曾氏于道光十八年第三次会试中式，殿试三甲第四十二名，赐同进士出身；朝考一等第三名，后由道光帝拔置为第二名，改翰林院庶吉士。庶吉士通过三年教习后还有一次考试，谓之散馆。散馆合格者留在翰林院，不合格者或改任县令，或分发各部。教习期间可留在北京，也可不留。曾氏未留北京，请假回湖南。这次来北京，系参加散馆考试。两个月后他通过了考试，被授职翰林院检讨，从七品衔，成为京师一名小官员。在京师，曾氏微不足道，但在曾家，他可是一个了不得的大人物。因为曾氏家族五六百年来从未有人与功名打过交道，这次一下子便出了个翰林，真可谓大大地破了天荒。

这封信是曾氏刚抵北京时写给父母的平安家信。他的父亲名叫曾麟书，号竹亭。曾麟书也是个读书人，但考运不好，一连考了十七次，考到四十三岁那年才录取个秀才。曾麟书一生以教蒙童为业，直到晚年才因儿子的地位而升为乡绅。曾麟书虽从未做过官，但因为是曾家第一个秀才，也算是有脸面的人。不过，这位孜孜不倦于考试的蒙师可能真的平庸。曾氏为其父母写墓表时，对于父亲的一生，几乎乏善可陈，而其祖父，居然可以在稠人广坐之中，大声呵斥已为人父的这个长子。孝顺固然是孝顺，但性格懦弱、办事才干欠缺大概也是实在的。晚年，他曾自撰一副传诵甚广的联语："有子孙有田园，家风半读半耕，但以箕裘承祖泽；无官守无言责，世事不闻不问，且将艰巨付儿曹。"对联写得很洒脱，然在洒脱的背后，也透露出撰联者那种乏才又不遇的无奈和自嘲。

曾氏的母亲江氏比丈夫大五岁。她的性格与丈夫正好相反：刚烈、好强，且勤快能干。曾麟书夫妇共育有五子四女，曾氏为他们的长子。

父母的性格在曾氏的身上有着明显的遗传。曾氏多次说过自己"胆气薄弱"。从他带兵之初两次因失败而欲投江自杀的记录来看，可知其性格中有着脆弱的一面。这显然源于其弱父的遗传，但他又有"打脱牙齿和血吞""屡败屡战"的倔强，明显带着强母的天赋。

信中所提到的儿子，即曾氏次子纪泽。曾氏结婚四年后于道光十七年十月生长子祯第，此子一岁多后与其小姑同时因染痘症而夭殇。道光十九年十一月初二，纪泽降生。就在这一天，曾氏在隆重的祭祖鞭炮声中离家北上，次年正月二十八日抵京。从湖南湘乡到北京，途中走了八十多天，由此可见当年进京赶考之艰难。

曾氏在北京，最挂念的是诸弟的学业。长兄点了翰林，诸弟脸上自然有光，巴望自己早日中试之心也便更加急迫，对大哥的指点也便抱有更高的期盼。做兄长的自然于此责无旁贷，故一到京城，便急着要诸弟把近日所作诗赋寄来，好切实指导。

信的末尾，曾氏希望家里今后给他写信"以烦琐为贵"。这几个字充分体现了一个远方游子对家人的关心思念之情，即便后来妻儿迁到京师，曾氏仍希望时常看到来自家乡的絮絮叨叨、巨细皆备的书信。此中除开曾氏个人的亲情之外，也透露了另一层消息，即中国人浓厚的"根"的观念。不管到了哪里，即便是在京师贵为朝廷大员，或是在外乡成了千万富翁，他也会将所在地视为寓所，当作客居，他的家始终是那个遥远的世代祖居的地方，告老还乡、叶落归根总是游子最后的取向，这就是"根"的意念。"根"是中华民族的凝聚力，是联系的纽带，但"根"也大大地局限了中国人的视野、胸襟和开拓精神。

禀祖父（道光二十一年四月十七日）

祖父大人万福金安：

四月十一日由折差发第六号家信，十六日折弁又到。孙男等平安如常，孙妇亦起居维慎，曾孙数日内添吃粥一顿，因母乳日少，饭食难喂，每日两饭一粥。

今年散馆，湖南三人皆留，全单内共留五十二人，仅三人改部属，三人改知县。翰林衙门现已多至百四五十人，可谓极盛。

琦善已于十四日押解到京，奉上谕派亲王三人、郡王一人、军机大臣、大学士、六部尚书会同审讯，现未定案。

梅霖生同年因去岁咳嗽未愈，日内颇患咯血。同乡各京官宅皆如故。

澄侯弟三月初四在县城发信已经收到，正月二十五信至今未接，兰姊以何时分娩？是男是女？伏望下次示知。

楚善八叔事，不知去冬是何光景？如绝无解危之处，则二伯祖母将穷迫难堪；竟希公之后人，将见笑于乡里矣。孙国藩去冬已写信求东阳叔祖兄弟，不知有补益否？此事全求祖父大人做主。如能救焚拯溺，何难嘘枯回生！

伏念祖父平日积德累仁，救难济急，孙所知者，已难指数。如廖品一之孤、上莲叔之妻、彭定五之子、福益叔祖之母及小罗巷、樟树堂各庵，皆代为筹画，曲加矜恤。凡他人所束手无策、计无复之者，得祖父善为调停，旋乾转坤，无不立即解危，而况楚善八叔同胞之亲、万难之时乎？孙因念及家事，四千里外杳无消息，不知同堂诸叔目前光景。又念家中此时亦甚艰窘，辄敢冒昧饶舌，伏求祖父大人宽宥无知之罪。楚善叔事如有说法之处，望详细寄信来京。

慈逢折便，敬禀一二。即跪叩祖母大人万福金安。

评点：一个不同凡庸的乡村农民

《曾国藩全集·家书》共收有曾氏给祖父母或祖父的信十六封。曾氏的祖父名玉屏，号星冈，是一个不同凡庸的乡村农民。曾氏对祖父的崇仰之情远过父亲。从曾氏亲撰的墓表中可知，曾玉屏青少年时是个好游乐无节制的浮薄子弟，直到三十五岁时才洗心革面做一个规矩农民。曾玉屏体魄强壮，说话声如洪钟，有威仪，治家有方，一直是曾氏大家族的家长，且热心邻里之事，颇有乡党领袖的风度。曾玉屏少时不读书，壮年后深知读书的重要，对子孙课读甚严。他虽未经历过大世面，却有识见。在长孙点翰林后，他告诫家人：我们家以种田为本，虽富贵也不能丢了这个根本。国藩做翰林，只是刚开始，事业还长得很，家中的琐碎事不要去打扰他，以便他一心一意做官。因为有祖父这番叮嘱，故而曾氏做京官十余年，没有为家事操累过。祖母王氏，比丈夫整整大了七岁。直到道光二十六年，祖父祖母都还健在。那时曾氏已三十六岁，官居翰林院侍讲学士，从四品衔。这种家庭，世间并不多有。

曾氏想到自己上有祖父母、父母，中有诸弟姊妹，下有妻子儿女，又做了中级京官，真个是福禄周全、门祚鼎盛。他深知月盈则缺、花盛则谢的道理，常以盈满为戒，故将书房取名"求阙斋"。阙者，空也，缺也。曾氏希望今后在别的事情上存有缺憾，以便"堂上重庆"的福气能多保留些日子。

道光二十九年，曾氏官居礼部右侍郎兼兵部右侍郎，已是朝廷的高级官员了，曾玉屏才去世，享年七十六岁。按照当时礼制，他可以得到从一品荣禄大夫的封赠。一个乡间农民，能享到孙子所带来的这般好处，也可谓洪福齐天了。

在曾氏的心目中，祖父是一个有大智大才、只因生不逢时而未获大用的英雄豪杰。到了晚年，他已建立大功勋，封侯拜相，仍认为自己远不如祖父。纵观曾氏一生，我们可以看出祖父对他的影响很大，其中尤在两个方面表现得最为突出。

一在为人上。他以祖父所说"懦弱无刚乃男人最大之耻"作为终身座右铭，并将这句话一再告诫子弟。曾氏又在"刚"中注入"毅"的成分。"刚毅"二字成为曾氏性格的主要特征，也是他一生事业成就的基石之所在。

祖父对曾氏的另一重大影响在治家上。曾氏"早、扫、考、宝、书、蔬、鱼、猪"治家八字诀，完全是对祖父平时所作所为的概括。他反复告诫子弟："治家之道，一切以星冈公为法。"

信中所言"楚善八叔事"，系族叔楚善被债主追逼度日艰难，写信给曾氏请求帮助之事。因祖父在乡党中有威望，故曾氏将此事推给祖父，请他代为援手。

致诸弟（道光二十二年九月十八日）

四位老弟足下：

九弟行程，计此时可以到家。自任邱发信之后，至今未接到第二封信，不胜悬悬，不知道上不甚艰险否？四弟、六弟院试，计此时应有信，而折差久不见来，实深悬望。

余身体较九弟在京时一样，总以耳鸣为苦。问之吴竹如，云只有静养一法，非药物所能为力。而应酬日繁，余又素性浮躁，何能着实养静？拟搬进内城住，可省一半无谓之往还，现在尚未找得。余时时自悔，终未能洗涤自新。

九弟归去之后，余定刚日读经、柔日读史之法。读经常懒散不沉着。读《后汉书》，现已丹笔点过八本，虽全不记忆，而较之去年读《前汉书》，领会较深。九月十一日起同课人议每课一文一诗，即于本日申刻用白折写。余文、诗极为同课人所赞赏，然余于八股绝无实学，虽感诸君奖借之殷，实则自愧愈深也。待下次折差来，可付课文数篇回家。余居家懒做考差工夫，即借此课以磨砺考具，或亦不至临场窘迫耳。

吴竹如近日往来极密，来则作竟日之谈，所言皆身心国家大道理。渠言有窦兰泉者，见道极精当平实。窦亦深知余者，彼此现尚未拜往。竹如必要余搬进城住，盖城内镜海先生可以师事，倭艮峰先生、窦兰泉可以友事，师友夹持，虽懦夫亦有立志。余思朱子言"为学譬如熬肉，先须猛火煮，然后用慢火温"，余生平工夫全未用猛火煮过，虽略有见识，乃是从悟境得来，偶用功，亦不过优游玩索已耳，如未沸之汤，遽用慢火温之，将愈煮愈不熟矣。以是急思搬进城内，屏除一切，从事于克己之学。镜海、艮峰两先生亦劝我急搬，而城外朋友，余亦有思常见者数人，如邵蕙西、吴子序、何子贞、陈岱云是也。

蕙西尝言："'与周公瑾交，如饮醇醪'，我两人颇有此风味。"故每见辄长谈不舍。子序之为人，余至今不能定其品，然识见最大且精，尝教我云："用功譬若掘井，与其多掘数井而皆不及泉，何若老守一井，力求及泉而用之不竭乎？"此语正与余病相合，盖余所谓"掘井多而皆不及泉"者也！

何子贞与余讲字极相合，谓我"真知大源，断不可暴弃"。余尝谓天下万事万理皆出于乾坤二卦，即以作字论之：纯以神行，大气鼓荡，脉络周通，潜心内转，此乾道也；结构精巧，向背有法，修短合度，此坤道也。凡乾以神气言，凡坤以形质言。礼乐不可斯须去身，即此道也。乐本于乾，礼本于坤。作字而优游自得、真力弥满者，即乐之意也；丝丝入扣，转折合法，即礼之意也。偶与子贞言及此，子贞深以为然，谓渠生平得力，尽于此矣。

陈岱云与吾处处痛痒相关，此九弟所知者也。

写至此，接得家书，知四弟、六弟未得入学，怅怅然。科名有无迟早，总由前定，丝毫不能勉强。吾辈读书，只有两事：一者进德之事，讲求乎诚正修齐之道，以图无忝所生；一者修业之事，操习乎记诵词章之术，以图自卫其身。进德之事难以尽言，至于修业以卫身，吾请言之：

卫身莫大于谋食。农工商，劳力以求食者也；士，劳心以求食者也。故或食禄于朝，教授于乡，或为传食之客，或为入幕之宾，皆须计其所业，足以得食而无愧。科名者，食禄之阶也，亦须计吾所业，将来不至尸位素餐，而后得科名而无愧。食之得不得，穷通由天做主，予夺由人做主；业之精不精，则由我做主。然吾未见业果精而终不得食者也。农果力耕，虽有饥馑，必有丰年；商果积货，虽有壅滞，必有通时；士果能精其业，安见其终不得科名哉？即终不得科名，又岂无他途可以求食者哉？然则特患业之不精耳。

求业之精，别无他法，曰专而已矣。谚曰"艺多不养身"，谓不专也。吾掘井多而无泉可饮，不专之咎也。诸弟总须力图专业。如九弟志在习字，亦不必尽废他业，但每日习字工夫，断不可不提起精神，随时随事，皆可触悟。四弟、六弟，吾不知其心有专嗜否？若志在穷经，则须专守一经；志在作制义，则须专看一家文稿；志在作古文，则须专看一家文集。作各体诗亦然，作试帖亦然，万不可以兼营并骛，兼营则必一无所能矣。切嘱切嘱，千万千万。

此后写信来，诸弟各有专守之业，务须写明，且须详问极言，长篇累牍，使我读其手书即可知其志向识见。凡专一业之人，必有心得，亦必有疑义。诸弟有心得，可以告我共赏之；有疑义，可以问我共析之。且书信既详，则四千里外之兄弟不啻晤言一室，乐何如乎？

余生平于伦常中，惟兄弟一伦抱愧尤深。盖父亲以其所知者尽以教我，而我不能以吾所知者尽教诸弟，是不孝之大者也。九弟在京年余，进益无多，每一念及，无地自容。嗣后我写诸弟信，总用此格纸，弟宜存留，每年装订成册。其中好处，万不可忽略看过。诸弟写信寄我，亦须用一色格纸，以便装订。

谢果堂先生出京后，来信并诗二首。先生年已六十余，名望甚重，与余见面，辄彼此倾心，别后又拳拳不忘，想见老辈爱才之笃。兹将诗并余送诗附阅，传播里中，使共知此老为大君子也。

余有大铜尺一方，屡寻不得，九弟已带归否？频年寄黄英白菜子，家中种之好否？在省时已买漆否？漆匠果用何人？信来并祈详示。

评点：为学譬如熬肉

曾氏家书之精华在于与诸弟书及训子书，其为世所重的原因主要有两点：一、曾氏的这两类家书，绝非世人所常见的报平安道家常的书信，作书者乃抱着极大的责任心和殷殷企盼之情，以书信为函授教材，将自己的学问识见毫无保留地传授给子弟。元好问诗："鸳鸯绣取从头看，不把金针度与人。"而曾氏恰恰是在把"金针"度与子弟。世人在阅读这些书信的同时，也便轻易地获得了"金针"。二、曾氏的子弟几乎个个成才成器，日后或成为其事业的得力助手，或成为其家族的薪火传人。他们以自己的业绩验证了曾氏所传"金针"的效用。正如良师的光彩要靠高徒来衬托一样，父兄的家教也要靠子弟的成就来增添说服力。

在这两类书信中，数量多内容丰富的部分又属与弟书。它不仅展示了曾氏望弟成才的苦心，更表现了其儒家文化忠实继承者的道德风范。

在中国的家庭伦理中，长兄是负有保护教育弟妹的重大责任的，故历来有"长兄当父"之说。但是，事实上绝大多数的长兄并非如此。他们爱子亲子，却对弟妹缺少关爱之心。因为儿女不仅是其财产事业的继承人，也是其生命的延续，亲与爱，是发自内心的，并不需要伦理的约束。而弟妹长大后，将自立门户，关系和情感只会越来越疏远。曾氏在大量的与弟书中所溢流出的兄弟之情，恰为世人所淡漠而为伦理所提倡，故在传统的家庭教育中，他的这些书信便成了极好的教材。

曾氏有四个弟弟，依祖父辈的序列排，分别为四弟国潢字澄侯、六弟国华字温甫、九弟国荃字沅甫、季弟国葆字贞干，与长兄相比，分别小十岁、十二岁、十四岁、十八岁。在后来的岁月里，除四弟在湘乡原籍经营家业外，其余三弟均投笔从戎。六弟在三河之役中战死，季弟在围南京时染瘟疫病死，九弟则成为打下南京的首功之人。从现存的照片来看，曾氏与其九弟面相极为相似，都是瘦削的长脸、鼻翼两边的法令既深又长、三角眼、扫帚眉。两兄弟同日封爵开府，又都死于南京两江总督任上。在中国近代史上，这种事实属独一无二。

这封信写在道光二十二年秋天，是曾氏全集中所收与弟书的第一封。此时曾氏依旧在翰林院供职，兼任国史馆协修，是一个地位低下的小京官。

来到京师三年半了，曾氏的官位虽没多大迁升，长进却甚大，这长进主要体现在学问和见识上，而促成这种长进的，一来自师友间的启迪切磋，二靠个人的自觉自律。

中国封建时代的读书人，在获得功名之前，读的几乎全是八股试帖等闱墨文字，与真正的学问无甚关联。考取后便去做官，依仗的是手中的权力，腹中有无真才实学并不重要。所以中国封建官员，尽管绝大部分都经历过十年寒窗，但有真本事的人却微乎其微。李鸿章曾经这样评价过他的一个下属："此人连官都不会做，可见无用。"虽说得刻薄了点，却是大实话。

曾氏中试后有幸在翰林院做官，给了他读书再学习的宝贵时间，也因为他较为明智，能够清醒地知道自己身上所存在的读书人所固有的这种弊病，从而自觉地加以深造。在朋友们的引荐下，他拜了两位老师。

一是湖南善化人唐鉴，即信中所说的镜海先生，此人当时官居太常寺卿。唐鉴给曾氏最重要的指导有两点：一为如何读书。唐鉴告诉曾氏，读经当专精一经，一经通则诸经通。又说，文章、义理、考据三门学问中，义理为首，义理精则文章精，经济之学亦在义理中。第二，唐鉴向曾氏指出，"静"字功夫最是要紧。若不静，则省身也不密，见理也不明，都是浮的。唐鉴又将所著《畿辅水利志》送给曾氏。这书属当时的所谓经济之学，即实实在在的于国计民生有用的真正学问。

曾氏服膺这位同乡前辈，虚心向他请教。据说，咸丰二年，唐鉴由金陵书院内召进京，年轻的咸丰皇帝在一个月内接连召见他十五次，咨询治国之道。此时，曾氏正在湖南老家守母丧。太平军已打到湖南，朝廷欲在湖南组建团练来对抗，苦于无合适人牵头。唐鉴向咸丰帝面荐曾氏，并特为指出：曾氏书生出身，久为京官，既不懂军旅，又疏于民政，初时可能会不顺，但要相信他今后一定会成功。可见，唐鉴对曾氏知之甚深，对其一生事业的影响也很大。

另一个是有理学大师之称的倭仁（字艮峰）。他教给曾氏一个修身要诀：研几。几乃几微之意。研几，即认真对待瞬间念头、细微小事，将它与修齐治平的大事联系起来，有点类似二十世纪六十年代曾经流行过的一句话："狠斗私字一闪念。"研几，既然是自己对自己的整治，故最佳的方式是记日记，在日记中无情地解剖自己，批判自己，以求达到净化灵魂的目的。

倭仁后来官做到大学士，但在历史上却留下一个顽固守旧派的不好名声。同治六年，执政的恭王拟筹建同文馆，倭仁带头反对，说什么"立国之道，尚礼义不尚权谋；根本之图，在人心不在技艺"。这话的确迂腐得很。

"理学"在近代是一门被批得体无完肤的旧学问，倭仁的迂腐不通又为"理学该批"增加一个极好的例子。但作为主宰中国思想界数百年之久的这门学说，也并非就一塌糊涂、一无是处，它至少在培育人的心志、道德、操守等方面有着难以否定的作用。曾氏在日后组建湘军之初注重其血性精神方面的教育，他本人大权在握时能清廉自守、军情危难时能适时调整心态、大功告成时能谦退自抑等等，无疑都得力于早期的"研几"功夫。

这种以读书再学习为主课的翰苑闲官生涯，便是曾氏京师与弟书的背景。这个时期一直延续到道光二十七年出任礼部侍郎时为止，历时七八年。在这封信里，曾氏与诸弟谈自己读经史、拜师交友等情形，即为当时的真实写照。他要诸弟以"专"字法读书，便是转授唐鉴的指教。

这封信在谈到为学时有两点值得我们注意。

一是"猛火煮慢火温"法。这是子思、朱熹等人从熬肉中得到的启发：肉必须经过这样的熬，味道才会全部出来。读书亦是如此：先在短期内集中精力阅读，掌握所读之书的概貌；然后再对其中的章章节节乃至字字句句作慢慢细细的咀嚼，读熟读透，以求探到书中的精义奥赜。对于必读的经典书籍，这种"猛火煮慢火温"的方法值得借鉴。

二是谈乾坤礼乐之道。以书法为例，乾为神，坤为形，真力弥漫为乐，丝丝入扣为礼。这种将对立融为一体的思维方法，颇有点辩证统一的味道，值得把玩摩挲。

曾氏这封信中提到的京师朋友，笔者将在以后的相关评点中再说及。这次先介绍两个人。一为吴竹如。竹如名廷栋，江苏人，此时为翰林院官员，以后一直在京师做闲官，晚年回籍主讲金陵书院。而曾氏恰在此时做两江总督，彼此过从较密。曾氏死前一个月，两人还见了面。曾氏年谱记载："正月初二日，公访吴公廷栋宅，畅谈学业，语及邸抄倭文端公遗疏，交口称之，谓倘非自撰，不能抒写其心中所欲言。因语及昔年故交零落殆尽，黯然而别。"三十年前京师谈学论道的朋友，曾氏在晚年所见到的仅此一人。曾吴之交，亦可谓全始全终。第二个是谢果堂。谢为湖南湘乡人，亦为翰苑官员。他本人无甚特别业绩，但他的父亲谢芗泉则有一个名震京师的壮举，多少年来一直为人所称道。乾隆年间，正是和珅当道、炙手可热的时候，京师上下谁也不敢得罪他。和珅家里的仆人也仗势胡作非为，人们敢怒不敢言。一次，和珅仆人坐着大员才可乘坐的大红障泥车招摇过市，遇到时为御史的谢芗泉。他怒不可遏，命人拿下和仆，亲自放火烧掉这辆车，替众人出了一口气。大家叫他为"烧车御史"，对他的正气和胆量钦佩不已。和珅恼怒至极，但又发作不得，过两年后还是借故将谢削了职，直到和珅倒台后谢才起复。

曾氏对这位同乡前辈甚是佩服，在信中所说的送别诗中他还提到了谢家这段光荣历史："一朝烧车震都市，骢马御史真人豪。"

致诸弟（道光二十二年十月二十六日）

四位老弟足下：

十月二十一日接九弟在长沙所发信，内途中日记六页，外药子一包。二十二接九月初二日家信，欣悉以慰。

自九弟出京后，余无日不忧虑，诚恐道路变故多端，难以臆揣。及读来书，果不出吾所料，千辛万苦始得到家，幸哉幸哉！郑伴之不足恃，余早已知之矣。郁滋堂如此之好，余实不胜感激。在长沙时，曾未道及彭山屺，何也？又为祖母买皮袄，极好极好！可以补吾之过矣。

观四弟来信甚详，其发奋自励之志，溢于行间，然必欲找馆出外，此何意也？不过谓家塾离家太近，容易耽搁，不如出外较清净耳。然出外从师，则无甚耽搁；若出外教书，其耽搁更甚于家塾矣。且苟能发奋自立，则家塾可读书，即旷野之地、热闹之场，亦可读书，负薪牧豕，皆可读书；苟不能发奋自立，则家塾不宜读书，即清净之乡、神仙之境，皆不能读书。何必择地？何必择时？但自问立志之真不真耳！

六弟自怨数奇，余亦深以为然。然屈于小试辄发牢骚，吾窃笑其志之小，而所忧之不大也。君子之立志也，有民胞物与之量，有内圣外王之业。而后不忝于父母之所生，不愧为天地之完人。故其为忧也，以不如舜、不如周公为忧也，以德不修、学不讲为忧也。是故顽民梗化则忧之，蛮夷猾夏则忧之，小人在位、贤才否闭则忧之，匹夫匹妇不被己泽则忧之，所谓悲天命而悯人穷。此君子之所忧也。若夫一身之屈伸，一家之饥饱，世俗之荣辱得失、贵贱毁誉，君子固不暇忧及此也。六弟屈于小试，自称数奇，余窃笑其所忧之不大也。

盖人不读书则已，亦既自名曰"读书人"，则必从事于《大学》。《大学》之纲领有三：明德、新民、止至善，皆我分内事也。若读书不能体贴到身上去，谓此三项与我身了不相涉，则读书何用？虽使能文能诗，博雅自诩，亦只算得识字之牧猪奴耳！岂得谓之明理有用之人也乎？朝廷以制艺取士，亦谓其能代圣贤立言，必能明圣贤之理，行圣贤之行，可以居官莅民、整躬率物也。若以明德、新民为分外事，则虽能文能诗，而于修己治人之道实茫然不讲，朝廷用此等人做官，与用牧猪奴做官何以异哉？然则既自名为"读书人"，则《大学》之纲领，皆己身切要之事，明矣。其条目有八，自我观之，其致功之处，则仅二者而已：曰格物，曰诚意。

格物，致知之事也；诚意，力行之事也。物者何？即所谓本末之物也。身、心、意、知、家、国、天下，皆物也；天地万物，皆物也；日用常行之事，皆物也。格者，即物而穷其理也。如事亲定省，物也；究其所以当定省之理，即格物也。事兄随行，物也；究其所以当随行之理，即格物也。吾心，物也；究其存心之理，又博究其省察涵养以存心之理，即格物也。吾身，物也；究其敬身之理，又博究其立齐坐尸以敬身之理，即格物也。每日所看之书，句句皆物也；切己体察，穷究其理，即格物也。此致知之事也。所谓诚意者，即其所知而力行之，是不欺也。知一句便行一句，此力行之事也。此二者并进，下学在此，上达亦在此。

吾友吴竹如，格物工夫颇深，一事一物皆求其理。倭艮峰先生则诚意工夫极严，每日有日课册，一日之中一念之差、一事之失、一言一默，皆笔之于书。书皆楷字，三月则订一本。自乙未年起，今三十本矣。盖其慎独之严，虽妄念偶动，必即时克治，而著之于书，故所读之书，句句皆切身之要药。兹将艮峰先生日课抄三页付归与诸弟看。余自十月初一日起，亦照艮峰样，每日一念一事，皆写之于册，以便触目克治，亦写楷书。冯树堂与余同日记起，亦有日课册。树堂极为虚心，爱我如兄，敬我如师，将来必有所成。

余向来有无恒之弊，自此次写日课本子起，可保终身有恒矣。盖明师益友，重重夹持，能进不能退也。本欲抄余日课册付诸弟阅，因今日镜海先生来，要将本子带回去，故不及抄。十一月有折差，准抄几页付回也。

余之益友，如倭艮峰之瑟僩，令人对之肃然；吴竹如、窦兰泉之精义，一言一事，必求至是；吴子序、邵蕙西之谈经，深思明辨；何子贞之谈字，其精妙处，无一不合，其谈诗尤最符契。子贞深喜吾诗，故吾自十月来已作诗十八首，兹抄二页，付回与诸弟阅。冯树堂、陈岱云之立志，汲汲不遑，亦良友也。镜海先生，吾虽未尝执贽请业，而心已师之矣。

吾每作书与诸弟，不觉其言之长，想诸弟或厌烦难看矣。然诸弟苟有长信与我，我实乐之，如获至宝，人固各有性情也。

余自十月初一日起记日课，念念欲改过自新。思从前与小珊有隙，实是一朝之忿，不近人情，即欲登门谢罪。恰好初九日小珊来拜寿，是夜余即至小珊家久谈。十三日与岱云合伙请小珊吃饭，从此欢笑如初，前隙尽释矣。

金竺虔报满用知县，现住小珊家，喉痛月余，现已全好。李笔峰在汤家如故。易莲舫要出门就馆，现亦甚用功，亦学倭艮峰者也。同乡李石梧已升陕西巡抚。两大将军皆锁拿解京治罪，拟斩监候。英夷之事，业已和抚，去银二千一百万两，又各处让他码头五处。现在英夷已全退矣。两江总督牛鉴，亦锁解刑部治罪。

近事大略如此，容再续书。

兄国藩手具

评点：读书之要在格物致知

这是曾氏与诸弟谈为学之道的一封极重要的信。曾氏在这封信里有一种高屋建瓴的架势，陈义颇高，说教成分也较多。当今世风日趋浮躁，人皆急功近利，恨不得一日之间便发大财、居高位、享盛名，不愿意去做长时期的累积功夫，尤其不愿意去从事道德心灵方面的修炼，认为那些都是虚的假的。其实，一百六十多年前的世风也不见得比今天淳厚得很多，这可以从当时人写的书里看得出。但是，就在那个时候，也有一些人，他们既志存高远，又脚踏实地，修身务本，储才养望，在天时未到之前，努力准备着，一旦机会降临便能很快把握住，捷足先登。曾国藩、左宗棠、罗泽南等人都是这批人的突出代表。纵观曾氏的一生，其成功之基实奠于早期这种扎实的格致修诚的训练。

今日之年轻人，若无心做大事则罢，若有心做一番实实在在的事业，则千万不要视修身为迂腐空疏，应从曾氏成功的人生过程中，看到此种功夫的实际作用。

下面，我们来具体评说这封信。

曾氏对他的几个弟弟曾用两句诗来做过评价："辰君平正午君奇，屈指老沅真白眉。"辰君为辰时出生的四弟，午君为午时出生的六弟，老沅为九弟沅甫。

尽管从字面上看都是佳评，但透过表面，可以看出曾氏对这三个弟弟的评价是有高低区别的，而且以后各人的发展，也的确验证了他的评价。常言说，知子莫如父，知弟莫如兄。其实，许多为父的并不能知其子，为兄的也并不能知其弟，因为这还牵涉为父为兄的眼光如何。曾氏向被誉为"衡人精当"，从对三个弟弟的评价上也可看出此说是有根据的。

平正的另一面即平庸无用。曾氏在一封给父母的信中说"四弟天分平常"，恰恰说的就是这一面。四弟国潢一辈子在家守着田产房屋，从未见他有过显眼的事迹，可知此人在曾家众兄弟中实属才干平平。此时年已二十二岁仍身为白丁的曾四爷，却不安心在家塾过一边教书一边攻读的日子，想外出找一个学馆，理由是外馆清净，家塾易为杂事耽搁。曾四爷本身就不是一个能清净的人，已届晚年了，做大哥的还在家信中告诫这个弟弟少管闲事，不要吹唢呐赶热闹等等，可见"外馆清净"云云，不外乎一为自己功名未中找借口，二则趁此外出看看花花世界。故曾氏断然制止他的这个躁动：不必择地择时，若是真的立志苦读，再吵闹的地方也可读书，否则，即便是神仙之境也不能读好书。曾氏这番话，其实对任何一个正处求学时期的读书郎都适用。古时有凿壁偷光、挂角读书的穷苦学者，今有十五六岁便腰缠万贯不读书而去泡妞的"小皇帝"。可见读不读书，不取决于外部环境，而在于内心立志与不立志耳。

曾家的六爷被大哥称之为"奇"。奇者，或许真有奇才异能，也或许只是自命不凡、眼高手低罢了。从其一生的行径看来，曾六爷的"奇"，实无足称道。此时他考试成绩不佳，不从自身找原因，却怨天尤人，大发牢骚。曾氏这封家信，便主要是对这位缺乏自知之明的六弟而写的。

曾氏训诫六弟：小试不售便发牢骚，实为胸襟不宽、志量太小的缘故。君子之立志，不在一己之荣辱得失，而在有民胞物与之量、内圣外王之业。

"民胞物与"四字出自北宋理学家张载的《西铭》："民吾同胞，物吾与也。"意为人类万物同为天父地母所生，实与自己同出一源，故而都应该爱护。这种观念反映了理学也具有博爱和恢宏的一面。

"内圣外王"，语出《庄子·天下》："是故内圣外王之道暗而不明，郁而不发，天下之人各为其所欲焉以自为方。"这是儒学信徒的一种理想人格，意为内修圣人之德，外施王者之政。

接下来，曾氏又向六弟指出，脑子里应该思考的是自己哪些方面不如尧舜，不如周公，离天地完人的差距还有多远；心里应该忧虑的，是老百姓没有教化过来，外族在欺侮我们，小人在位、贤良未得使用，匹夫匹妇没有受到自己的恩泽等等。

笔者想，当年曾氏的几个弟弟，尤其是心气高傲的六弟，读到这里时，必定是或窃笑或恼怒，总之，都不可能接受人哥的这番高谈阔论。平心而论，要这几个住在荒山僻岭无寸尺功名、无丝毫地位的小青年去思考忧虑这些事，真是离谱太远了。细究当时的情况，曾氏实不过借此夫子自道而已！

前面说过，曾氏此时正拜理学大师倭仁为师，这封信里曾氏又谈到自己的身边有明师益友重重夹持。明师即倭仁，益友即吴竹如、冯树堂、陈岱云等人，曾氏和他们在一起成天读朱子全书，谈修诚之事，并每日记日记，将一念之差、一事之失，皆记于当天的日记里，对自己的差失严加鞭笞，毫不留情，甚至不惜骂自己如猪狗，而且还互相传看，以达到监督的作用。曾氏还为自己定下日课。就像一个规矩的小学生、一个虔诚的宗教徒似的，他每天严守课程表，一丝不苟。

他将自己过去的一切不合圣贤规范的东西譬为昨日种种死，而将一切合于圣贤规范的东西譬为今日种种生。自号涤生，其意即在此：涤旧而生新。曾氏年谱中说，他"效法前贤澄清天下之志"便产生在这个时期。如此看来，曾氏在信中滔滔不绝要诸弟立的志，正是他自己——一个年轻翰林的法前贤清天下的大志。

　　诸弟能不能接受暂且不管，悬出一个极高的目标来，让他们心存敬畏，努力追求，也是好事。至于对一般读书人而言，真正的有效工夫当用在何处呢？曾氏将自己的"金针"传给诸弟，这便是《大学》《中庸》里所说的"格物""诚意"四字。穷究事理，躬自力行，便可成为一个读书明理的君子。悲天悯人的绝大志向，曾氏在以后的家书中较少提及，至于"格物""诚意"等话题倒是常常说到。

致诸弟（道光二十二年十二月二十日）

诸位贤弟足下：

十一月十七寄第三号信，想已收到。父亲到县纳漕，诸弟何不寄一信，交县城转寄省城也？以后凡遇有便，即须寄信，切要切要。九弟到家，遍走各亲戚家，必各有一番景况，何不详以告我？

四妹小产以后，生育颇难，然此事最大，断不可以人力勉强，劝渠家只须听其自然，不可过于矜持。又闻四妹起最晏，往往其姑反服事他，此反常之事，最足折福。天下未有不孝之妇而可得好处者，诸弟必须时劝导之，晓之以大义。

诸弟在家读书，不审每日如何用功？余自十月初一立志自新以来，虽懒惰如故，而每日楷书写日记，每日读史十页，每日记"茶余偶谈"一则，此三事未尝一日间断。十月二十一日立誓永戒吃水烟，泊今已两月不吃烟，已习惯成自然矣。余自立课程甚多，惟记"茶余偶谈"、读史十页、写日记楷本，此三事者，誓终身不间断也。诸弟每人自立课程，必须有日日不断之功，虽行船走路，俱须带在身边。余除此三事外，他课程不必能有成；而此三事者，将终身以之。

前立志作曾氏家训一部，曾与九弟详细道及。后因采择经史，若非经史烂熟胸中，则割裂零碎，毫无线索。至于采择诸子各家之言，尤为浩繁，虽抄数百卷，犹不能尽收。然后知古人作《大学衍义》《衍义补》诸书，乃胸中自有条例，自有议论，而随便引书以证明之，非翻书而遍抄之也。然后知著书之难，故暂且不作曾氏家训。若将来胸中道理愈多，议论愈贯串，仍当为之。

现在朋友愈多，讲躬行心得者，则有镜海先生、艮峰前辈、吴竹如、窦兰泉、冯树堂；穷经知道者，则有吴子序、邵蕙西；讲诗、文、字而艺通于道者，则有何子贞；才气奔放，则有汤海秋；英气逼人、志大神静，则有黄子寿。又有王少鹤（名锡振，广西主事，年二十七岁，张筱浦之妹夫）、朱廉甫（名琦，广西乙未翰林）、吴莘畬（名尚志，广东人，吴抚台之世兄）、庞作人（名文寿，浙江人）。此四君者，皆闻余名而先来拜，虽所造有浅深，要皆有志之士，不甘居于庸碌者也。京师为人文渊薮，不求则无之，愈求则愈出。近来闻好友甚多，余不欲先去拜别人，恐徒标榜虚名。盖求友以匡己之不逮，此大益也；标榜以盗虚名，是大损也。天下有益之事，即有足损者寓乎其中，不可不辨。黄子寿近作《选将论》一篇，共六千余字，真奇才也。子寿戊戌年始作破题，而六年之中遂成大学问，此天分独绝，万不可学而至，诸弟不必震而惊之。余不愿诸弟学他，但愿诸弟学吴世兄、何世兄。吴竹如之世兄，现亦学艮峰先生写日记，言有矩，动有法，其静气实实可爱。何子贞之世兄，每日自朝至夕总是温书，三百六十日，除作诗文时，无一刻不温书，真可谓有恒者矣。故余从前限功课教诸弟，近来写信寄弟，从不另开课程，但教诸弟有恒而已。盖士人读书，第一要有志，第二要有识，第三要有恒。有志，则断不甘为下流；有识，则知学问无尽，不敢以一得自足，如河伯之观海，如井蛙之窥天，皆无识者也；有恒，则断无不成之事。此三者缺一不可。诸弟此时惟有识不可以骤几，至于有志、有恒，则诸弟勉之而已。余身体甚弱，不能苦思，苦思则头晕；不耐久坐，久坐则倦乏。时时属望惟诸弟而已。

明年正月，恭逢祖大人七十大寿，京城以进十为正庆。余本拟在戏园设寿筵，窦兰泉及艮峰先生劝止之，故不复张筵。盖京城张筵唱戏，名为庆寿，实则打把戏。兰泉之劝止，正以此故。现在作寿屏两架，一架淳化笺四大幅，系何子贞撰文并书，字有茶碗口大。一架冷金笺八小幅，系吴子序撰文，余自书。淳化笺系内府用纸，纸厚如钱，光彩耀目，寻常琉璃厂无有也，昨日偶有之，因买四张。子贞字甚古雅，惜太大，万不能寄回。奈何奈何！

侄儿甲三体日胖而颇蠢，夜间小解知自报，不至于湿床褥。女儿体好，最易扶携，全不劳大人费心力。

今年冬间，贺耦庚先生寄三十金，李双圃先生寄二十金，其余尚有小进项。汤海秋又自言借百金与我用，计还清兰溪、寄云外，尚可宽裕过年。统计今年除借会馆房钱外，仅借百五十金，岱云则略多些。岱云言在京已该账九百余金，家中亦有此数，将来正不易还。寒士出身，不知何日是了也！我在京该账尚不过四百金，然苟不得差，则日见日紧矣。

书不能尽言，惟诸弟鉴察。

课程

主敬（整齐严肃，无时不惧。无事时心在腔子里，应事时专一不杂）

静坐（每日不拘何时，静坐一会，体验静极生阳来复之仁心，正位凝命，如鼎之镇）

早起（黎明即起，醒后勿沾恋）

读书不二（一书未点完，断不看他书。东翻西阅，都是徇外为人）

读史（二十三史每日读十页，虽有事不间断）

写日记（须端楷，凡日间过恶：身过、心过、口过，皆记出，终身不间断）

日知其所亡（每日记"茶余偶谈"一则，分德行门、学问门、经济门、艺术门）

月无忘所能（每月作诗文数首，以验积理之多寡，养气之盛否）

谨言（刻刻留心）

养气（无不可对人言之事，气藏丹田）

保身（谨遵大人手谕：节欲，节劳，节饮食）

作字（早饭后作字，凡笔墨应酬，当作自己功课）

夜不出门（旷功疲神，切戒切戒）

评点：戒烟写日记主静

这封信里有几点值得我们注意。一为曾氏的戒烟。据说曾氏年轻时有两大嗜好：下围棋和吸水烟。下围棋太耗时，影响读书，曾氏曾下决心要戒掉。其咸丰八年的日记里尚有"四月二十三，戒棋立誓"的记载。但我们知道，此嗜好，他不但没戒掉，反而在日后的战争年代里愈演愈烈，几乎每日一局，即便战事极不顺利，他也照下不误。围棋为何没戒掉？笔者揣摩这可能是曾氏一生中唯一的一项娱乐活动。他这一辈子实在活得太累，倘若这一项娱乐都要取消，他的生命就很有可能难以维持，故戒过一段时间后又死灰复燃。至于水烟，则的确是戒掉了。这多半缘于他的健康状态。

曾氏其实是个不健康的人，甚至可以说是个病号。他在道光二十年六月，也就是刚进京参加散馆考试的半年后，便肺病大作，几至不救。肺病在当时为不治之症，他幸而遇到了一位名医，才度过这一劫。这一病三个月，住在客栈里，家眷并未来京，全靠一位名叫欧阳兆熊的同乡好友照料。

曾氏家信中屡次提到"耳鸣"，此病源于肝和肾上。这说明曾氏的肝、肾亦有毛病。咸丰七年在家中守父丧时，他自言眼睛模糊，寸大的字都看不清。那时还不到五十，已衰老如此。这封信里也说他身体甚弱，不能苦思久坐。不久后还吐过血。所有这些，足见曾氏一生身体状况不佳。吸烟有害健康，尤其于肺不利。戒烟多半出自医生的劝告，曾氏做到了。

至于他"誓终身不间断"的三事：茶余偶谈、读史十页、写日记，后因环境大变也有变化。茶余偶谈、读史十页都没有坚持下去。现存曾氏日记中，在道光二十五年三月至咸丰七年十二月这一大段时间里只保留下来一些零散的记录。咸丰八年六月初七日，曾氏第二次出山。从这天起，他恢复写日记的习惯，直至同治十一年二月初三日，即去世的前一天。曾氏的日记虽未一贯坚持，然而做到这个地步，亦不容易。

二为曾氏在谈到自己结交朋友时说，都是别人先来拜他，他不先拜别人，怕招"标榜以盗虚名"之讥。这里说的结交之道，似与我们今天所奉行的方式有所不同。或许当时京师风气如此，且不去管它，但下面的一句话值得我们重视："天下有益之事，即有足损者寓乎其中，不可不辨。"此语颇有点辩证眼光，乃曾氏的阅历所得。

第三，曾氏虽赞赏奇才，但不希望诸弟走"奇"一路。曾氏一生信奉"拙诚"，主张踏踏实实，下苦功，用笨劲。他对诸弟提出的"有志""有识""有恒"的要求，亦可以作为所有年轻人的座右铭。

这封信后，曾氏为诸弟附了一张课程表，上列十三项功课，并对这十三项功课逐一做了说明。生在今日，要像曾氏那样事事处处都如此苛刻地约束自己，恐怕是一桩绝不能做到的事，但作为研究当年理学信徒如何修身养性的资料，此课程却颇有一些价值。值得一说的是，在后来，湘军攻打江宁最关键的时候，曾氏曾以"静坐"来安定自己的心绪。

同治三年五六月间，曾国荃率领吉字营五万人马，在围攻江宁两年后已进入最后见分晓的时候。双方都豁出去了，战争打得十分残酷，吉字营能否取胜，并无把握。当时各方对曾国荃指责甚多，并波及曾氏本人，故此事不仅仅是"公事"，更变成他曾氏家族的"私事"。曾氏的一颗心被江宁战事悬系着，烦躁不安，无法宁静。这时他想起了早期京师的"静坐"功课，于是在安庆江督衙门的三楼上，特辟一静室。每天下午四五点钟的时候，他独自一人，在静室里坐一个小时：屏去一切思念、凝神枯坐。这招果然起作用：上楼时心乱如麻，下楼时心闲气定。就这样连续静坐一个多月，直到老九的捷报传来为止。

致温弟 （道光二十三年六月初六日）

温甫六弟左右：

五月二十九、六月初一连接弟三月初一、四月二十五、五月初一三次所发之信，并四书文二首，笔仗实实可爱。

信中有云"于兄弟则直达其隐，父子祖孙间不得不曲致其情"，此数语有大道理。余之行事，每自以为至诚可质天地，何妨直情径行。昨接四弟信，始知家人天亲之地，亦有时须委曲以行之者。吾过矣！吾过矣！

香海为人最好，吾虽未与久居，而相知颇深，尔以兄事之可也。丁秩臣、王衡臣两君，吾皆未见，人约可为尔之师。或师之，或友之，在弟自为审择。若果威仪可测，淳实宏通，师之可也；若仅博雅能文，友之可也。或师或友，皆宜常存敬畏之心，不宜视为等夷，渐至慢亵，则不复能受其益矣。

尔三月之信所定功课太多，多则必不能专，万万不可。后信言已向陈季牧借《史记》，此不可不熟看之书。尔既看《史记》，则断不可看他书。功课无一定呆法，但须专耳。余从前教诸弟，常限以功课，近来觉限人以课程，往往强人以所难，苟其不愿，虽日日遵照限程，亦复无益。故近来教弟但有一专字耳。专字之外，又有数语教弟，兹特将冷金笺写出，弟可贴之座右，时时省览，并抄一付寄家中三弟。

香海言时文须学《东莱博议》，甚是。尔先须过笔圈点一遍，然后自选几篇读熟。即不读亦可，无论何书，总须从首至尾通看一遍，不然，乱翻几页，摘抄几篇，而此书之大局精处茫然不知也。

学诗从《中州集》入亦好。然吾意读总集不如读专集。此事人人意见各殊，嗜好不同。吾之嗜好，于五古则喜读《文选》，于七古则喜读《昌黎集》，于五律则喜读《杜集》，七律亦最喜杜诗，而苦不能步趋，故兼读《元遗山集》。吾作诗最短于七律，他体皆有心得。惜京都无人可与畅语者。尔要学诗，先须看一家集，不要东翻西阅；先须学一体，不可各体同学，盖明一体则皆明也。凌笛舟最善为律诗，若在省，尔可就之求教。

习字临《千字文》亦可，但须有恒。每日临帖一百字，万万无间断，则数年必成书家矣。陈季牧最喜谈字，且深思善悟。吾见其寄岱云信，实能知写字之法，可爱可畏。尔可从之切磋，此等好学之友，愈多愈好。

来信要我寄诗回南，余今年身体不甚壮健，不能用心，故作诗绝少，仅作感春诗七古五章，慷慨悲歌，自谓不让陈卧子，而语太激烈，不敢示人。余则仅作应酬诗数首，了无可观。顷作寄贤弟诗二首，弟观之以为何如？京笔现在无便可寄，总在秋间寄回。若无笔写，暂向陈季牧借一支，后日还他可也。

评点：感春诗慷慨悲歌

单独给一个弟弟写信，此为曾氏现存家书的第一封。温弟，即出抚给叔父的六弟国华，字温甫。这年温甫二十一岁，因得到大哥的资助在长沙城南书院读书。长沙城里最有名的书院，当首推岳麓山下的岳麓书院，其次则为位于南门外的城南书院。此书院即著名的湖南一师的前身，当时的主持人为湘中名学者、数学家丁秩臣。

曾氏在信里谆谆告诫六弟敬师畏友，守一"专"字读书，习字亦应有恒等等。信中着重谈到学诗，并不无自得地谈到自己于诗的擅长。言及今年的感春诗五章，有"慷慨悲歌，自谓不让陈卧子"的得意之言。现存曾氏全集的诗文集中有《感春六首》。"不让陈卧子"的七古诗无疑就是指的这组诗。

这六首诗写在升官之前，果然词气亢厉，笔锋尖刻，表达的是对身处下僚的不满和对自我期许甚高的书生意气。一会儿是"贾马杜韩无一用，岂况吾辈轻薄人"，一会儿又是"莫言儒生终龌龊，万一雉卵变蛟龙"，活脱脱的一个既自嘲又自许的诗人墨客的形象！还有诸如"如今君王亦薄恩，缺折委弃何当言"等大不敬的句子。前不久尚教训诸弟"臣子与君亲，但当称扬善美，不可道及过错"。这样的犯上诗如何可寄出？

这组《感春诗》未寄，寄出的则是专为温甫写的两首怀弟诗。让我们来说说这两首诗。第一首为："十年长隐南山雾，今日始为出岫云。事业真如移马磨，羽毛何得避鸡群。求珠采玉从吾好，秋菊春兰各自芬。嗟我蹉跎无一用，尘埃车马日纷纷。"

首联说温甫好比出岫之云，终于离开家乡来到省城，日后前途当不可限量。颔联说学业要靠一点一滴地艰苦积累，与人相处要择善而从，避平庸而就高明。颈联说兄弟爱好相同，期待弟弟将来有大成就。尾联叹息自己虽为词臣，却陷于京师人事应酬之中，虚度岁月，一事无成。

第二首为："岳麓东环湘水回，长沙风物信嘉哉！妙高峰上携谁步？爱晚亭边醉几回。夏后功名余片石，汉王钟鼓拨寒灰。知君此日沉吟地，是我当年眺览来。"

这首诗抒发的是诗人自己对长沙城的怀念。曾氏在考中秀才后进长沙岳麓书院深造，在这里仅读一年的书后便中甲午科乡试。无疑，岳麓书院的求学生涯在曾氏的心中留下了美好的记忆，相应的，长沙城也在他的心中留下了美好的记忆。曾氏念念不忘妙高峰、爱晚亭、岳麓山上的大禹碑，以及有着几分凄凉色彩的定王台。结尾两句表面看起来，是说六弟今日的吟咏之地就是大哥当年登高远望时眼中所见之处，背后的意思是希望六弟能接续大哥的足迹，凭借着长沙城里的书院得售功名，出人头地。

致诸弟（道光二十三年六月初六日）

澄侯、叔淳、季洪三弟左右：

五月底连接三月一日、四月十八两次所发家信。四弟之信具见真性情，有困心横虑、郁积思通之象。此事断不可求速效。求速效必助长，非徒无益，而又害之。只要日积月累，如愚公之移山，终久必有豁然贯通之候，愈欲速则愈锢蔽矣。

来书往往词不达意，我能深谅其苦。今人都将"学"字看错了。若细读"贤贤易色"一章，则绝大学问即在家庭日用之间。于"孝弟"两字上，尽一分便是一分学，尽十分便是十分学。今人读书皆为科名起见，于孝弟伦纪之大，反似与书不相关。殊不知书上所载的，作文时所代圣贤说的，无非要明白这个道理。若果事事做得，即笔下说不出何妨？若事事不能做，并有亏于伦纪之大，即文章说得好，亦只算个名教中之罪人。贤弟性情真挚，而短于诗文，何不日日在"孝弟"两字上用功？《曲礼》《内则》所说的，句句依他做出，务使祖父母、父母、叔父母无一时不安乐，无一时不顺适；下而兄弟妻子皆蔼然有恩，秩然有序，此真大学问也。若诗文不好，此小事，不足计；即好极，亦不值一钱。不知贤弟肯听此语否？

科名之所以可贵者，谓其足以承堂上之欢也，谓禄仕可以养亲也。今吾已得之矣，即使诸弟不得，亦可以承欢，可以养亲，何必兄弟尽得哉？贤弟若细思此理，但于孝弟上用功，不于诗文上用功，则诗文不期进而自进矣。

凡作字总须得势，务使一笔可以走千里。三弟之字，笔笔无势，是以局促不能远纵。去年曾与九弟说及，想近来已忘之矣。九弟欲看余白折，余所写折子甚少，故不付。大铜尺已经寻得。付笔回南，目前实无妙便，俟秋间定当付还。

去年所寄牧云信未寄去，但其信前半劝牧云用功，后半劝凌云莫看地，实有道理。九弟可将其信抄一遍仍交与他，但将纺棉花一段删去可也。地仙为人主葬，害人一家，丧良心不少，未有不家败人亡者，不可不力阻凌云也。至于纺棉花之说，如直隶之三河县、灵寿县，无论贫富男妇，人人纺布为生，如我境之耕田为生也。江南之妇人耕田，犹三河之男人纺布也。湖南如浏阳之夏布、祁阳之葛布、宜昌之棉布，皆无论贫富男妇，人人依以为业，此并不足为骇异也。第风俗难以遽变，必至骇人听闻，不如删去一段为妙。书不尽言。

兄国藩手草

评点：绝大学问即在家庭日用之间

在这封信里，曾氏给诸弟讲了为学中的两个问题：一、学问功夫在于日积月累，积累到一定时候，则有豁然贯通的感悟。二、不要把学问仅限于书本中，家庭日用之间便有绝大学问，比如"孝弟（悌）"二字，便值得大用功夫。曾氏能看到这一点，实在是他的高明之处。《红楼梦》里说："世事洞明皆学问，人情练达即文章。"今人说，学问有有字之学，有无字之学，说的都是这层意思。古往今来，常常可见到一些饱读诗书的人，对世事却一窍不通，正如《三国演义》中诸葛亮所批评的小人之儒那样："青春作赋，皓首穷经，笔下虽有千言，胸中实无一策。"这种人大多于事无补。曾氏一贯注重文字外的学问，这可从他日后办湘军的事业中看得出。

此外，他还谈到了作字的"势"。"务使一笔可以走千里"，要的是一种纵横贯通之势、真气弥满之势。对于这种笔势，前代书家谈论颇多，如唐代书家张怀说:"夫人工书,须从师授,必先识势,乃可加工。"近代书家康有为说:"古人论书,以势为先。"可知"势"之于"书"极为重要。

信的最后一段提到的牧云、凌云两人,分别为欧阳夫人的兄和弟。借此机会,我们将曾氏的这两个小舅子介绍一下。

欧阳凝祉先生共有二子二女。两个女儿中欧阳夫人为长,次女嫁彭治官,二子中牧云为长。牧云名秉铨,廪贡生出身,长期以塾师为业,曾经教过曾氏二子,并协助过曾氏料理家事。同治元年,在曾氏的举荐下,出任候选训导,掌管衡州府书院教育。凌云为欧阳凝祉的次子,名秉钧。咸丰末年,他与侄儿欧阳定果一道入曾氏军营,后在湖北当差,官至光禄寺署正。欧阳凌云早年跟人学过看地,想做"地仙"。民间的所谓"地仙",多为骗子。曾氏的祖父一向讨厌"地仙",曾氏也讨厌"地仙",故力劝内弟不要从事这种职业。

致温弟沅弟（道光二十四年三月初十日）

六弟、九弟左右：

三月八日接到两弟二月十五所发信，信面载第二号，则知第一号信未到。比去提塘追索，渠云并未到京，恐尚在省未发也。以后信宜交提塘挂号，不宜交折差手，反致差错。

来书言自去年五月至十二月，计共发信七八次。兄到京后，家人仅检出二次：一系五月二十二日发，一系十月十六日发。其余皆不见。远信难达，往往似此。

腊月信有"糊涂"字样，亦情之不能禁者。盖望眼欲穿之时，疑信杂生，怨怒交至。惟骨肉之情愈挚，则望之愈殷；望之愈殷，则责之愈切。度日如年，居室如圜墙，望好音如万金之获，闻谣言如风声鹤唳；又加以堂上之悬思，重以严寒之逼人，其不能不出怨言以相詈者，情之至也。然为兄者观此二字，则虽曲谅其情，亦不能不责之。非责其情，责其字句之不检点耳，何芥蒂之有哉！

至于回京时有折弁南还，则兄实不知。当到家之际，门儿如市，诸务繁剧，吾弟可想而知。兄意谓家中接榜后所发一信，则万事可以放心矣，岂尚有悬挂者哉？来书辩论详明，兄今不复辩。盖彼此之心虽隔万里，而赤诚不啻目见，本无纤毫之疑，何必因二字而多费唇舌！以后来信，万万不必提起可也。

所寄银两，以四百为馈赠族戚之用。来书云："非有未经审量之处，即似稍有近名之心。"此二语推勘入微，兄不能不内省者也。又云："所识穷乏得我而为之，抑逆知家中必不为此慷慨，而姑为是言？"斯二语者，毋亦拟阿兄不伦乎？兄虽不肖，亦何至鄙且奸至于如此之甚！所以为此者，盖族戚中有断不可不一援手之人，而其余则牵连而及。

兄己亥年至外家，见大舅陶穴而居，种菜而食，为恻然者久之。通十舅送我，谓曰："外甥做外官，则阿舅来作烧火夫也。"南五舅送至长沙，握手曰："明年送外甥妇来京。"余曰："京城苦，舅勿来。"舅曰："然。然吾终寻汝任所也。"言已泣下。兄念母舅皆已年高，饥寒之况可想，而十舅且死矣，及今不一援手，则大舅、五舅者又能沾我辈之余润乎？十舅虽死，兄意犹当恤其妻子；且从俗为之延僧，如所谓道场者，以慰逝者之魂，而尽吾不忍死其舅之心。我弟我弟，以为可乎？

兰姊、蕙妹家运皆舛，兄好为识微之妄谈，兰姊犹可支撑，蕙妹再过数年则不能自存活矣。同胞之爱，纵彼无觖望，吾能不视如一家一身乎？

欧阳沧溟先生夙债甚多，其家之苦况，又有非吾家可比者，故其母丧，不能稍隆厥礼。岳母送余时，亦涕泣而道。兄赠之独丰，则犹徇世俗之见也。

楚善叔为债主逼迫，抢地无门，二伯祖母尝为余泣言之。又泣告子植曰："八儿夜来泪注地，湿围径五尺也。"而田货于我家，价既不昂，事又多磨。尝贻书于我，备陈吞声饮泣之状。此子植所亲见，兄弟尝欷歔久之。

丹阁叔与宝田表叔昔与同砚席十年，岂意今日云泥隔绝至此。知其窘迫难堪之时，必有饮恨于实命之不犹者矣。丹阁戊戌年曾以钱八千贺我，贤弟谅其景况，岂易办八千者乎？以为喜极，固可感也；以为钓饵，则亦可怜也。任尊叔见我得官，其欢喜出于至诚，亦可思也。

竟希公一项，当甲午年抽公项三十二千为贺礼，渠两房颇不悦。祖父曰："待藩孙得官，第一件先复竟希公项。"此语言之已熟，特各堂叔不敢反唇相讥耳。同为竟希公之嗣，而荣枯悬殊若此，设造物者一旦移其荣于彼二房，而移其枯于我房，则无论六百，即六两亦安可得耶？

六弟、九弟之岳家皆寡妇孤儿，槁饿无策。我家不拯之，则孰拯之者？我家少八两，未必遂为债户逼取；渠得八两，则举室回春。贤弟试设身处地而知其如救水火也。

彭王姑待我甚厚，晚年家贫，见我辄泣。兹王姑已没，故赠宜仁王姑丈，亦不忍以死视王姑之意也。腾七则姑之子，与我同孩提长养。各舅祖则推祖母之爱而及也。彭舅曾祖则推祖父之爱而及也。陈本七、邓升六二先生，则因觉庵师而牵连及之者也。其余馈赠之人，非实有不忍于心者，则皆因人而及。非敢有意讨好，沽名钓誉，又安敢以己之豪爽形祖父之刻啬，为此奸鄙之心之行也哉？

诸弟生我十年以后，见诸戚族家皆穷，而我家尚好，以为本分如此耳。而不知其初皆与我家同盛者也。兄悉见其盛时气象，而今日零落如此，则太难为情矣。凡盛衰在气象。气象盛，则虽饥亦乐；气象衰，则虽饱亦忧。今我家方全盛之时，而贤弟以区区数百金为极少，不足比数。设以贤弟处楚善、宽五之地，或处葛、熊二家之地，贤弟能一日以安乎？凡遇之丰啬顺舛，有数存焉，虽圣人不能自为主张。天可使吾今日处丰亨之境，即可使吾明日处楚善、宽五之境。君子之处顺境，兢兢焉常觉天之过厚于我，我当以所余补人之不足；君子之处啬境，亦兢兢焉常觉天之厚于我：非果厚也，以为较之尤啬者，而我固已厚矣。古人所谓境地须看不如我者，此之谓也。

来书有"区区千金"四字，其毋乃不知天之已厚于我兄弟乎？兄尝观《易》之道，察盈虚消息之理，而知人不可无缺陷也。日中则昃，月盈则亏，天有孤虚，地阙东南，未有常全而不缺者。《剥》也者，《复》之几也，君子以为可喜也。《夬》也者，《姤》之渐也，君子以为可危也。是故既吉矣，则由吝以趋于凶；既凶矣，则由悔以趋于吉。君子但知有悔耳。悔者，所以守其缺而不敢求全也。小人则时时求全，全者既得，而吝与凶随之矣。众人常缺而一人常全，天道屈伸之故，岂若是不公乎？今吾家椿萱重庆，兄弟无故，京师无比美者，亦可谓至万全者矣。故兄但求缺陷，名所居曰"求阙斋"，盖求缺于他事而求全于堂上，此则区区之至愿也。家中旧债不能悉清，堂上衣服不能多办，诸弟所需不能一给，亦求缺陷之义也。内人不明此意，时时欲置办衣物，兄亦时时教之。今幸未全备，待其全时，则吝与凶随之矣，此最可畏者也。贤弟夫妇诉怨于房闼之间，此是缺陷。吾弟当思所以弥其缺而不可尽给其求，盖尽给则渐几于全矣。吾弟聪明绝人，将来见道有得，必且韪余之言也。

至于家中欠债，则兄实有不尽知者。去年二月十六接父亲正月四日手谕，中云："年事一切，银钱敷用有余，上年所借头息钱，均已完清。家中极为顺遂，故不窘迫。"父亲所言如此，兄亦不甚了了，不知所完究系何项？未完尚有何项？兄所知者，仅江孝八外祖百两、朱岚暄五十两而已。其余如耒阳本家之账，则兄由京寄还，不与家中相干。甲午冬借添梓坪钱五十千，尚不知作何还法，正拟此次禀问祖父。此外账目，兄实不知。下次信来，务望详开一单，使兄得渐次筹画。如弟所云："家中欠债千余金，若兄早知之，亦断不肯以四百赠人矣。"如今信去已阅三月，馈赠族戚之语，不知乡党已传播否？若已传播而实不至，则祖父受啬吝之名，我加一信，亦难免二三其德之诮。此兄读两弟来书所为踌躇而无策者也。兹特呈堂上一禀，依九弟之言书之，谓朱啸山、曾受恬处二百落空，非初意所料。其馈赠之项，听祖父、叔父裁夺。或以二百为赠，每人减半亦可；或家中十分窘迫，即不赠亦可。戚族来者，家中即以此信示之，庶不悖于过则归己之义。贤弟观之，以为何如也？

若祖父、叔父以前信为是，慨然赠之，则此禀不必付归，兄另有安信付去，恐堂上慷慨持赠，反因接吾书而尼沮。凡仁心之发，必一鼓作气，尽吾力之所能为。稍有转念，则疑心生，私心亦生。疑心生则计较多，而出纳吝矣；私心生则好恶偏，而轻重乖矣。使家中慷慨乐与，则慎无以吾书生堂上之转念也。使堂上无转念，则此举也，阿兄发之，堂上成之，无论其为是为非，诸弟置之不论可耳。向使去年得云、贵、广西等省苦差，并无一钱寄家，家中亦不能责我也。

九弟来书，楷法佳妙，余爱之不忍释手。起笔收笔皆藏锋，无一笔撒手乱丢，所谓有往皆复也。想与陈季牧讲究，彼此各有心得，可喜可喜。然吾所教尔者，尚有二事焉。一曰换笔。古人每笔中间必有一换，如绳索然。第一股在上，一换则第二股在上，再换则第三股在上也。笔尖之着纸者，仅少许耳。此少许者，吾当作四方铁笔用。起处东方在左，西方向右，一换则东方向右矣。笔尖无所谓方也，我心中常觉其方。一换而东，再换而北，三换而西，则笔尖四面有锋，不仅一面相向矣。二曰结字有法，结字之法无穷，但求胸有成竹耳。

六弟之信，文笔拗而劲，九弟文笔婉而达，将来皆必有成。但目下不知各看何书？万不可徒看考墨卷，汩没性灵。每日习字不必多，作百字可耳。读背诵之书不必多，十页可耳。看涉猎之书不必多，亦十页可耳。但一部未完，不可换他部，此万万不易之道。阿兄数千里外教尔，仅此一语耳。

罗罗山兄读书明大义，极所钦仰，惜不能会面畅谈。

余近来读书无所得，酬应之繁，日不暇给，实实可厌。惟古文各体诗，自觉有进境，将来此事当有成就。恨当世无韩愈、王安石一流人与我相质证耳。贤弟亦宜趁此时学为诗、古文，无论是否，且试拈笔为之，及今不作，将来年长，愈怕丑而不为矣。每月六课，不必其定作时文也。古文、诗、赋、四六无所不作，行之有常。将来百川分流，同归于海，则通一艺即通众艺，通于艺即通于道，初不分而二之也。此论虽太高，然不能不为诸弟言之，使知大本大原，则心有定向，而不至于摇摇无着。虽当其应试之时，全无得失之见乱其意中；即其用力举业之时，亦于正业不相妨碍。诸弟试静心领略，亦可徐徐会悟也。

外附录《五箴》一首、《养身要言》一纸、《求阙斋课程》一纸，诗文不暇录，惟谅之。

兄国藩手草

五箴（并序，甲辰春作）

少不自立，荏苒遂泊今兹。盖古人学成之年，而吾碌碌尚如斯也，不其戚矣！继是以往，人事日纷，德慧日损，下流之赴，抑又可知。夫疢疾所以益智，逸豫所以亡身，仆以中材而履安顺，将欲刻苦而自振拔，谅哉其难之欤！作《五箴》以自创云。

立志箴

煌煌先哲，彼不犹人。藐焉小子，亦父母之身。聪明福禄，予我者厚哉！弃天而佚，是及凶灾。积悔累千，其终也已。往者不可追，请从今始。荷道以躬，舆之以言。一息尚活，永矢弗谖。

居敬箴

天地定位，二五胚胎。鼎焉作配，实曰三才。俨恪斋明，以凝女命。女之不庄，伐生戕性。谁人可慢？何事可弛？弛事者无成，慢人者反尔。纵彼不反，亦长吾骄。人则下女，天罚昭昭。

主静箴

斋宿日观，天鸡一鸣。万籁俱息，但闻钟声。后有毒蛇，前有猛虎。神定不慑，谁敢余侮？岂伊避人，日对三军。我虑则一，彼纷不纷。驰骛半生，曾不自主。今其老矣，殆扰扰以终古。

谨言箴

巧语悦人，自扰其身。闲言送日，亦搅女神。解人不夸，夸者不解。道听途说，智笑愚骇。骇者终明，谓女实欺。笑者鄙女，虽矢犹疑。尤悔既丛，铭以自攻。铭而复蹈，嗟女既耄。

有恒箴

自吾识字，百历泊兹。二十有八载，则无一知。曩之所忻，阅时而鄙。故者既抛，新者旋徙。德业之不常，曰为物牵。尔之再食，曾未闻或愆。黍黍之增，久乃盈斗。天君司命，敢告马走。

养身要言（癸卯入蜀道中作）

一阳初动处，万物始生时。不藏怒焉，不宿怨焉。——右仁，所以养肝也。

内而整齐思虑，外而敬慎威仪。泰而不骄，威而不猛。——右礼，所以养心也。

饮食有节，起居有常，作事有恒，容止有定。——右信，所以养脾也。

扩然而大公，物来而顺应。裁之吾心而安，揆之天理而顺。——右义，所以养肺也。

心欲其定，气欲其定，神欲其定，体欲其定。——右智，所以养肾也。

求阙斋课程（癸卯孟夏立）

读熟读书十页。看应看书十页。习字一百。数息百八。记《过隙影》即日记。

记《茶余偶谈》一则。——右每日课

逢三日写回信。逢八日作诗、古文一艺。——右月课

熟读书:《易经》《诗经》《史记》《明史》《屈子》《庄子》、杜诗、韩文。

应看书不具载。

评点：盈虚消息之理

这封给温、沅两弟的信里包含着很丰富的社会信息和文化内涵。

首先，我们可以从信中知道，曾氏家中欠债不少。曾氏自己估计需六百两来还债，但两弟来信说家中负债已过千两。当然，即便有千两债务，曾家人也绝不会缺衣少食无法度日，但至少说明曾氏为官多年后家中依旧不富裕。其次，可知曾家近亲大多日子过得不宽裕："蕙妹再过数年不能自存活"；岳父凤债甚多，比曾家更苦；大舅陶穴而居；楚善叔为债主逼迫，抢地无门；丹阁叔、宝田表叔境遇窘迫难堪；六弟、九弟岳家皆槁饿无策，等等。无论如何，曾家的近亲绝不会是当地的最贫困者。由此可见，当时湘乡、衡阳一带穷家小户的日子过得是如何的艰难！值得我们注意的是，家书中有这样一句话："诸弟生我十年以后，见诸戚族家皆穷，而我家尚好，以为本分如此耳，而不知其初皆与我家同盛者也。"也就是说，曾家的这些亲戚都是近十年间由富而贫，由盛而衰的。这十年正是鸦片战争前后，下距太平军起事也只有五六年。这期间湘乡、衡阳的民生凋敝如此，整个湖南大概也都差不多，推而广之，南方各省大概也差不多。这正是太平军之所以起事，并能迅速形成气候的社会原因之所在。对于近代史的研究者来说，这封家书是了解当时社情民意值得重视的第一手材料。

先前家书中，我们感受的都是大哥的权威、诸弟的敬悌，但在这封信中，我们却看到了曾氏兄弟之间分歧的一面。分歧之处正是在银钱的支配上。对于

大哥要将四百两银子馈赠亲族的想法，两个弟弟言辞尖刻地予以批评。一个说，此事没有先和家里商量，这样做近于哗众取宠。一个说，就你知道要接济穷乏，难道家里人都小气，不会为此慷慨之举吗？

以今天的眼光来看，这两个弟弟简直是无理取闹！寄往家里的钱不是全家的公款而是大哥独自赚的，他想怎么处置就怎么处置，你们凭什么说东道西，而且出语如此不逊！但在一百五十多年前，对于一个没有分家的家庭来说，家中每一个成员的所得都是家庭的公产，故而做弟弟的有权发表意见。当然，有许多人也并不一定把自己的所得交出，当家的也不能拿他怎样。但曾氏既要做孝子，又要做贤兄，故对两弟的如此指责并没有愤怒之态，在作了一句不至于如此鄙奸的表白后，予以谆谆开导。先谈被救济诸亲的可怜：通十舅是"言已泣下"，岳母是"涕泣而道"，伯祖母"泣言之"，其子是"夜来泪注地"，彭王姑是"见我辄泣"，而这些眼泪，无非都是为着一桩事：缺银钱！即便丹阁叔送八千钱是作"钓饵"，但穷家出此下策，亦为可怜。

叙述这些苦况后，曾氏给两弟讲了一番似虚似实、似有似无的"盈虚消息之理"。

曾氏认为：天有孤虚，地阙东南，天地都有不足，何况人？故人有所缺陷才是真实的。日中则昃，月盈则亏，日月都不能追求圆满，何况人？故人应当有所欠缺才好。

这种宇宙间的自然现象，先哲早就看到了。在《易经》这部书里，就贯穿着这种智慧的认识。"剥"卦是一个凶卦，卦中演示的多是不吉利的现象，但紧接其后便是"复"卦。"复"卦是一个吉卦。相反的，对于和乐的"夬"卦之后含有遇象的"姤"卦，有识者认为宜具危机感。《易经》将卦这样安排的用意，在于启示它的读者：人在吉顺时，常常会因此而得意忘形以至于招致灾难；反之，人在困逆时，又往往会因警惕自守而带来吉顺。所以，明白盈虚消息之理的人要将自己时时处在不完美而有所缺欠的状态中，才不至于因盈而虚，因息而消。

曾氏还认为，正因为世人都有这样或那样的缺陷，也正因为世人都追求圆满完整，从而难免存在着怨愤之心、忌妒之心。若看到身边有人什么都得到的话，便会认为天道不公平，怨愤、忌妒便会向他发泄。此人将有可能面临无妄之灾。眼下他家中祖父祖母、父亲母亲两代高堂都健在，此为人间最不易得到的椿萱重庆，大大的美事；而且兄弟姊妹俱全，又加之他官运亨通。人世间的好事，他曾家占了太多。如果还一味追求更多的好处，将会因此而损害现有的美满。故而，他有意求阙。曾氏以此开导两弟：即便家中尚有负债，先拿出四百金来赠人也是可以的。这就是"求阙"。

这种"求阙"的观念一直支配着曾氏后半生，他在面对诸如名利地位财物这些世人渴求的东西时，常会以"求阙"的态度来处置。

曾氏也知道家中父祖兄弟们不一定都理解他的这种处世态度，故将此事交给家中去办：减半亦可，不赠亦可。

信后所附的"五箴""养身要言""求阙斋课程"，既是向家里汇报他在京师修身养性的状态，也是借此诱导诸弟，但信中决不言及要诸弟照他所开示的办。

除开在家求学的诸弟不具备京师翰苑的外在条件外，或许在曾氏看来，他的弟弟们尤其是温、沅两位大概也不是"修诚"的料子。寄来的目的是让他们开开眼界，能学几分是几分，能到哪步是哪步。这种属于心性的修炼，是来不得半点强迫的。

致诸弟（道光二十四年五月十二日）

四位老弟足下：

自三月十三日发信后，至今未寄一信。余于三月二十四日移寓前门内西边碾儿胡同，与城外消息不通。四月间到折差一次，余竟不知，迨既知，而折差已去矣。惟四月十九欧阳小岑南归，余寄衣箱银物并信一件，四月二十四梁绿庄南归，余寄书卷零物并信一件。两信皆仅数语，至今想尚未到。四月十三黄仙垣南归，余寄闱墨，并无书信，想亦未到。兹将三次所寄各物另开清单付回，待三人到时，家中照单查收可也。

内城现住房共二十八间，每月房租京钱三十串，极为宽敞，冯树堂、郭筠仙所住房屋皆清洁。甲三于三月二十四日上学，天分不高不低，现已读四十天，读至"自修齐至治平矣"。因其年太小，故不加严，已读者字皆能认。两女皆平安，陈岱云之子在余家亦甚好。内人身了如常，现又有喜，大约九月可生。

余体气较去年略好。近因应酬太繁，天气渐热，又有耳鸣之病。今年应酬较往年更增数倍：第一，为人写对联条幅，合四川、湖南两省求书者，几日不暇给；第二，公车来借钱者甚多，无论有借无借，多借少借，皆须婉言款待；第三则请酒拜客及会馆公事；第四则接见门生，颇费精神。又加以散馆，殿试则代人料理，考差则自己料理，诸事冗杂，遂无暇读书矣。

三月二十八大挑甲午科，共挑知县四人，教官十九人，其全单已于梁绿庄所带信内寄回。四月初八日发会试榜，湖南中七人，四川中八人，去年门生中二人，另有题名录附寄。十二日新进士复试，十四发一等二十一名，另有单附寄。

十六日考差，余在场，二文一诗，皆妥当无弊病，写亦无错落，兹将诗稿寄回。十八日散馆，一等十九名，本家心斋取一等十二名，陈启迈取二等第三名，二人俱留馆。徐棻因诗内"皴"字误写"皱"字，改作知县，良可惜也。二十二日散馆者引见，二十六、七两日考差者引见，二十八日新进士朝考，三十日发全单附回，二十一日新进士殿试、二十四日点状元，全榜附回。五月初四、五两日新进士引见。初一日放云贵试差，初二日钦派大教习二人，初六日奏派小教习六人，余亦与焉。

初十日奉上谕，翰林侍读以下、詹事府洗马以下自十六日起每日召见二员。余名次第六，大约十八日可以召见。从前无逐日分见翰詹之例，自道光十五年始一举行，足征圣上勤政求才之意。十八年亦如之，今年又如之。此次召见，则今年放差大约奏对称旨者居其半，诗文高取者居其半也。

五月十一日接到四月十三家信，内四弟、六弟各文二首，九弟、季弟各文一首。四弟东皋课文甚洁净，诗亦稳妥，"则何以哉"一篇，亦清顺有法，第词句多不圆足，笔亦平沓不超脱。平沓最为文家所忌，宜力求痛改此病。六弟笔气爽利，近亦渐就范围，然词意平庸，无才气峥嵘之处，非吾意中之温甫也。如六弟之天姿不凡，此时作文，当求议论纵横，才气奔放，作为如火如荼之文，将来庶有成就。不然，一挑半剔，意浅调卑，即使获售，亦当自惭其文之浅薄不堪；若其不售，则又两失之矣。今年从罗罗山游，不知罗山意见如何？吾谓六弟今年入泮固妙，万一不入，则当尽弃前功，壹志从事于先辈大家之文。年过二十，不为少矣，若再扶墙摩壁，役役于考卷截搭小题之中，将来时过而业仍不精，必有悔恨于失计者，不可不早图也。余当日实见不到此，幸而早得科名，未受其害。向使至今未尝入泮，则数十年从事于吊渡映带之间，仍然一无所得，岂不腼颜也哉？此中误人终身多矣。温甫以世家之子弟，负过人之姿质，即使终不入泮，尚不至于饥饿，奈何亦以考卷误终身也。九弟要余改文详批，余实不善改小考文，当请曹西垣代改，下次折弁付回。季弟文气清爽异常，喜出望外，意亦层出不穷，以后务求才情横溢，气势充畅，切不可挑剔敷衍，安于庸陋，勉之勉之，初基不可不大也。书法亦有褚字笔意，尤为可喜。总之，吾所望于诸弟者,不在科名之有无,第一则孝悌为瑞,其次则文章不朽。诸弟若果能自立,当务其大者远者,毋徒汲汲于进学也。

冯树堂、郭筠仙在寓看书作文,功无间断。陈季牧日日习字,亦可畏也。四川门生留京约二十人,用功者颇多。余不尽书。

评点:作如火如荼之文

从这封信里我们可以看到一个翰林在读书、作诗文等正业外的杂务:为人写对联条幅,款待前来借钱的进京应试举人,请酒拜客,接见门生。这些杂务多得使他无法办正事。翰林是闲官,无权,俸禄亦不多,闲官的应酬都这样多,那些权力在握、收入丰盈的京官们,该是如何地忙于应对四方嘉宾八面来客,他们还有工夫和精力料理国家大事吗?

信的前后部分,曾氏对诸弟谈了两件事:一为作文,二为读书。什么样的文章是好文章?在曾氏看来,诸弟"此时作文,当求议论纵横,才气奔放,作为如火如荼之文,将来庶有成就"。又言"以后务求才情横溢,气势充畅,切不可挑剔敷衍,安于庸陋"。曾氏这些议论,体现了他的审美观念。

曾氏赞赏桐城派大师姚鼐的看法,认为文章之道,分阳刚之美、阴柔之美,又仿效司空图《二十四诗品》的形式,对阳刚之美的四个主要方面——雄、直、怪、丽——作了描摹:"雄:划然轩昂,尽弃故常,跌宕顿挫,扪之有芒。直:黄河千曲,其体仍直,山势如龙,转换无迹。怪:奇趣横生,人骇鬼眩,《易》《玄》《山经》,张、韩互见。丽:青春大泽,万卉初葩。《诗》《骚》之韵,班扬之华。"对阴柔之美的四个主要方面:茹、远、洁、适,他也作了描绘:"茹:众义辐凑,吞多吐少,幽独咀含,不求共晓。远:九天俯视,下界聚蚁,寤寐周孔,落落寡群。洁:冗意陈言,类字尽芟,慎尔褒贬,神人共监。适:心境两闲,无营无待，柳记欧跋，得大自在。"

这两种不同形式的艺术美，曾氏都喜欢，但他更偏爱阳刚之美，他的诗文创作大多体现的是雄奇壮丽的风格。他认为人在青少年时尤其要为阳刚之文，因为阳刚通常表现的是一种进取的积极向上的精神。此种精神对于青少年来说至关重要。故而对于四个十多二十来岁的弟弟，曾氏鼓励他们作如火如荼之文，不必过于求稳求全，汩没了锋芒棱角。到了晚年，曾氏在欣赏刘墉的书法上悟到了一个新境界："看刘文清公《清爱堂帖》，略得其冲淡自然之趣，方悟文人技艺佳境有二：曰雄奇，曰淡远。作文然，作诗然，作字亦然，若能含雄奇于淡远之中，尤为可贵。"

"含雄奇于淡远之中"，这的确是一个极高的美学境地。曾氏的审美观念到了这一层，可谓一种质的飞跃。这不仅是他在学术上的迈进，更是他在人生修养上的迈进。当然，此刻，三十三岁的曾氏只不过是一个书斋中的勤奋词臣而已，利与害的激烈冲撞、血与火的生死搏斗等等，都还没有到来，他还不可能有《易经》中所说的"阴阳合德,刚柔有体"的切己体验。自己尚且没有领悟到的学问，当然不可能对诸弟言及了。

在谈到读书的时候，曾氏希望才气过人的六弟应当"尽弃前功，壹志从事于先辈大家之文"，再不要为应付考试而读书作文，他明确地告诉诸弟"此中误人终身多矣"！

曾氏自己是一个靠科举而出人头地的人，但他能看出科举误人的弊端，这说明他进京之后，确实在见识上和学问上大有进步。他能将自己的这个认识及时告诉诸弟，也体现了他对诸弟的真正关爱。我们可以想象得到，他的几个弟弟也大致接受了大哥的劝告，在读闱墨的同时，也读了不少"先辈大家之文"，否则，不可能在十余年后，有华字营、吉字营的统领出现。

致诸弟（道光二十四年十一月二十一日）

四位老弟足下：

前月寄信，想已接到。余蒙祖宗遗泽、祖父教训，幸得科名，内顾无所忧，外遇无不如意，一无所觖矣。所望者，再得诸弟强立，同心一力，何患令名之不显？何患家运之不兴？欲别立课程，多讲规条，使诸弟遵而行之，又恐诸弟习见而生厌心；欲默默而不言，又非长兄督责之道。是以往年常示诸弟以课程，近来则只教以有恒二字。所望于诸弟者，但将诸弟每月功课写明告我，则我心大慰矣。乃诸弟每次写信，从不将自己之业写明，乃好言家事及京中诸事。此时家中重庆，外事又有我料理，诸弟一概不管可也。以后写信，但将每月作诗几首，作文几首，看书几卷，详细告我，则我欢喜无量。诸弟或能为科名中人，或能为学问中人，其为父母之令子一也，我之欢喜一也。慎弗以科名稍迟，而遂谓无可自力也。如霞仙今日之身份，则比等闲之秀才高矣。若学问愈进，身份愈高，则等闲之举人、进士又不足论矣。

学问之道无穷，而总以有恒为主。兄往年极无恒，近年略好，而犹未纯熟。自七月初一起，至今则无一日间断，每日临帖百字，抄书百字，看书少亦须满二十页，多则不论。自七月起至今，已看过《王荆公文集》百卷，《归震川文集》四十卷，《诗经大全》二十卷，《后汉书》百卷，皆朱笔加圈批。虽极忙，亦须了本日功课，不以昨日耽搁而今日补做，不以明日有事而今日预做。诸弟若能有恒如此，则虽四弟中等之资，亦当有所成就，况六弟、九弟上等之资乎？

明年肄业之所，不知已有定否？或在家，或在外，无不可者。谓在家不可用功，此巧于卸责者也。吾今在京，日日事务纷冗，而犹可以不间断，况家中万万不及此间之纷冗乎？树堂、筠仙自十月起，每十日作文一首，每日看书十五页，亦极有恒。诸弟试将朱子《纲目》过笔圈点，定以有恒，不过数月即圈完矣。若看注疏，每经亦不过数月即完。切勿以家中有事而间断看书之课，又弗以考试将近而间断看书之课。虽走路之日，到店亦可看；考试之日，出场亦可看也。兄日夜悬望，独此有恒二字告诸弟，伏愿诸弟刻刻留心，幸甚幸甚。

兄国藩手草

评点：治学以有恒为主

曾氏这封家书中着重讲了两个字：有恒。此二字乃有的放矢，它是针对诸弟尤其是温、沅二弟的毛病而来的。曾氏四个弟弟中，温甫天分最高，沅甫能力最强，然正因为此，这两个弟弟也最为心高气傲、性格浮躁。上个月给诸弟的信中，曾氏说他的朋友中有资质聪颖者，又往往恃才傲物，开口便说别人不如他，见乡墨则骂乡墨不通，见会墨则骂会墨不通，既骂房官又骂主考。平心而论，这些人自己也未见得有大过人之处，以至于潦倒一生。这种人不值得同情。此番话显然是在借别人的例子来开导诸弟，警戒诸弟的傲气。曾氏温、沅两弟的不踏实，并不亚于他的那几个京师朋友。先是不安心在湘乡读书，要进省城，结果在省城两年诗文毫无长进，后又往罗泽南处附学，不久也便杳无音信；书信中从不谈读书为文的正事，而是喜谈家事及议论数千里外京城里发生的事。在曾氏看来，这种浮躁不实的作风非去掉不可，否则将看似忙忙碌碌，实则一事无成。

医治这种浮躁毛病的药方便是"有恒"。无恒心不仅是温、沅二人的毛病，也是世人的通病。《诗》曰"靡不有初，鲜克有终"，说的便是这种世间常见的现象。

其实，世上的大工程大成就，都是靠长期不断的点点滴滴功夫累积而成。荀子在《劝学篇》里说得好："不积跬步，无以至千里；不积小流，无以成江海。"道理实在是浅白简单，关键在于难以坚持，即难以有恒。要说曾氏的过人之处，"有恒"乃是其最突出的一点。他在信中说他自七月起读《王荆公文集》百卷，《归震川文集》四十卷，《诗经大全》二十卷，《后汉书》百卷。验之于曾氏道光二十四年下半年的日记，可知他没有说假话。拿日记来说，他从道光十九年开始记日记，一直记到道光二十五年，后来的十多年里没有一以贯之地坚持下去。咸丰八年他丁父忧后复出，决心将日记恢复，再不半途而废。此后不管战事如何紧张，诸务如何繁杂，果然天天坚持，没有间断，直到临终的前一天。能做到这一步，的确非一般人所及，这靠的是超越常人的"有恒"。

实事求是地说，曾氏并非所谓的天纵之才，他能做出如此大的事业，确乎主要得力于他的"有恒"。他在这封信里所说的只要有恒，虽中等之资，亦当有所成就，实为经过无数事例验证了的至理名言。曾氏的一生，再次为这句名言提供了一个极具说服力的例子。

一切想有所成就的年轻朋友，不要去抱怨自己的天赋不高，也不要去抱怨外界的条件不够，关键在于自身的努力。"努力"中最重要的一点便是"有恒"。《列子》的"愚公移山"寓言启示我们：持之以恒地做下去，太行、王屋二山都可以搬走，世上还有别的什么事情不能办成吗？

禀父母 （道光二十六年正月初三日）

男国藩跪禀父母亲大人万福金安：

乙巳十二月二十二日发家信十七号，其日同乡彭棣楼放广西思恩府知府。二十四日，陈岱云放江西吉安府知府。岱云年仅三十二岁，而以翰林出为太守，亦近来所仅见者。人皆代渠庆幸，而渠深以未得主考、学政为恨。且近日外官情形，动多掣肘，不如京官清贵安稳。能得外差，固为幸事，即不得差，亦可读书养望，不染尘埃。岱云虽以得郡为荣，仍以失去玉堂为悔，自放官后，摒挡月余，已于十二月二十八出京。

是夕渠有家书到京，男拆开。接大人十一月二十四所示手谕，内叔父及九弟、季弟各一信，彭莘庵表叔一信，具悉家中一切事。前信言莫管闲事，非恐大人出入衙门，盖以我邑书吏欺人肥己，党邪嫉正。设有公正之乡绅，取彼所鱼肉之善良而扶植之，取彼所朋比之狐鼠而锄抑之，则于彼大有不便，必且造作谣言，加我以不美之名，进谗于官，代我构不解之怨。而官亦阴庇彼辈，外虽以好言待我，实则暗笑之而深斥之，甚且当面嘲讽。且此门一开，则求者踵至，必将日不暇给，不如一切谢绝。今大人手示亦云杜门谢客，此男所深为庆幸者也。

男身体平安。热毒至今未好，涂药则稍愈，总不能断根。十二月十二，蒙恩充补日讲起居注官；二十二日，又得充文渊阁直阁事。两次恭谢天恩，兹并将原折付回。讲官共十八人，满八缺，汉十缺，其职司则皇上所到之处，须轮四人侍立。直阁事四缺，不分满汉，其职司则皇上临御经筵之日，四人皆侍立而已。

四弟、六弟皆有进境。孙男读书已至《陈风》。男妇及孙女等皆好。

欧阳牧云有信来京，与男商请封及荐馆事。二事男俱不能应允，故作书婉转告之。外办江绸套料一件、丽参二两、鹿胶一斤、对联一副，为岳父庆祝之仪，恐省城寄家无便，故托彭棣楼带至衡阳学署。

朱尧阶每年赠谷四十石，受惠太多，恐难为报，今年必当辞却。小斗四十石不过值钱四十千，男每年可付此数到家，不可再受他谷，望家中力辞之。毅然家之银想已送矣，若未送，须秤元银三十二两，以渠来系纹银也。

男有挽联，托岱云交萧辛五转寄毅然家，想可无误。岱云归，男寄有冬菜十斤、阿胶二斤、笔四枝、墨四条、同门录十本；彭棣楼归，男寄有蓝顶二个、四品补服四副，俱交萧辛五家转寄，伏乞查收。

男谨禀。

评点：以杜门谢客为好

陈岱云为曾氏的同乡同年兼儿女亲家，但他进京后运气并不好。一是欠账颇多：京中欠九百，家中亦欠九百，数日不小，难以还清。二是儿子刚满月，夫人便病逝。三是升官迟缓。现在突然外放江西去任从四品的知府，是少见的超擢。但此人真的是命薄。六七年后，太平军攻打安徽庐州府。此时陈正做庐州府的知府，府城被攻破，陈与知县等人都死于刀兵之中，时年不到四十。

此刻，曾氏已进入仕途上的顺境。先年九月，升为翰林院侍讲学士，为从四品，距五月份的升詹事府右春坊右庶子不过四个月。迁升之频，令同侪羡慕。

朝廷有封赠制度，凡九品以上文武官员，都可以得到相应的封阶，也鼓励官员将本身的封赠送给父母、祖父母。曾氏一向崇仰祖父，升官后即向朝廷请封，虽尚未用玺，但这是定制，一定可以得到准许的，于是趁着同乡南归之便托带回四品官的蓝顶子两个、补服四副。他的祖父星冈公也便俨然是个四品衔大夫了。这种大夫虽无印无权,但有脸面有地位,在邻里街坊之间是相当荣耀的。中国的传统是一人得道鸡犬升天,家中出了一个大官,家人个个都能得其好处;即便本人远在京师或外省,地方官员仍会对其家属优礼有加,更不要说附近的小老百姓对其府上的诚惶诚恐了。

于是便有许多这样的官亲,仗势胡作非为,勾结官府,称霸乡里,令百姓敢怒而不敢言。有的略微好一点,只为自己及家人谋非分之利,尚不至于武断乡曲,鱼肉小民,然世人对此亦多不满。只有极少数人能自守本分,不插手地方事务。曾氏希望他的家人做这种人。在上年十月间给叔父的信中,他要叔父劝说父亲不要去省城县上干预公事,"无论有理无理,苟非己事,皆不宜与闻"。父亲接受儿子的规谏,来信说"杜门谢客",故曾氏深为庆幸父亲的这一决定。

身为官亲,不与闻地方事务,实乃最明智的举措。人之常情都鄙薄仗势行为。仗势而作歹,固然极坏,即便不做歹事,但干扰了地方当局,也易招致是非。须知人人都不喜欢别人的干扰,你手中并无钳制的实权,遇到不买账的地方官员,不理睬你那一套,岂不自招其辱?

曾氏洞悉人情世故,目光深远。他在京中做官,巴望的是家中清吉平安,不想看到家人仗他的官势而招来舆情腾怨。倘若湘中对他家人的口碑不好,自然也会给他的仕途带来不利的影响。此时的曾氏,不过一清散闲官而已,并没有实力可言,若遇到参劾,他是无力抗拒的。

禀祖父（道光二十七年六月十七日）

孙国藩跪禀祖父大人万福金安：

六月十五日接家中第九号信，系四月初三日四弟在县城发者，知祖父身体康强，服刘三爷之药，旧恙已经痊愈，孙等不胜欣喜。前五月底，孙发第五号信，言大考蒙恩记名赏缎事，想家中已收到。

六月初二，孙荷蒙皇上破格天恩，升授内阁学士兼礼部侍郎衔，由从四品骤升二品，超越四级，迁擢不次，惶悚实深。初六日考试教习，孙又蒙天恩派为阅卷大臣，初六日入闱，初七日王大臣点名。士子入闱者，进士、举人共三百八十余名，贡生入闱者一百七十余名。初八早发题纸，十一日发榜，十三日复试，十四日复命。初三日谢恩及十四复命，两次召见，奏对尚无惩误。教习取中额数共一百二十一名，湖南得取十一人，另有全单。

十七日冯树堂回南，孙寄回红顶二个、二品补服三副及他物，另有单。大约八月初旬可到省，存陈季牧家中。望大人于中秋前后专人至省来接，命九弟写信与季牧可也。

孙等身体平安，癣疾已将全好，头上竟看不见。孙妇及曾孙男女皆好。余俟续具。

孙谨禀

评点：连升四级

这大概是曾氏进京来怀着最大喜悦之情所写的一封家书。

半个月前，曾氏由从四品的翰林院侍讲学士一连跳跃四级，升为从二品的内阁学士兼礼部侍郎衔。人们看舞台上的戏剧，对于连升三级已是艳羡不已，认为那是十分难逢难遇的好运气。不料，我们所评点的这位主人公，居然在一百五十年前，以入仕不过十年的三十七岁年纪便获得了这份殊遇，岂不令读者羡慕得眼热！

笔者的第一个感觉是，此公真正的运气好！须知就在所评点的上封信里，即升官前的三个多月，他还在与家人商议开缺回籍侍亲的事！假若那时他银钱充足，无后顾之忧，此刻说不定正携妇将雏行走在湖广官马大道上；倘若那时家中思儿孙情切，要他立即回家，此刻说不定正在禾坪上与父祖絮谈往事旧情。总之，都不可能有这等罕见的圣眷降临。对于京官而言，从二品是一个大槛，过了这道槛才算高级官员，即大臣。许许多多的京官一辈子都过不了这道槛。像曾氏这种出身农家、无任何依傍的人，即便到了花甲之年，能靠着小心谨慎、勤勉尽职而升到从二品，也算是祖宗保佑官运亨通了。那么，此公究竟是靠着什么才能有如此洪福呢？除开运气外，还有别的缘故吗？若能细细地考查清楚，是一件很有趣的事，这并非是为渴望升官的人提供诀窍，实在地说，是对中国传统官场文化的探索。可惜的是，现存的史料无法让我们过细考查，留在野史上的一则轶闻，更类似小说家的想象。

野史说，有一天，朝廷降旨，命曾氏次日中午在养性殿等候召见。第二天上午，曾氏在养性殿端坐一个多时辰，不见有人来招呼。正在纳闷时，走来一个内官告诉他，明天上午在养心殿召见。曾氏对此事颇觉奇怪，左思右想，不得其解，便去请教他的座师、大学士穆彰阿。穆彰阿说，这种事过去从未有过，或许别的用意在其间。穆彰阿思索良久后，终于明白了皇上的用意，当即封了三百两银子，叫人立刻送到养性殿管殿太监的手里，请这个太监将殿内四壁所悬挂的字画全部抄录下来，并赶紧送到穆府。傍晚时分，抄录件送到。穆彰阿对一直待在府中的门生说："养性殿是收藏字画的宫殿，从来不是皇上召见臣工之处。皇上叫你在那里等候，很可能是在考你的观察力和记忆力。你连夜把这些东西背熟，或许明天会起作用。"第二天皇上召见曾氏时，果然问起昨日在养性殿里见到的字画情况。曾氏因已背熟，故应答如流。皇上对他的观察力、记忆力甚为满意，决定越级提拔，予以重用。

曾氏这次大考，名列二等第四名，并不优异，却能得此不次之擢，人们相信必定背后有非常缘故，因而野史上的这则轶闻广为流传，但可信度似乎不大。依笔者浅见，穆彰阿、倭仁、唐鉴等人的推毂，严格修身带来的清望，诗文创作上的成就以及因热心公益而酿造的好口碑等等，种种有形无形的汇合，造成了一个德才兼备的年轻词臣的形象，终于引起了中枢的注意而入选高层。曾氏第二天给诸弟的信里说，湖南三十七岁便官至二品者，本朝尚无一人。我们知道，在以后的五十多年里，也再未有过第二人。因此，曾氏便成了有清一代湘省空前绝后的连升四级者。从全国来看，近年来中进士十年而得内阁学士者，连曾氏在内，也仅只三人。可见曾氏官运之好，的确非比一般。

俗话说："马无夜草不肥，人无横财不富。"其实做官也是这样。按照当时的规矩，一个士人经过府试、乡试、会试后中进士点翰林，通常都是二十好几、接近三十岁的人了。若一个品级一个品级地爬，九品十八级，即便一辈子不折腾、顺顺溜溜地往上升，也得二十多年。待做到二品以上的大员时，早已是两鬓如雪、步履龙钟、反应迟钝了，他还能够办大事吗？古往今来，凡在官场上有所作为者，都一定有过一两次跳跃腾升的经历，即"夜草""横财"，才使得他在年富力强的中年时期便能居高位握重权，以获从容展布之机。试想，曾氏若没有这次的连升四级，待到五年后的时机到来之时，他一个小小的中级官员，能有号召三湘官商士绅的能力吗？又何来日后的盛大局面？

禀父母（道光二十七年六月二十七日）

男国藩跪禀父母亲大人礼次：

十八日发第八号信，言升官事，托萧辛五先生专人送回，计七月中旬可以到家。昨又接四弟六月初一日所发之信，借悉一切。于祖父大人之病略不言及，惟言至刘家更补药方，可以长服者，则病已尽除矣。游子闻之，不胜欣幸之至。

男升官后，应酬较繁，用费较广，而俸入亦较多，可以应用，不至窘迫。昨派教习总裁，门生来见者多，共收贽敬二百余金，而南省同乡均未受，不在此数。

前陈岱云托郭筠仙说媒，欲男以二女儿配伊次子，男比写信告禀，求堂上决可否。昨四弟信来，言堂上皆许可，男将于秋间择期订盟。前信又言以大女儿许袁漱六之长子，是男等先与袁家说及。漱六尚有品学，其子亦聪明伶俐，与之结姻，谅无不可，亦求堂上大人示知。

藩男癣疾将近痊愈，尚略有形影，而日见日好。华男身体甚壮健。余大小男女俱平安，堂上不必挂念。余俟另禀。

男百拜呈

评点：曾府的五个千金

这封信里谈到两个女儿字人的事。我们趁着评点此信的机会，来说说曾氏的女儿们。曾氏以知人著称。的确，他从市井细微中识拔了数以千百计的人才，他的幕府在当时有天下人才渊薮之誉。然而遗憾的是，他在择婿一事上失误不少。或许这正应了他一贯信奉的盈虚消息之理：有所得，必有所失；有所强，必有所弱。

曾氏有五个女儿，长女纪静，许配的是湖南湘潭籍翰林袁芳瑛（号漱六）的儿子袁秉桢。不料此子是个典型的纨绔子弟、花花公子。读书不成尚在其次，他居然敢于娶妻之前先买妾，置曾府的脸面于不顾。懦弱的纪静竟然在夫家备受冷落，多次回娘家诉苦，并表示不愿回夫家。为了劝说女婿，曾氏后来接袁秉桢来江宁城住督署。袁秉桢恶习并不改，他经常在外宿娼嫖妓，半夜三更醉醺醺地回衙门。又私取公款，不敬岳父。曾氏终于对这个女婿完全失望了，将他赶出衙门，从此不再认他。

曾氏不认女婿，却一定要女儿认丈夫、守妇道，不让纪静住娘家，要她跟着丈夫回湘潭。同治九年，纪静在痛苦中去世，年仅二十九岁。侯门之女的如此下场，令人可悲可叹。

二女纪耀的夫婿就是陈岱云的次子陈远济，前面的评点中已提到过。陈家祖籍湖南茶陵，寓居长沙，其兄陈季云与曾氏一家很熟，他们家几乎成为北京与湘乡之间的中转站。曾氏从北京托人带钱物、信件等，常常先带到陈家，然后曾家人再到长沙陈宅取。湘乡的东西进京，也常走这条路线。陈岱云死时，陈远济不到十岁。远济满月丧母，童年丧父，身世可谓不幸，但或许正因为这层缘故，他反倒没有官家子弟的坏习气。不过，陈性格亦不好。据曾氏小女所著《崇德老人自订年谱》上说："仲姊之嫁后生涯，有非人所堪者，而委曲顺从卒无怨色。"三十多岁时，两夫妻由哥哥曾纪泽带着出洋，远赴西欧。谁料三年后纪耀竟然病逝法国，年仅三十九岁，终生未育。

三女纪琛，嫁的是罗泽南的次子罗兆升。罗泽南死时，罗兆升也还只是一个小孩子。他系妾所出，其生母视之如命，娇生惯养，养成了一个无任何才能只会吃喝玩乐的少爷。据《崇德老人自订年谱》中所载，纪琛的这个婆母性格悍厉，媳妇畏惮她。同治四年，纪琛夫妻同住江宁督署，因曾氏将北上与捻军作战，衙门亦腾出来让新任江督住，故眷属都得回湖南。临分别时，纪琛悲恋不已，舍不得离开母亲和妹妹，因为她不得不和恶婆母相处了。真是祸不单行，她的刚出生一个多月的儿子又被炮声惊吓而死，从此婆媳关系更差。她后来只生过一女，再未生子。罗兆升接连讨了两个小老婆，夫妻关系亦不和谐。光绪十四年罗兆升病逝时，纪琛仅只四十四岁，晚景冷落。

四女纪纯的丈夫是郭嵩焘的长子依永。郭依永聪慧能文，但身体差，二十一岁便去世，留下纪纯母子孤儿寡母的，又与郭嵩焘的继室不相融洽。《崇德老人自订年谱》中说："纪纯日食至粗之米，惟以菜蔬为肴，月费一缗亦吝而不与。其境遇艰苦可知矣。"纪纯死于光绪七年，年仅三十五岁。

曾氏的第五女，幼殇。第六女名纪芬，晚年号崇德老人。曾氏六个女儿，惟此女命好。她的丈夫聂缉椝，为湖南衡山人，其父以翰林分发广西做知县，官运不太好，止于知府。聂缉椝则做过江苏、安徽、浙江巡抚。晚年又在上海开办恒丰纱厂，为中国近代一著名实业家。纪芬二十四岁出嫁，生七子五女（其中一子三女早夭），寿过九十，五世同堂。

曾氏五个成年的女儿，有四个出嫁后都不幸福，不幸福的主要原因是丈夫不理想：两个花花公子，一个脾气不好，一个身体孱弱早逝。一向善于识人的曾氏反而不善识婿，这是什么原因？原因主要在三个方面：第一，曾氏选的是亲家，而不是女婿。曾氏女儿的婚事，都是父母或祖父母定的。那时女婿本人很小，无法识别，识别的对象便只有其父了。说起五个亲家来，个个都不错：四个翰林，一个名学者，且都是湖南人，知根知底。曾氏相信遗传和家教的力量，以为儿子肖父，长大后一定会不错。殊不知，遗传只是相对的，变异才是绝对的；父亲尽管不错，但家教和家风却不一定都好，况且家庭的影响力也不如社会的影响力大，故而失误。

其二，一旦定亲，便不能改悔。这种传统的习俗害了曾氏及其女儿。比如袁秉桢，未娶妻先买妾，如此荒唐之人，岂能再将女儿给他？以现在的观念来看，此事很好处理，断了就是；但在当时，却不能这样处置。又如郭依永，二十一岁便死了，估计是结婚时便已重病在身，本应推迟婚期，或干脆废除婚约，但当时也不能这样做。

第三点是不能改嫁。纪纯当丈夫死时才二十四岁，完全可以再嫁人，重新规划一生。纪琛当丈夫死时只四十四岁，也可再婚。但当时因婆家和娘家的声望，她们都不能这样做。

所以，客观地说，是"父母之命""幼小定亲"及"从一而终"的旧习俗害了曾氏和他的几个女儿，倒不是曾氏本人的眼光出了问题。

禀父母（道光二十八年四月十四日）

男国藩跪禀父母亲大人礼安：

三月二十日，男发第五号家信，内言及长孙纪泽与桂阳州李家定亲之事，不审已收到否？

男等身体平安。次孙于二十四日满月，送礼者共十余家。是日未请客，陆续请酒酬谢。男妇生产之后，体气甚好，所雇乳母最为壮健。华男在黄正斋家馆，诸凡如恒。

祖父大人之病未知近日如何？两次折弁皆无来信，心甚焦急。兹寄回辽东人参五枝，重一两五钱，在京每两价银二十四两，至南中则大贵矣。大约高丽参宜用三钱者，用辽参则减为一钱；若用之太少，则亦不能见功。祖父年高气衰，服之想必有效。男前有信托江岷樵买全虎骨，不知已办到否？闻之医云，老年偏瘫之症，病右者，以虎骨之右半体熬胶医之；病左者，以虎骨之左半体熬胶医之，可奏奇效。此方虽好，不知祖父大人体气相宜否？当与刘三爷商之。若辽参则醇正温和，万无流弊。

次孙体气甚壮，郭雨三（沛霖）欲妻之以女。雨三，戊戌同年，癸卯大考二等第三，升右赞善。其兄用宾，壬辰翰林，现任山西蒲州府知府。其家教勤俭可风。其次女去年所生，长次孙一岁，与之结婚，男甚愿之，不审堂上大人以为何如？下次信来，伏祈示知。

又寄回再造丸二颗，系山东杜家所制者。杜家为天下第一有福之家，广积阴德。此药最为贵重，有人参、鹿茸、蕲蛇等药在内，服之一无流弊。杜氏原单附呈，求照方用之。

欧阳沧溟先生谋衡阳书院一席，男求季仙九先生写信与伍府尊，求家中即遣人送至岳家为要。同乡周华甫（扬之）、李梅生（杭）皆于三月仙逝，余俱如故。男等在京，一切自知谨慎，伏乞堂上大人放心。

男谨禀。

评点：接续家风的大功臣郭筠

欧阳夫人在本年二月二十四日为曾氏生下次子，取名纪鸿，字栗。曾氏长子早夭，次子纪泽此时已十岁。十年之间，欧阳夫人连生四女，他们无疑在盼望再生一个儿子。这次如愿以偿，自然欣喜异常。信中说"次孙于二十四日满月，送礼者共十余家"，"所雇乳母最为壮健"。在过去的四个女儿出生后的家书中，我们未见过这样的句子，可知曾氏夫妇及亲戚朋友对纪鸿的降生看得之重。

纪鸿的确于曾家功劳甚大。现在我们知道，曾氏一脉之所以能传到今天，子孙不断，靠的便是他。纪泽虽生了三个儿子，但其中两个早夭，只有广銮长大成人，后来继承了祖父传下的侯爵。但广銮并无儿子，过继纪鸿第四子广铨的儿子昭揆为嗣。可见，现今凡曾氏后裔者，全出自纪鸿一房。

曾纪鸿生有四子一女，其后代多有人才，但他本人三十三岁便去世了。将家庭支撑起来，并给予子孙以良好教育的，则是他的夫人郭氏。

郭氏名筠字诵芬。其父即信中所说的郭沛霖，字雨三，乃曾氏的同年，湖北蕲水人，后来在江苏淮扬道上死于兵乱，时郭氏尚未出嫁。郭氏同治四年与纪鸿成亲，在公公的指导下，读完了《十三经注疏》《御批通鉴》，因此而培植了较好的文化素养。

曾纪鸿去世时，郭氏才三十四岁，长子广钧十五岁，其他子女都在幼年，全赖她一手培养成人。关于郭氏的点滴记载，见于她的孙女曾宝荪写的回忆录中。我们从这本书上摘抄几段让大家看看：

"关于我的祖母，我要多说明些，因为没有祖母，我们孙辈的教育便会毫无成就。"

"宅北的书楼叫芳记书楼，此乃祖父母的藏书楼。我祖父喜研天文、算学、英文、星卜等书，我祖母却喜欢看医相等书，另外小说也不少。"

"我祖母是一个最公平的老人，她带了她每个儿子的最长的孩子，不论男女，都归她教养。我是大房的长女，大姐是二房的长女，二弟是五房的长子，三弟是七房的长子，恰好两个孙男两个孙女。我祖母的教育宗旨也很特别，她不赞成八股文章，也不愿两孙去考秀才，但她要我们学外国文学……每日亦要看报、点报——那时报上文章都是文言，也都不断句的，要小孩用朱笔点报，可以晓得他们看得通或看不通。我和大姐并未习女红烹饪，却要画画、读诗、学作诗。"

这本书里还说了这样一件事：戊戌变法那一年，郭氏与儿孙们住在北京。谭嗣同等人被杀的当天，郭氏立即打发她的一个儿子去湖广会馆，将门房的来客登记簿烧掉。几天后，曾国荃的一个孙子服毒自杀。原来，郭氏早就知道曾家有人与维新派联系密切，烧去登记簿乃是为了防止官府日后凭此株连。

禀父母 （道光二十九年二月初六日）

男国藩跪禀父母亲大人万福金安：

正月十一日男发第一号家信，并寄呈京报，想已收到。

二十二日，男蒙皇上天恩升授礼部侍郎。次日具折谢恩，蒙召对，诲谕谆切。二十五日午刻上任，属员共百余人，同县黄正斋亦在内。从前阁学虽兼部堂衔，实与部务毫不相干。今既为部堂，则事务较繁，每日须至署办事，八日一至圆明园奏事，谓之该班。间有急事，不待八日而即陈奏者，谓之加班。除衙门官事之外，又有应酬私事，日内甚忙冗，几于刻无暇晷，幸身体平安，合家大小如常。

纪泽读书已至《酒诰》，每日讲《纲鉴》一页，颇能记忆。次孙体甚肥胖。同乡诸人并皆如旧。余详与诸弟信中。

男谨禀。

评点：升授礼部侍郎

道光二十九年正月，曾氏升授礼部侍郎。道光二十七年六月，曾氏升的官职为内阁学士，兼礼部侍郎衔。套用我们今天的话来说，他是侍郎级内阁学士。

此刻授礼部侍郎，便是真正的侍郎了。两者是大不相同的。对于曾氏个人来说，意味着闲官时代已经结束，开始进入握有实权的大臣时代了。清朝办实事的中央机构乃六部，即吏、户、礼、兵、刑、工部。部的最高长官为尚书，满、汉各一，次为侍郎，满、汉各二。就其职分来说，曾氏的官位只相当于今天的副部长，但就其社会地位来说，要比今天的副部长高得多。侍郎的品衔为正二品，比巡抚（即今天的省长）高一级，与总督（类似于三四十年前的大区书记）同级。

吏部掌全国文官品秩、诠叙、课考、黜陟和封授，类似现在的组织部。户部掌管全国财政，即今天的财政部。礼部掌祭礼、典礼及科举、学校等事，有着现在教育部的大部分职能，但又不与教育部同。兵部掌管武官的除授、封荫、考绩、军资、军籍及邮驿等事，类似国防部。刑部掌天下刑罚之政令，类似司法部。工部负责土木兴建等事，与今天的建设部职能相近。

在六部中，礼部属于清高而油水较少的一个部。但即便如此，也得天天上班，并八日一次地到圆明园（道光帝晚年常住圆明园，最后死在园子里）汇报部务，若有事，还得随时加班。从此之后，曾氏以读书作文为主业的清闲岁月一去不复返了。

这个喜事给他远在湘乡老家的亲人带来怎样的反应，且看老四的信："前十八日酉正，邯郸报到，知兄于正月二十二日补本部右侍郎，举家为之狂喜。盖国朝二百年来，我县所仅有者也。时祖父大人正当生病，得此喜信，过一二日即痊愈。从前家中之人千方百计请医下药，打点伺候，皆徒劳矣。孝子贤孙，我兄尚何愧哉！"

怪不得中国士人都渴望做官升官，因为它给本人及其家庭所带来的好处实在是太大了。

致诸弟 （道光二十九年三月二十一日）

澄侯、温甫、子植、季洪足下：

正月初十日发第一号家信，二月初八日发第二号家信，报升任礼部侍郎之喜，二十六日发第三号信，皆由折差带寄。三月初一日由常德太守乔心农处寄第四号信，计托带银七十两、高丽参十余两、鹿胶二斤、一品顶带三枚、补服五付等件。渠由山西迂道转至湖南，大约须五月端午前后乃可到长沙。

余尚有寄兰姊、蕙妹及四位弟妇江绸棉外褂各一件，仿照去年寄呈母亲、叔母之样。前乔心农太守行时不能多带，兹因陈竹伯新放广西左江道，可于四月出京，拟即托渠带回。澄弟《岳阳楼记》亦即托竹伯带回家中。

二月初四澄弟所发之信，三月十八接到。正月十六七之信，则至今未收到。据二月四日书云，前信着刘一送至省城，共二封，因欧阳家、邓星阶、曾厨子各有信云云，不知两次折弁何以未见带到？温弟在省时，曾发一书与我，到家后未见一书，想亦在正月一封之中。此书遗失，我心终耿耿也。

温弟在省所发书，因闻澄弟之计，而我不为揭破，一时气忿，故语多激切不平之词。余正月复温弟一书，将前后所闻温弟之行，不得已禀告堂上，及澄弟、植弟不敢禀告而误用诡计之故，一概揭破。温弟骤看此书，未免恨我。然兄弟之间，一言欺诈，终不可久；尽行揭破，虽目前嫌其太直，而日久终能相谅。

现在澄弟来书，言温弟鼎力办事，甚至一夜不寐，又不辞劳，又耐得烦云云。我闻之欢喜之至，感激之至。温弟天分本高，若能改去荡佚一路，归入勤俭一边，则兄弟之幸也，合家之福也。我待温弟似乎近于严刻，然我自问此心，尚觉无愧于兄弟者，盖有说焉。大凡做官的人，往往厚于妻子而薄于兄弟，私肥于一家而刻薄于亲戚族党。余自三十岁以来，即以做官发财为可耻，以宦囊积金遗子孙为可羞可恨，故私心立誓，总不靠做官发财以遗后人，神明鉴临，余不食言。此时事奉高堂，每年仅寄些须，以为甘旨之佐。族戚中之穷者，亦即每年各分少许，以尽吾区区之意。盖即多寄家中，而堂上所食所衣，亦不能因而加丰，与其独肥一家，使戚族因怨我而并恨堂上，何如分润戚族，使戚族戴我堂上之德而更加一番钦敬乎？将来若作外官，禄入较丰，自誓除廉俸之外不取一钱。廉俸若日多，则周济亲戚族党者日广，断不蓄积银钱为儿子衣食之需。盖儿子若贤，则不靠宦囊，亦能自觅衣饭；儿子若不肖，则多积一钱，渠将多造一孽，后来淫佚作恶，必且大玷家声。故立定此志，决不肯以做官发财，决不肯留银钱与后人。若禄入较丰，除堂上甘旨之外，尽以周济亲戚族党之穷者，此我之素志也。

至于兄弟之际，吾亦惟爱之以德，不欲爱之以姑息。教之以勤俭，劝之以习劳守朴，爱兄弟以德也；丰衣美食，俯仰如意，爱兄弟以姑息也。姑息之爱，使兄弟惰肢体，长骄气，将来丧德亏行，是即我率兄弟以不孝也，吾不敢也。我仕宦十余年，现在京寓所有惟书籍、衣服二者。衣服则当差者必不可少，书籍则我生平嗜好在此，是以二物略多。将来我罢官归家，我夫妇所有之衣服，则与五兄弟拈阄均分。我所办之书籍，则存贮利见斋中，兄弟及后辈皆不得私取一本。除此二者，余断不别存一物以为宦囊，一丝一粟不以自私，此又我待兄弟之素志也。恐温弟不能深谅我之心，故将我终身大规模告与诸弟，惟诸弟体察而深思焉。

去年所寄亲戚各项，不知果照单分送否？杜兰溪为我买《皇清经解》，不知植弟已由省城搬至家中否？

京寓一切平安。纪泽《书经》读至《冏命》。二儿甚肥大。易南谷开复原官，来京引见。闻左青士亦开复矣。同乡官京中者，诸皆如常。余不一一。

兄国藩手草

再者，九弟生子大喜，敬贺敬贺。自丙午冬葬祖妣大人于木兜冲之后，我家已添三男丁，我则升阁学，升侍郎，九弟则进学补廪。其地之吉，已有明效可验。我平日最不信风水，而于朱子所云"山环水抱"、"藏风聚气"二语，则笃信之。木兜冲之地，余平日不以为然，而葬后乃吉祥如此，可见福人自葬福地，绝非可以人力参预其间。家中买地，若出重价，则断断可以不必；若数十千，则买一二处无碍。

宋湘宾去年回家，腊月始到。山西之馆既失，而湖北一带又一无所得。今年因常南陔之约重来湖北，而南陔已迁官陕西矣，命运之穷如此！去年曾有书寄温弟，兹亦付去，上二次忘付也。

李笔峰代馆一月，又在寓钞书一月，现在已搬出矣。毫无道理之人，究竟难于相处。庞省三在我家教书，光景甚好。邹墨林来京捐复教官，在圆通观住，日日来我家闲谈。长沙老馆，我今年大加修整，人人皆以为好。琐事兼述，诸惟心照。

评点：不存做官发财之念

曾氏对诸弟谈到他的终身大规模，即立身的大宗旨：不存做官发财之念。信上说他三十岁，即刚进京为官时，便认识到以做官发财为可耻，以宦囊积金遗子孙为可羞可恨。三十岁时就已立下此志，但为何过去从未说过呢？估计是因为那时官小禄薄，尚不够说这些话的资格，现在位居侍郎，已到向诸弟交底的时候了。

从政治学的观点来看，各级官员本是社会有序存在的管理者及保护者，与"发财"是不相干的，想发财者应去经商做买卖。但是，既是管理者便有权力，权力则有可能为自己及他人谋私利，于是"做官"与"发财"便这样连在一起了，

人才辈出，余庆绵绵。而另外许多"中兴将帅"的子孙们，由于勋爵和财富的坑害，重蹈八旗子弟的覆辙，结果抽大烟、进赌场、逛窑子，很快便把父祖辈的家业败落得一干二净。今天，当我们重温曾氏不蓄银钱给儿孙的话时，不仅仅感悟到一种深远的历史智慧，更从中感受到一个长者对后辈的真爱大爱。

致诸弟 <small>（道光二十九年四月十六日）</small>

澄侯、温甫、子植、季洪足下：

四月十四日接到己酉三月初九所发第四号来信，次日又接到二月二十三所发第三号来信，其二月初四所发第二号信则已于前次三月十八接到矣。惟正月十六七所发第一号信，则至今未接到。京寓今年寄回之家书：正月初十发第一号（折弁），二月初八日发第二号（折弁），二十六发第三号（折弁），三月初一日发第四号（乔心农太守），大约五月初可到省；十九发第五号（折弁），四月十四日发第六号（由陈竹伯观察），大约五月底可到省。《岳阳楼记》竹伯走时尚未到手，是以未交渠。然一两月内不少妥便，亦必可寄到家也。

祖父大人之病，日见日甚如此，为子孙者远隔数千里外，此心何能稍置？温弟去年若未归，此时在京，亦刻不能安矣。诸弟仰观父、叔纯孝之行，能人人竭力尽劳，服事堂上，此我家第一吉祥事。我在京寓，食膏粱而衣锦绣，竟不能效半点孙子之职。妻子皆安坐享用，不能分母亲之劳。每一念及，不觉汗下。

吾细思凡天下官宦之家，多只一代享用便尽，其子孙始而骄佚，继而流荡，终而沟壑，能庆延一二代者鲜矣。商贾之家，勤俭者能延三四代；耕读之家，勤朴者能延五六代；孝友之家，则可以绵延十代八代。我今赖祖宗之积累，少年早达，深恐其以一身享用殆尽，故教诸弟及儿辈，但愿其为耕读孝友之家，不愿其为仕宦之家。诸弟读书不可不多，用功不可不勤，切不可时时为科第仕宦起见。若不能看透此层道理，则虽魏科显宦，终算不得祖父之贤肖，我家之功臣；若能看透此道理，则我钦佩之至。澄弟每以我升官得差，便谓我是肖子贤孙，殊不知此非贤肖也。如以此为贤肖，则李林甫、卢怀慎辈，何尝不位极人臣，焄奕一时，讵得谓之贤肖哉？余自问学浅识薄，谬膺高位，然所刻刻留心者，此时虽在宦海之中，却时作上岸之计。要令罢官家居之日，己身可以淡泊，妻子可以服劳，可以对祖父兄弟，可以对宗族乡党，如是而已。诸弟见我之立心制行与我所言有不符处，望时时切实箴规，至要至要。

鹿茸一药，我去腊甚想买就寄家，曾请漱六、岷樵两人买五六天，最后买得一架，定银九十两。而请人细看，尚云无力，其有力者，必须百余金，到南中则直二百余金矣，然至少亦须四五两乃可奏效。今澄弟来书，言谭君送四五钱便有小效，则去年不买就急寄，余之罪可胜悔哉！近日拟赶买一架付归，以父、叔之孝行推之，祖父大人应可收药力之效。叔母之病，不知宜用何药？若南中难得者，望书信来京购买。

安良会极好。地方有盗贼，我家出力除之，正是我家此时应行之事。细毛虫之事，尚不过分，然必须到这田地方可动手。不然，则难免恃势欺压之名。既已惊动官长，故我特作书谢施梧冈，到家即封口送县可也。去年欧阳家之事，今亦作书谢伍仲常，送阳凌云，属其封口寄去可也。

澄弟寄俪裳书，无一字不合。蒋祝三信已交渠，兹有回信，家中可专人送至渠家，亦免得他父母悬望。余因身体不旺，生怕得病，万事废弛，抱疚之事甚多。本想诸弟一人来京帮我，因温、沅乡试在迩，澄又为家中必不可少之人，洪则年轻，　人不能来京。且祖大人未好，岂可一人再离膝下？只得俟明年再说。

希六之事，余必为之捐从九品。但恐秋间乃能上兑，乡试后南旋者乃可带照归耳。书不能详，俟续寄。

国藩手草

评点：官宦之家与孝友之家

曾氏信中所谈到的四种家庭中的子孙情况，仍可作为今日的借鉴。官宦之家的荣耀和富贵，大多一代就享用尽了，甚至有后人死无葬身之地的。商贾之家的家产，若后人勤俭，则可以延续到三四代。耕读之家的清吉，若后人谨慎朴实，可延续到五六代。至于孝友之家的发达，则可以绵延十代八代。当然，几代几代的具体数字，不可能如曾氏所说的这样精确，但大体上差不多：对于后代子孙来说，商贾之家优于官宦之家，耕读之家优于商贾之家，而孝友之家则是造福后代子孙的最好家庭。

依常人之观念，官宦之家有权有钱是一等，商贾之家有钱无权是二等，耕读之家无权无钱是三等。但在曾氏眼里，其次序的排列恰好相反。这是因为，在他看来，权和钱都对子孙的成长不利，二者都有，则更不好；耕读之家虽无权无钱，但知书识礼，正是造就人才的好环境。孝友，即孝顺父母、友爱兄弟，这是一种良好的家风。这种家风既可存于耕读之家，也可存于官宦、商贾之家。有了这种好家风，家中的好运气便可长久地维持下去。

曾氏这里说的是家庭，其实对于个体的人来说也是如此。权力和金钱，通常为世人所追求，而精神和品格，则易被忽视，实则后者对人更重要。因为后者属于人的自身，前者却是身外之物。可惜，世人常常看不到这一点。

基于此，曾氏开导诸弟：不必把做官发财看得太重要，保守目前的耕读局面，增殖孝友的家风，才是头等重要的事情。至于他本人，虽处巍科显宦之地位，却随时做罢官家居之想，不让自己利令智昏，也不让儿女有衙内之念。

但愿当今所有为官者，都能有一百五十余年前的这位礼部侍郎的清醒。

致诸弟（咸丰元年五月十四日）

澄侯、温甫、子植、季洪四位老弟足下：

四月初三日发第五号家信，厥后折差久不来，是以月余无家书。五月十二折弁来，接到家中四号信，乃四月一日所发者，具悉一切。植弟大愈，此最可喜。

京寓一切平安。癣疾又大愈，比去年六月更无形迹。去年六月之愈，已为五年来所未有，今又过之，或者从此日退，不复能为恶矣。皮毛之疾，究不甚足虑，久而弥可信也。

四月十四日考差题"乐民之乐者，民亦乐其乐"，经文题"必有忍，其乃有济；有容，德乃大"，赋得"濂溪乐处"，得"焉"字。

二十六日余又进一谏疏，敬陈圣德三端，预防流弊，其言颇过激切，而圣量如海，尚能容纳，岂汉唐以下之英主所可及哉？余之意，盖以受恩深重，官至二品，不为不尊；堂上则诰封三代，儿子则荫任六品，不为不荣。若于此时再不尽忠直言，更待何时乃可建言？而皇上圣德之美，出于天亶自然，满廷臣工遂不敢以片言逆耳。将来恐一念骄矜，遂至恶直而好谀，则此日臣工不得辞其咎。是以趁此元年新政，即将此骄矜之机关说破，使圣心日就兢业而绝自是之萌，此余区区之本意也。现在人才不振，皆谨小而忽于大，人人皆习脂韦唯阿之风，欲以此疏稍挽风气，冀在廷皆趋于骨鲠，而遇事不敢退缩，此余区区之余意也。

折子初上之时，余意恐犯不测之威，业将得失祸福置之度外矣。不意圣慈含容，曲赐矜全。自是以后，余益当尽忠报国，不得复顾身家之私。然此后折奏虽多，亦断无有似此折之激直者。此折尚蒙优容，则以后奏折，必不致或触圣怒可知。诸弟可将吾意细告堂上大人，毋以余奏折不慎，或以戆直干天威为虑也。

父亲每次家书，皆教我尽忠图报，不必系念家事。余敬体吾父之教训，是以公而忘私，国而忘家。计此后但略寄数百金偿家中旧债，即一心以国事为主，一切升官得差之念，毫不挂于意中。故昨五月初七大京堂考差，余即未往赴考。侍郎之得差不得差，原不关乎与考不与考。上年己酉科，侍郎考差而得者三人：瑞常、花沙纳、张芾是也。未考而得者亦三人：灵桂、福济、王广荫是也。今年侍郎考差者五人，不考者三人。是日题"以义制事以礼制心论"，诗题"楼观沧海日"，得"涛"字。五月初一放云贵差，十二放两广、福建三省，名见京报内，兹不另录。袁漱六考差颇为得意，诗亦工妥，应可一得，以救积困。

朱石翘明府初政甚好，自是我邑之福，余下次当写信与之。霞仙得县首，亦见其犹能拔取真士。刘继振既系水口近邻，又送钱至我家求请封典，义不可辞，但渠三十年四月选授训导，已在正月二十六恩诏之后，不知尚可办否，当再向吏部查明。如不可办，则当俟明年四月升祔恩诏，乃可呈请；若并升祔之时，推恩不能及于外官，则当以钱退还。家中须于近日详告刘家，言目前不克呈请，须待明年六月乃有的信耳。

澄弟河南、汉口之信皆已接到，行路之难，乃至于此。自汉口以后，想一路载福星矣。刘午峰、张星垣、陈谷堂之银，皆可收，刘、陈尤宜受之，不受反似拘泥。然交际之道，与其失之滥，不若失之隘。吾弟能如此，乃吾之所欣慰者也。西垣四月二十九到京，住余宅内，大约八月可出都。

此次所寄折底，如欧阳家、汪家及诸亲族，不妨钞送共阅。见余忝窃高位，亦欲忠直图报，不敢唯阿取容，惧其玷辱宗族，辜负期望也。余不一一。

兄国藩手草。

评点：直言上疏

自咸丰皇帝登基（道光三十年二月）至咸丰二年六月出京，两年多时间里，曾氏上了十四道奏折，其中谢折三道、例行公事五道、保折一道、进言奏疏五道。进言疏五道分别为：《应诏陈言疏》《议汰兵疏》《敬呈圣德三端预防流弊疏》《备陈民间疾苦疏》《平银价疏》。

奏疏，是大臣与皇帝沟通的最主要的渠道。奏疏的内容五花八门，其中最重要的有两个方面：一为禀报分内的工作，二为建言。建言折最见一个大臣的本色。或出于明哲保身，或因懒惰乏才，许多大臣虽身处高位，肩负重责，一年到头很少甚至根本不建言，实在推脱不了，则不痛不痒地应付一下。乾、嘉、道三朝元老大学士曹振镛有句名言："多磕头，少说话。"这六个字，的确是宦海戏水者的防身秘诀。

然而，曾氏却不是这样的人。

咸丰即位时年方二十，正在血气方刚的时候。鉴于道光晚年朝政疲沓、国力衰弱的状况，他颇有一番振衰起敝的志向，登极之初便诏令内外臣工对国事多发表意见，以便择善而从，重振朝纲。做了十多年京官的曾氏一向关注国计民生，早就藏了一肚子话，借着这个机会，一年内，他连上了上面所列的五道建言疏。

在《应诏陈言疏》里，他着重谈的是人才之事，提出教育人才的三个主要方面：转移之道，培养之方，考察之法。

所谓"转移"，即皇上以身作则，臣工群相仿效，造成一股巨大力量，以便扭转世风。至于培养之道，曾氏提出了四条途径，即教诲、甄别、保举、超擢。考察之法，即应改变现在的京官仅凭召见及三年一次的京察、外官司道仅凭督抚考语的成习，建议加强监督，常年考核，鼓励人人建言，相互质证。

这道奏疏对时局的批评尖锐而准确，如："以臣观之，京官之办事通病有二，曰退缩，曰琐屑；外官之办事通病有二，曰敷衍，曰颟顸。""十余年间，九卿无一人陈时政之得失，司道无一折言地方之利病，相率缄默，一时之风气，有不解其所以然者。"这些话因切中时弊而痛快淋漓，很快便在朝野上下、京师内外不胫而走。至于"习俗相沿，但求苟安无过，不求振作有为，将来一有艰巨，国家必有乏才之患"这句话，不幸很快便得到了验证。对付太平军的人才，政府体制中果然没有几个，成千上万的乱世之才，还得靠这位侍郎从体制外去发现培养。

关于《议汰兵疏》，前信评点中已说过。至于《备陈民间疾苦疏》，则是向这位养在深宫之中、长于妇人之手的年轻皇帝，叙说了民间三大疾苦：一、银价太昂，钱粮难纳。二、盗贼太众，良民难安。三、冤狱太多，民气难伸。在"冤狱"一节中，曾氏沉痛地写道："臣自署理刑部以来，见京控、上控之件，奏结者数十案，咨结者数百案，惟河南知府黄庆安一案、密云防御阿祥一案，皆审系原告得失，水落石出，此外各件大率皆坐原告以虚诬之罪，而被告者反得脱然无事。""臣考定例所载，民人京控，有提取该省案卷来京核对者，有交督抚审办者，有钦差大臣前往者。近来概交督抚审办，督抚发委首府，从无亲提之事；首府为同寅弥缝，不问事之轻重，一概磨折恫喝，必使原告认诬而已。风气所趋，各省皆然。一家久讼，十家破产，一人沉冤，百人含痛，往往有纤小之案，累年不结，颠倒黑白，老死囹圄，令人闻之发指者。"司法上的黑暗腐败，对人心的动摇最为重大。看了这段话，便可知江南百姓为何背弃朝廷影从太平军了。

在《平银价疏》中，曾氏针对当时银贵钱贱之现状，提出几条纠正的措施。用今天的话来说，颇类似于对规范货币体制一事献策。

五疏中最为大胆也最为冒风险的便是此信中所提到的《敬呈圣德三端预防流弊疏》。

曾氏针对这个年轻皇帝三种所谓的"美德"，毫不客气地指出其背后可能出现的流弊。一为"谨慎"，将有可能导致琐碎。在指出近日几处失误实例后，曾氏劝皇上宜效法汉高祖、唐太宗，"豁达远观，罔苛细节"。一为"好古"，将有可能导致徒尚文饰。曾氏列举了咸丰帝的几桩徒尚文饰的事例，尤其有一件事，想必皇上读来心中甚为不快。现照录如下："前者，臣工奏请刊布《御制诗文集》，业蒙允许。臣考高祖文集刊布之年，圣寿已二十有六；列圣文集刊布之年，皆至三十四十以后。皇上春秋鼎盛，若稍迟数年再行刊刻，亦足以昭圣度之谦冲，且明示天下以敦崇实效，不尚虚文之意。风声所被，必有朴学兴起，为国家任栋梁之重。"文人好名，皇帝也好名。曾氏此谏，无疑给二十岁的好名皇帝当头泼了一盆冷水，他岂不恼火？

第三个所谓美德为"广大"，但若把握不了分寸，则有可能"厌薄恒俗而长骄矜之气，尤不可不防"。曾氏规劝皇上，用人行政之大权，不可自专，宜付军机处、六部九卿、科道百僚共商。且提醒皇上，当重用有风骨的直臣，不要听信阿谀拍马者的媚柔之言。

曾氏亦知此疏言辞过于质直，故在折末特为写上："此三者辨之于早，只在几微之间；若待其弊既成而后挽之，则难为力矣。臣谬玷卿陪，幸逢圣明在上，何忍不竭愚忱，以抑裨万一。虽言之无当，然不敢激切以沽直声，亦不敢唯阿以取容悦。"

据野史上载，曾氏此疏果然引得龙颜大怒，恨不得杀掉这个大胆的乡巴佬以惩效尤。后来多亏大学士祁隽藻、左都御史季芝昌等人以"君圣臣直"的话来为曾氏开脱，才得以免去了这次无妄之灾。从此曾氏的建言疏再也不敢放肆直言了。

当老家的亲人们看到曾氏这道奏疏抄件时，也都为之紧张。其叔信中说："所付回奏稿，再四细阅，未免憨直太过。"其父后来为此事告诫儿子："卿贰之职，不以直言显，以善辅君德为要。"

然而，曾氏的这五道奏疏，很快便传遍天下，广播人口，为他赢得了"关心民瘼""忠直敢言"等美誉，奠定了他日后办大事所十分需要的基础——海内人望。他的好友刘蓉用这样的诗句来赞美："曾公当世一凤凰，五疏直上唱朝阳。"这两句诗代表了当时知识界的声音。

致诸弟（咸丰元年十月十二日）

澄侯、温甫、子植、季洪四弟足下：

九月二十六日发家信第十三号，想已收到。十月初十日，接到家中闰月二十八所发信及九月初二、九月十四所发各件。十二夜又于陈伯符处接到父亲大人闰八月初七所发之信，系交罗罗山手转寄者。陈伯符者，贺耦庚先生之妻舅也，故罗山托其亲带来京。得此家书四件，一切皆详知矣。

纪泽聘贺家姻事，观闰八月父亲及澄弟信，已定于十月订盟；观九月十四澄弟一信，则又改于正月订盟。而此间却有一点挂碍，不得不详告家中者。京师女流之辈，凡儿女定亲，最讲究嫡出、庶出之分。内人闻贺家姻事，即托打听是否庶出，余以其无从细询，亦遂置之。昨初十日接家中正月订盟之音，十一日即内人亲至徐家打听，知贺女实系庶出，内人即甚不愿。余比晓以大义，以为嫡出、庶出何必区别，且父亲大人业已喜而应允，岂可复有他议？内人之意，以为为夫者先有嫌妻庶出之意，则为妻者更有局蹐难安之情，日后曲折情事亦不可不早为虑及。求诸弟宛转禀明父母，尚须斟酌，暂缓订盟为要。陈伯符于十月十日到京，余因内人俗意甚坚，即于十二日夜请贺礼庚、陈伯符二人至寓中，告以实情，求伯符先以书告贺家，将女庚不必遽送，俟再商定。伯符已应允，明日即发书，十月底可到贺家。但兄前有书回家，言亲事求父亲大人作主。今父亲欢喜应允，而我乃以妇女俗见从而挠惑，甚为非礼。惟婚姻百年之事，必先求姑媳夫妇相安，故不能不以此层上渎。即罗山处，亦可将我此信抄送一阅，我初无别见也。夏阶平之女，内人见其容貌端庄，女工极精，甚思对之。又同以至于不可分割。据专家考证，中国两千年封建官场，真正的一丝分外之财不要的清官，不过四五十人而已，其他无法数计的官员都说不上严格意义上的清廉，差别之处只在程度上而已。曾氏也不在这四五十人之列。当然，综其一生来看，他还是较为廉洁的。

且放下人性中的贪欲一面不说，在中国，要做一个清官，其实是很难的。难就难在这个官员身上所要承担的家庭责任太多太重，尤其是清寒家庭出身的官员。当初是整个家庭（甚至还包括族戚）为你付出，现在你出头了，理所当然地要回馈。如果家庭成员们期望过高，非他的俸禄所能满足，于是利用手中的权力去谋取分外的金钱，几乎便不可避免了，贪污、中饱等也便由此而生。所以，一个人要想做清官，必须要得到家庭的支持和配合。现在的家庭都只是小家庭，曾氏那个时代，富贵之家多是大家庭，尤其是曾氏这种四世同堂之家，自然是不能分开的大家庭。这个大家庭眼下及今后年代里，扮演重要角色的显然是他的四个弟弟。所以，这封家信，与其说是曾氏在向诸弟说明自己做清官的志向，不如说是曾氏希望诸弟断绝非分的期待，请他们予以支持和配合。

他从两个方面来表明自己的公心：一、自己小家的主要财产即衣服、书籍，卸任回籍后便交与大家处理；二、不留财富给儿孙。

笔者以为，曾氏此信所说的"儿子若贤，则不靠宦囊，亦能自觅衣饭；儿子若不肖，则多积一钱，渠将多造一孽，后来淫佚作恶，必且大玷家声"这番话，凡做父母者，都可书之于绅。

疼爱子女，乃天下父母之心，而中国父母由于深受传宗接代思想的影响，于此更甚。自己可以省吃俭用，却要让子女吃好穿好，还得为他们留下丰厚财产，不少父母甚至一辈子做牛做马地为子女服务。冷静地想一想，这样做其实是大可不必的，"做牛做马"，则更是可悲。

自古奋斗出英雄，从来纨绔少伟男。清贫，常能激励人去追求向上；过多的金钱，反而诱惑人走向堕落。这几乎是颠扑不破的真理，但世间许许多多的痴心父母就是看不到这一层。曾氏家教严格，亦不留财产给子孙，其家乡陈奉曾一女，相貌极为富厚福泽，内人亦思对之。若贺家果不成，则此二处必有一成，明春亦可订盟；余注意尤在夏家也。京城及省城订盟，男家必办金簪、金环、玉镯之类，至少亦须花五十金。若父亲大人决意欲与贺家成亲，则此数者亦不可少。家中现无钱可办，须我在京明年交公车带回，七月间诸弟乡试晋省之便再行订盟，亦不为晚。望澄弟下次信详以告我。

祖父佛会既于十月初办过，则父母叔父母四位大人现已即吉。余恐尚未除服，故昨父亲生日，外未宴客，仅内有女客二席。十一，我四十晋一，则并女客而无之。

朱石樵为官竟如此之好，实可佩服。至于铳沙伤其面尚勇往前进，真不愧为民父母。父亲大人竭力帮助，洵大有造于一邑。诸弟苟可出力，亦必尽心相扶。现在粤西未靖，万一吾楚盗贼有乘间窃发者，得此好官粗定章程，以后吾邑各乡自为团练，虽各县盗贼四起，而吾邑自可安然无恙，如秦之桃花源，岂不安乐？须将此意告邑之正经绅耆，自为守助。

牧云补廪，烦弟为我致意道喜。季弟往凹里教书，不带家眷最好。必须多有人在母亲前，乃为承欢之道。季洪十日一归省，亦尽孝之要也。而来书所云寡欲多男之理，亦未始不寓乎其中。甲五读书，总以背熟经书、常讲史鉴为要，每夜讲一刻足矣。季弟看书不必求多，亦不必求记，但每日有常，自有进境，万不可厌常喜新，此书未完，忽换彼书耳。

兄国藩手草。

评点：因贺女庶出而暂缓亲事

曾氏长子纪泽生于道光十九年，此时虚岁十三岁。他是曾府的长房长孙，按中国封建宗法制度来说是大宗，故无论是北京的父母，还是湘乡的祖父母及诸叔等，都早早地为他的婚姻而操心了。这两年来，京湘两地的家书中常谈及纪泽的婚事。先是，曾氏本人不太愿意跟住在长沙城里的大官贺长龄家结亲，理由是辈分不合。按年龄和资历，贺长龄都是曾氏的长辈，一旦结为亲家，便是同辈了。因曾氏之父很愿意，后来曾氏也同意了。此事已进入商讨日期订立盟约的时候。现在京师这边又变了卦，问题是贺家女不是嫡出而是庶出，即非夫人所生而是姜姨所生。

姜，立女也，界于夫人与婢女之间，虽为丈夫生了儿女，其地位依旧是低的。姜的儿女称之为庶出，因母亲的地位低，她的儿女地位也便低。袁世凯为庶出，他的夫人于氏乃嫡出。在于氏过门不久的一次夫妻口角中，于氏说了一句袁为庶出的话，引起袁的勃然大怒，从此袁不跟于氏同房，以后又一个接一个地讨进小老婆，让于氏守了一世活寡。在袁的河南老家，袁的两个异母兄长，也并不因袁的高官显位而让他坏嫡庶之别。无论袁如何请求，袁的生母在死后也不能得到与丈夫合墓的待遇。袁因此气得断绝与项城老家的联系。

发生在袁世凯本人和他家庭中的这些事，足以说明嫡与庶在封建礼制中的地位差别之大。

但是，也有许多人能跳出这个世俗的陋习，不以是否嫡出来待人，尤其是对于女性，因其职责只在家内而不参与社会活动，故更予以放宽。但这位欧阳夫人却把此事看得很重，得知贺家女为庶出后便不同意这门亲事了。曾氏虑及媳妇未过门，婆婆便先存这种偏见，日后婆媳关系肯定不好相处，便也寄信给诸弟，要家中暂缓订盟。

信中讲他自己并不在意嫡出庶出，还以此对夫人"晓以大义"。不过，在笔者看来，这可能不是曾氏内心的实话。曾氏是个恪遵礼制的拘谨人，他的心中一定是存嫡庶之别的。倘若他的态度十分坚决，想必夫人的话不会起决定乾坤的作用。笔者揣测，曾氏既知大义，又知世俗，故并不断然否定夫人的意见，又加之有"辈分不合"这一层挂碍在内，心里较为倾向于不与贺家结亲，故而郑重推出夫人的话来作理由。一句"余注意尤在夏家"，透露了此中消息。

致诸弟（咸丰元年十二月二十二日）

澄侯、温甫、子植、季洪四位老弟足下：

十二月十一日发家书十六号，中言纪泽儿姻事，求家中即行与贺家订盟，其应办各物，已于书中载明，并悔前此嫌是庶出之咎云云，想已接到。如尚未到，接得此信，即赶紧与贺家订盟可也。

诰封各轴已于今日领到，正月二十六恩诏四轴（曾祖父母、祖父母、父母、叔父母），四月十三恩诏亦四轴，三月初三恩诏一轴（本身妻室），凡九轴。八月初六用宝一次，我家诸轴因未曾托人，是以未办。曾于闰八月写信告知，深愧我办事之疏忽。后虽托夏阶平，犹未放心，又托江苏友人徐宗勉，渠系中书科中书，专办诰敕事宜。今日承徐君亲送来宅，极为妥当，一切写法行款俱极斟酌，比二十六年所领者不啻天渊之别，颇为欣慰。虽比八月用宝者迟五个月，而办法较精，且同年同乡中有八月领到者，或只一次，未能三次同领，或此番尚未用宝者亦颇有之。诸弟为我敬告父母大人、叔父母大人，恭贺大喜也。惟目前无出京之人，恐须明年会试后乃交公车带归。重大之件，不敢轻率。向使八月领到，亦止十二月陈泰阶一处可付（与雨苍同行），此外无便。

余于十八日陈奏民间疾苦一疏，十九日奏银钱并用章程一疏，奉朱批交户部议奏，兹将两折付回。文任吾于十三日搬至我家，庞省三于二十四日放学。寓中一切如常，内外大小平安。今年腊底颇窘，须借二百金乃可过年，不然，恐被留住也。袁漱六亦被年留住。刘佩泉断弦，其苦不可名状，儿女大小五六人无人看视。黎越翁尚未到京，闻明年二月始到，未带家眷。涂心畲已到京，尚未来见我。公车中，惟龙翰臣及澧州馆到二人而已。

粤西事用银已及千万两，而尚无确耗。户部日见支绌，内库亦仅余六百万。时事多艰，无策以补救万一，实为可愧。明年拟告归，以避尸位素餐之咎，诸弟为我先告堂上可也。余不一一。

国藩手草。

评点：老父训斥侍郎儿

前后不过两个月的时间，曾氏在与贺家联姻一事上便出现了一百八十度的大转弯。其间的关键原因是老爷子的一封信。

老爷子对儿子的出尔反尔极为恼火，在接到儿子的信后立即去长信一封，以从未有过的峻厉言辞，将朝廷这位侍郎大人训斥了一通。我们且来看这位乡村塾师是如何说的：

"娶媳求淑女，佳儿佳妇，父母之心，所以儿女择配，父母主之，祖父母不敢与闻。尔曾寄信要余在乡为纪泽求淑女，余未应允，不敢专其事也。耦庚先生之女，系罗山作媒，尔从前寄信回，言一定对贺氏女……今尔又言是庶出，异日其姑必嫌之，纪泽亦必嫌之，尔不能禁止。此尔饰非之词也。尔幼年，作媒者不下十余人，尔不愿对，皆祖父大人所不愿者。尔岳父沧溟先生以其女来对，祖父大人欣然，尔母不喜：一则嫌其年小，一则嫌其体小，厚奁之说，更不必言。余承祖父之欢，毅然对之。冢妇在家六年，朝夕随尔母而无芥蒂之嫌者，余型于之化，尚可以自问。

"若纪泽来京，年只一岁，余送之四千里之遥，一路平安，谁之力也？余为之定一淑女，岂可以庶出为嫌乎？昔卫青无外家，其母更不能上比于庶。卫青为名将，良家淑女，岂不肯与为婿乎？目前陶文毅公与胡云阁先生结姻，陶女庶出也，胡润滋为太守，初不闻嫌其妇。润滋官声甚好，官阶不可限量，异日其妇以夫荣，诰授夫人，庶出之女，又何如尊贵也。尔宜以此告知尔妇尔子。夫者，扶也，扶人伦也。尔妇宜听尔教训，明大义，勿入纤巧一流。至父为子纲，纪泽尤当细细告之，勿长骄矜之气习。

"我家世泽本好，尔宜谨慎守之。况尔前信内念及耦耕先生，始与婚姻，人人咸知，今又以庶出不对其女，更有何人来对？贺氏固难为情，即尔此心何以对耦耕先生于地下？尔寄信于余，要对此女为媳，余又为之细察，始择期订盟，今忽然不对，尔又何以对余于堂上……余以尔列卿位，国家大事得与闻者，独贵明断，况为男儿定婚，尔宜自主之，余亦不必多出议论也。此嘱。"

别看老爷子平时温温和和的，真要发起火来，也确乎有些威棱。这封信可谓义正辞严，将贵为列卿的儿子问得无话可对。这事的每一条上，曾氏都站不住脚，而最让曾氏感到惶恐的，是他将很有可能因此而失信于天下。曾氏一向以"诚信"自励，若因此而失去了社会的相信，那所失将太大。曾氏明白了此中的利害关系后，欣然接受老父的教训，承认错误，并以赶紧订盟的实际行动来弥补过失。

公允地说，曾氏以庶出为由毁约，此举的确不明智。本来，即便在当时，嫡庶之别也只重在男性，而对女性则采取较为宽松的态度。曾氏娶的是媳妇，而不是嫁女，媳妇的贤惠不贤惠、漂亮不漂亮，才是所考虑的重要方面，至于是嫡出还是庶出，并不重要。京师的这种风俗，应是腐陋的。曾氏在此事上听从妇人之见，正好说明他是一个普通人，并非圣贤。

老爷子的信讲的是大义，还有一些实际利益，他大概不便在信上明说。若从对湘乡老家的实益来看，与省城贺家联姻显然要大大强过与京师夏家或陈家的联姻。

贺家是长沙大族名宦，掌门人贺长龄虽已去世，但他为官几十年，位居督抚，门生故吏遍天下。他在江苏布政使任上聘请魏源所编的《皇朝经世文编》，一直在士林中享有盛誉。其弟贺熙龄、贺修龄仍健在，在官、绅两界都有很大的影响。

曾氏的几个弟弟功名都不顺利，这种不顺就意味着今后要跳出湖南是非常困难的。要在湖南讨生活，必须在湖南这块土地上建筑广泛而厚实的基础。曾家在湖南，其实是没有根基的。曾氏自己说，"五六百年间，曾家无与科目功名之列"，也就是说，曾家世世代代没有人做官，缺乏有力的社会奥援。即便在曾氏兄弟姊妹这一代，无论是娶进来的媳妇的娘家，还是嫁出去的闺女的婆家，没有一家是有头有脸的大家显族，全都是平民百姓。现在好不容易出了一个朝廷大员，具备攀结阔亲家的条件，而长沙城里的贺府正是因为此才愿意将千金下嫁湘乡白杨坪的乡民。千盼万盼才盼到省城里将有一个大宅门可作为依傍，拒绝日后将会给老家带来诸多实际好处的这门亲事，该是多么的"自私"而不顾及整个家族的错误决策？

曾氏在这封信中再次流露出回家之念，并决定"明年拟告归"。若说先前数次的想回家，主要出于思亲情切的话，这次却明说是因为国事的缘故。

曾氏自从道光二十九年升授礼部侍郎以来，三四年间，曾先后兼任过刑部、兵部、吏部、工部侍郎。朝廷六部，他做过五个部的堂官，对大清王朝这座"外面的架子虽未甚倒，内囊却也尽上来了"的百年贾府的种种弊端，自然比旁人知道得更多更深。广西太平军发难一事对朝廷的震撼之大，以及朝廷应对此事的力量之弱，曾氏也自然比旁人知道得更多更深。他在家信中只略略提到财政枯绌一项，至于比财政更为重要的政治、军事方面的严峻局面，他还没有说到。当然，他心里是清楚的，只是不便说罢了。他明白，无论是他近日所上的陈奏民间疾苦疏、银钱并用疏，还是这以前所上的其他几道奏疏，都不会起什么实际作用，国势的颓坏是无力逆转的。他可能已经隐隐看到了不久就要来临的惨痛剧变，与其说是回籍省亲，不如说是取历代有识之士的传统做法：远离政治漩涡中心，以求全身避祸。

如同道光二十七年那样，曾氏告归的想法，遭到家中的一致反对。父亲急忙去信阻止："尔年四十一岁，正是做官之时，为朝廷出力以尽己职，以答皇恩，扬名显亲，即不暬日侍吾夫妇之侧，何必更念南旋，孜孜焉以欲省亲也？"二十多天后再次去信重申这一观点。诸弟的家信中也明确表示不同意大哥之举。

老百姓看当官的，只看到其风光的一面，至于其内心的种种忧虑与分裂，一般是不会去想的。

谕纪泽（咸丰二年九月十八日）

字谕纪泽儿：

余自在太湖县闻讣后，于二十六日书家信一号，托陈岱云交安徽提塘寄京；二十七日发二号家信，托常南陔交湖北提塘寄京；二十八日发三号，交丁松亭转交江西提塘寄京。此三次信，皆命家眷赶紧出京之说也。八月十三日，在湖北发家信第四号，十四日发第五号，二十六日到家后发家信第六号。此三次信皆言长沙被围，家眷不必出京之说也。不知皆已收到否？

余于二十三日到家，家中一切皆清吉，父亲大人及叔父母以下皆平安。余癣疾自到家后日见痊愈。地方团练人人皆习武艺，外姓亦多善打者，土匪决可无虞。粤匪之氛虽恶，我境僻处万山之中，不当孔道，亦断不受其蹂躏。现奉父亲大人之命，于九月十三日权厝先妣于下腰里屋后山内，俟明年寻有吉地再行改葬。所有出殡之事，一切皆从俭约。

丁贵自二十七日已打发他去了，我在家并未带一仆人，盖居乡即全守乡间旧样子，不参半点官宦气习。丁贵自回益阳，至渠家住数日，仍回湖北为我搬取行李回家，与荆七二人同归。孙福系山东人，至湖南声音不通，即命渠由湖北回京，给渠盘缠十六两，想渠今冬可到京也。

尔奉尔母及诸弟妹在京，一切皆宜谨慎。目前不必出京，待长沙贼退后，余有信来，再行收拾出京。兹寄去信稿一件，各省应发信单一件。尔可将信稿求袁姻伯或庞师照写一纸发刻。其各省应发信，仍求袁、毛、黎、黄、王、袁诸位妥为寄去。余到家后，诸务丛集，各处不及再写信，前在湖北所发各处信，想已到矣。

十三日申刻，母亲大人发引，戌刻下殡。十二日早响鼓，巳刻开祭，共祭百余堂。十三日正酒一百九十席，前后客席甚多。十四日开□（评点者注：原件此字不清），客八人一席，共二百六十余席。诸事办得整齐。母亲即权厝于凹里屋后山内，十九日筑坟可毕。现在地方安静。闻长沙屡获胜仗，想近日即可解围。尔等回家，为期亦近矣。

罗劭农（芸皋之弟）至我家，求我家在京中略为分润渠兄。我家若有钱，或十两，或八两，可略分与芸皋用，不然，恐同县留京诸人有断炊之患也。书不能尽，余俟续示。

涤生手示

评点：孝道平衡了"三从四德"

这是曾氏身份改变之前所留存的最后一封家信。信不长，办丧事的过程说得也很简单，但我们从这几句简单的话里却可以感受到当年曾府丧事的热闹风光。

我们都知道，中国封建时代的女人地位低下，"三从四德"将女人自身的人格和尊严都给剥夺了。女人是人类世界的另一半。倘若人类世界的文化仅仅只是这样一条直线形的话，那么女人绝对是压抑的、委顿的、没有生命力的。人类世界的一半失去了生命力，那么整个的人类又怎么可能具有勃勃生机呢？

原来，人类世界的文化并不是简单的直线形的，而是复杂交错的。中国礼教中的"孝顺"又将"三从四德"拉了回来：儿女要孝顺父母。"百善孝为先"，"孝"为全社会所提倡所公认的美德。在"孝"的面前，父与母处于同等地位。结婚仪式的拜高堂，拜的是并坐的父母。做官的儿子为父母请封，父亲请的是某某大夫，母亲请的是几品夫人，这时的地位也是一样的。父亲死了，叫作丁外忧，母亲死了叫作丁内忧。对于做官的儿子而言,外忧与内忧一个样,都要离职守丧三年。中国的女人便在这些时候为自己争得了体面和荣耀。女人也不是绝对地都低于男人的:在做儿孙的男人面前,女人一样地受到尊敬;培育了优秀男人的女人,一样地赢得社会的敬重。于是,女人活着也便有了奔头,女人的胸腔里也便充满着生命力,人类世界也就因此而具有勃勃生机。

曾江氏便是这样一位受到社会广泛敬重的女人。她生了五个儿子,五个儿子个个精明能干,不甘人下,尤其是她的长子不仅为曾家,也为整个湘乡县、整个湖南省(当时湖南没有品级比曾氏再高的官员)赢得了荣耀。这样的女人,是中国封建文化中具有典型性的为社会做出重大贡献的女人,理应得到这种文化所带给她的一切荣誉、地位和尊严。你看她的出殡由六十四人抬棺木、三次请客达五百五十余席,此外的流水席当不下百席。以八人一席计算,来宾及办事人员多达五千余人次。对于小小的湘乡县二十四都,这无疑是千百年不遇的重大庆典活动。气氛之热烈、乡民之踊跃,当可想而知。而这些,都还是在一种节制的状态下进行的("不用海菜,县城各官一概不请。神主即请父亲大人自点");倘若主家有意讲排场的话,丧事的热闹程度,必定可扩大数倍。

曾江氏不仅为她本人,也为中国女人挣来了体面。可以想象得出,当时二十四都的四面八方会有多少女人从曾江氏这里获得启发,得到鼓舞!这个本身低微柔弱的女人,依仗儿子的成就,将男尊女卑的两性格局做了一次短暂的扭转。

当然,在世俗社会里,人们的一切活动莫不与功利紧密相连。这么多人来参加曾府的丧仪,其源盖因为曾府出了一位现任的朝廷卿贰大臣。那时有两句俚话,道是:"太太死了压断街,老爷死了无人埋。"太太死了,为什么吊丧、送殡的人多到把街压断,而老爷死了居然连掩埋的人都没有呢?这两句颇为夸张的话的背后,藏着的是赤裸裸的利益交易:对于死者的吊唁其实就是对生者的巴结。太太虽死,老爷还在,送出的可得到相应或更大的回报。老爷一死,前途断绝了,也就没有巴结的必要了。读者诸君看看这封信中最后讲的一桩事,便可以明白了。

禀父（咸丰三年十月初四日）

男国藩跪禀父亲大人万福金安：

屡次接到二十三日、二十八日、二十九日、初二日手谕，敬悉一切。

男前所以招勇往江南杀贼者，以江岷樵麾下人少，必须万人一气，诸将一心，而后渠可以指挥如意，所向无前。故八月三十日寄书与岷樵，言陆续训练，交渠统带，此男练勇往江南之说也。王璞山因闻七月二十四日江西之役谢、易四人殉难，乡勇八十人阵亡，因大发义愤，欲招湘勇二千前往两江杀贼，为易、谢诸人报仇，此璞山之意也。男系为大局起见，璞山系为复仇起见；男兼招宝庆、湘乡及各州县之勇，璞山则专招湘乡一县之勇；男系添六千人，合在江西之宝勇、湘勇足成万人，概归岷樵统带；璞山则招二千人，由渠统带。男与璞山大指虽同，中间亦有参差不合之处。恐家书及传言但云招勇往江南，其中细微分合之故，未能尽陈于大人之前也。

自九月以来，闻岷樵本县之勇皆溃散回楚，而男之初计为之一变。闻贼匪退出江西，回窜上游，攻破田家镇，逼近湖北，而男之计又一变。而璞山则自前次招勇报仇之说通禀抚藩各宪，上宪皆嘉其志而壮其才。昨璞山往省，抚藩命其急招勇三千赴省救援。闻近日在涟滨开局，大招壮勇，即日晋省。器械未齐，训练未精，此则不特非男之意，亦并非璞山之初志也。事势之推移有不自知而出于此，若非人力所能自主耳。

季弟之归，乃弟之意，男不敢强留。昨奉大人手示，严切责以大义，不特弟不敢言归，男亦何敢稍存私见，使胞弟迹近规避，导诸勇以退缩之路。现今季弟仍认（评点者按：此处原件缺数行字）不可为，且见专用本地人之有时而不可恃也。男现在专思办水战之法，拟艍与船并用。湘潭驻扎，男与树堂亦尝熟思之。办船等事，宜离贼踪略远，恐未曾办成之际，遽尔蜂拥而来，则前功尽弃。

朱石翁已至湖北，刻难遽回。余湘勇留江西吴城者，男已专人去调矣。江岷樵闻亦已到湖北省城。谨此奉闻。男办理一切，自知谨慎，求大人不必挂心。

男谨禀

评点：由侍郎变为湘军统帅

此时的曾氏已不再是一个在籍守制的前礼部侍郎，而是驻扎在湖南省城的团练大臣了。由文而武，由政事而军事，曾氏的身份，几乎有了一百八十度的大转变。因此，很有必要将这个转变的过程说一说。

咸丰二年十月底，太平军在围攻长沙八十余天不能下之后，半夜渡湘江，取道宁乡、岳州北去。湖南巡抚张亮基担心太平军随时杀回马枪，遂留下江忠源的楚勇二千人驻扎长沙，又命罗泽南与他的弟子王鑫在湘乡招募湘勇千人进入省垣防守。

江忠源三次会试未中后，被大挑至浙江秀水县去做知县。咸丰元年，丁内忧回新宁原籍，恰遇太平军由广西进军湖南。江忠源带着他所招募的楚勇在湘桂交界处的全州蓑衣渡打了一场胜仗，南王冯云山便死于此役。这是太平军起事来遇到的一个大挫折，也是清朝廷军队对太平军所取得的第一场胜仗，虽然没能阻止住太平军的进入湖南，但江忠源及其楚军却因此仗获得了"善战"的称誉，并因此受到朝廷的重视。

勇，是清代对地方上临时招募的兵卒的称呼。它的主要职责是维护地方秩序,故又称为乡勇。乡勇平日皆为农民,遇到紧急事态才拿起刀枪出来组团成军,事态平息后又回家种田。嘉庆初,傅鼐在湘西做同知时便利用这种乡勇平定苗民起义。傅鼐的做法得到朝廷嘉奖,并将它推行到全国各地。同时,湖南也因此而在民间培植了一股尚武的风气,此风代代相传,造成了湖南乡勇的广泛群众基础。在上封信里,曾氏说"曾家人人皆习武艺,外姓亦多善打",说的正是这种风尚。为什么后来唯独湖南湘军能够成事而别的省的勇丁大多没有战斗力,其原因就在于此。

江忠源在新宁招募的勇丁号为楚勇,在其他县,也有地方上的头面人物出面做这种事的。在湘乡,由学界名流罗泽南牵头,也拉起了一支队伍。这些勇丁都是湘乡人,故社会上称之为湘勇。罗泽南手下有两个能干的学生,一个名叫李续宾,另一个就是信中所说的王鑫,字璞山。湖南招募湘勇防守地方对抗太平军的做法,引起朝廷的重视,朝廷决定在江南各省立即予以推广。从咸丰二年十一月起,短短的两三个月内,朝廷在这些省内委派了四十三个帮办团练大臣,命令他们协助所在省的行政官员组织乡勇,维持社会治安。钦命团练大臣的第一道谕旨,便是发到湖南巡抚衙门,钦命的对象便是在籍礼部侍郎曾国藩,命曾国藩"帮助办理本省团练乡民搜查土匪诸事务"。

这年十二月十三日,曾国藩在老家收到巡抚张亮基转来的上谕。但曾氏未奉旨,他拟了一道《恳请在家终制折》,请张代为奏报。前面已说过,只有二品以上的大员才有向皇帝上折子的权力,在地方上,文职只有总督、巡抚、布政使才属于此列。曾国藩在籍守制,就不再是二品官了,他已没有上折的资格,他的折子只能请督、抚、藩代递。

曾国藩不奉旨,除了他所打出的公开理由——在籍终制外,也还有其他的一些缘故。据笔者猜测,不外乎这样几条:身为文人,不习军旅;太平军势力强大,省内土匪强盗众多,难以对付;社会秩序业已混乱,维持起来很困难。除开这些原因外,湖南官场风气败坏,在这种环境中难以成就大事,可能也是曾氏不愿出山的一个重要原因。咸丰帝登基这一两年来,多次严厉批评湖南的吏治恶劣,贪污营私舞弊等都比其他省严重,巡抚、布政使等一批高官都因此撤职查办。人虽换了几个，但风气已成，扭转就难了。

　　曾国藩拟出奏稿，反复修改，又将它以小楷誊正。正欲派专人送到长沙时，恰好张亮基又打发人送到亲笔函。张亮基信上说，近日武汉三镇失守，巡抚常大淳殉难，省城人心惶惶，请早日奉旨来长沙商办大事。次日，好友郭嵩焘又特地从湘阴老家赶来。郭嵩焘道光二十七年中翰林，与他同科的还有曾氏的及门弟子李鸿章。在京时，郭就住在曾家附近，每日三餐在曾家吃饭，与曾氏关系甚是密切。郭嵩焘劝曾氏以桑梓安全为重，丢开一切顾虑，又说古往今来墨经办公事的人多得很，不必过于拘泥。郭又说动了曾氏的父亲。曾父也以大义规劝儿子，要儿子移孝作忠。于是，在咸丰二年十二月十七日这天，曾氏在母亲的墓前焚烧已誊好的奏折，带着最小的弟弟国葆离开湘乡黄金堂老家；二十一日抵达长沙城，将行辕设在巡抚衙门旁边的一个名叫鱼塘口的街上，正式做起湖南省帮办团练大臣来。

　　第二天，曾氏就上奏，请求批准在长沙立一大团，将各县曾经训练之乡勇招募来省，扎实训练，一可防守省城，二可随时派遣到各县剿捕土匪。朝廷即刻批准。这时罗泽南所招的三营共一千人的湘乡勇丁已到长沙，于是曾氏以此为基础建立大团，以明代名将戚继光的束伍成法编练，又亲手制定训练章程。这三营人马便是湘军的基本队伍。

　　不久，张亮基赴武昌署理湖广总督，江忠源升湖北按察使，其留在长沙的楚勇交其弟江忠济及刘长佑统领。楚勇、湘勇及由辰州来省的辰勇等，均归曾氏节制。时各地土匪活动频繁，曾氏常调遣这批勇丁分赴出事地点予以弹压。

　　咸丰三年三月，江忠源将留在湖南的楚勇全部带赴江南，又奏请再招练楚勇三千，朝廷允准。这时湖南巡抚一职由骆秉章担任。骆秉章老于仕宦，既支持曾氏以重典治匪，从严治军，又对湖南官场及绿营采取姑息容忍态度。曾氏参劾玩忽职守的长沙协副将德清，又破格保举参将塔齐布等人，因此而埋下了与湖南绿营的仇隙。绿营兵常常伺机欺负湘勇，塔齐布险些被绿营兵戕杀。为避免内讧，曾氏不得不退让，八月下旬由长沙移防衡州府。

上个月，支援江西的一支湘勇在南昌与太平军作战大败，营官谢邦翰、易良干等四人及勇丁八十余人死于战场。王鑫欲借此机会扩大自己的实力，乃以报仇为名回湘乡招募三千人。曾氏训练湘勇，是为了给江忠源提供兵源，与王鑫自招自将的做法不同。两人因此有了分歧。王鑫虽是书生出身，却善于用兵，打仗勇猛直前，有"老虎"之称，但私心较重，急于自立山头，与曾氏不协。曾氏一直不重用王鑫。第二年，王鑫自率一军赴广西单独发展；咸丰七年率部援江西，不久死在江西战场上。

曾氏与王鑫不和的消息传到湘乡，曾麟书去信询问儿子。曾氏此信讲的即是这桩事。曾氏的话虽说得委婉，但对王鑫的不满情绪仍可看得出来。他说王鑫招募的人马"器械未齐，训练未精"，背后的隐语显然是：如此急欲出兵，必不可奏效。

信里说"现在专思办水战之法"，讲的是他到衡州府所办的另一件大事：筹建湘勇水师。

太平军在攻下岳州后，俘获大批船只及船民，由此组建了太平军的水师。仗着这支水师，太平军顺利渡过洞庭湖，打下武汉三镇。在武汉又将这支水师扩大，然后百万雄师尽皆乘船，浮江东下，畅通无阻，以至顺利夺取江宁城。曾氏敏锐地看到了这一点，知道今后要与太平军角逐，水师是绝不可少的。

衡州府地处蒸水与湘水交汇处，历来水运发达，更有为数不少的船民。他们世代以此为业，积累了丰富的水上技艺。水师招兵旗一树，便有数千人从东南西北四乡奔来，这支队伍很快便聚集起来了。曾氏慧眼识人，为水师选拔了两位营官。一个是杨载福。杨为善化人，排工出身，此时只是湘勇中的低级军官。一个是彭玉麟。彭为衡阳秀才，此时正潦倒家居。曾氏从微末中将他们识拔，委以营官重任。杨、彭二人感激曾氏的知遇之恩，以后一直对他忠心耿耿。水师在杨、彭的统率下，日渐壮大，为湘军的成功立下了汗马功劳。关于这些，以后在相关书信中再来评说。

禀父（咸丰四年三月二十五日）

男国藩跪禀父亲大人万福金安：

二十二日接到十九日慈谕，训诫军中要务数条，谨一一禀复：

——营中吃饭宜早，此一定不易之理。本朝圣圣相承，神明寿考，即系早起能振刷精神之故。即现在粤匪暴乱，为神人所共怒，而其行军，亦系四更吃饭，五更起行。男营中起太晏，吃饭太晏，是一大坏事。营规振刷不起，即是此咎。自接慈谕后，男每日于放明炮时起来，黎明看各营操演，而吃饭仍晏，实难骤改。当徐徐改作天明吃饭，未知能做得到否。

——扎营一事，男每苦口教各营官，又下札教之，言筑墙须八尺高，三尺厚；壕沟须八尺宽，六尺深，墙内有内濠一道，墙外有外濠二道或三道；壕内须密钉竹签云云。各营官总不能遵行。季弟于此等事尤不肯认真。男亦太宽，故各营不甚听话。岳州之溃败，即系因未能扎营之故，嗣后当严戒各营也。

——调军出战，不可太散，慈谕所诫，极为详明。昨在岳州，胡林翼已先至平江，通城屡禀来岳请兵救援，是以于初五日遣塔、周继往。其岳州城内王璞山有勇二千四百，朱石樵有六百，男三营有一千七百，以为可保无虞矣，不谓璞山至羊楼司一败，而初十开仗，仅男三营与朱石樵之六百人，合共不满二千人，而贼至三万之多，是以致败。此后不敢分散，然即合为一气，而我军仅五千人，贼尚多至六七倍，拟添募陆勇万人，乃足以供分布耳。

——破贼阵法，平日男训诫极多，兼画图训诸营官。二月十三日，男亲画贼之莲花抄尾阵。寄交璞山，璞山并不回信；寄交季弟，季弟回信，言贼了无伎俩，无所谓抄尾阵；寄交杨名声、邹寿璋等，回信言当留心。慈训言当用常山蛇阵法，必须极熟极精之兵勇乃能如此。昨日岳州之败，贼并未用抄尾法，交手不过一个时辰，即纷纷奔退。若使贼用抄尾法，则我兵更胆怯矣。若兵勇无胆无艺，任凭好阵法，他也不管，临阵总是奔回，实可痛恨。

——拿获形迹可疑之人，以后必严办之，断不姑息。

以上各条，谨一一禀复，再求慈训。

男谨禀。

评点：让人快速致富的战争吸引乡民

此信距上信五个多月，这期间军事形势有很大的变化。先年十月，江忠源擢升安徽巡抚。咸丰元年六月，江忠源还是一个丁忧在籍的署理县令，七品小官而已。他应诏来到广西，受到帮办军务、广西副都统乌兰泰的器重，于是回新宁招募楚勇五百来广西前线。这是与太平军交战的第一批乡勇。从那以后，江忠源因战功频频迁升，仅仅只有一年零四个月的工夫，便升到从二品的巡抚高位。这种火箭般的直升，在承平年代简直是不可思议的神话，但神话变为了现实。造成此种现实的背景只有一个：战争。战争这个东西，历来为老百姓所憎恶反对。它对生灵的摧残，对文明的破坏，真个是罄竹难书，理应彻底铲除，永远不可发生。但事实上，自有人类以来，战争便伴随着人类而从未止息过。这是为什么？其间一个主要的原因，就是战争能够让一小部分人很快地改变自己的处境，迅速地获得财富、地位和权力等。因为战争爆发，因为带兵打仗，江忠源火速地从一个小县令变为一方诸侯；跟随他的一批小头目也个个升官晋级；所有的勇丁，只要不战死，即便不升官，也会从中捞取大批战利品而发财致富。

江忠源及其楚勇的暴发，吸引了千千万万盼望升官发财之徒的火热目光，他们纷纷投下笔杆，放下锄头，走出书斋，离开田垄，怀着"朝为寒士，暮穿蟒袍""昨日种田汉，今朝员外郎"的憧憬，奔赴军营，杀向战场。

　　五十年后，一个名叫杨度的湘军后裔曾用这样的诗句来叙述其父祖辈当年投军的狂热："城中一下招兵令，乡间共道从军乐。万幕连屯数日齐，一村传唤千夫诺。农夫释耒只操戈，独子辞亲去流血。父死无尸儿更往，弟魂未返兄愈烈。但闻嫁女向母啼，不见当兵与妻诀。"

　　当兵既可快速致贵致富，又可立时致死致残。江忠源只做了两个月的巡抚，便在太平军攻克庐州府之后投水自杀。当然，这是有志玩刀兵者早就估计到的，他们大多相信命运，命里注定死于何时何地是逃不脱的，所以，庐州府军事的失利和江忠源的死并不能阻止那些急于获取富贵者的步伐。

　　曾国藩的湘军水师在衡州府组建成功，陆师在这里大为扩展。此时，黄州失守，曾氏会试座师、湖广总督吴文镕战死，湖北形势严峻，朝廷急命曾氏出兵援鄂。咸丰四年正月，曾氏统率水师二十营、陆师十营，连夫役在内一万七千余人，在衡州府誓师出兵。出兵前夕，曾氏还亲自写了一篇名曰《讨粤匪檄》的布告，向全社会公布太平军的"罪行"和湘军的用兵目的。

　　曾氏写了不少文章名篇，他有四个幕僚——张裕钊、薛福成、黎庶昌、吴汝纶，模仿他的文风，也写出不少传诵一时的文章，时人称他们为"曾门四子"。曾氏与他的弟子们创立了一种文派，文学史上称之为"湘乡文派"。湘乡文派将已处式微的桐城古文再度振起，对当时及后世都有相当大的影响。这篇《讨粤匪檄》可以算作湘乡文派的代表作。该文所具备的音韵铿锵、气势雄壮的典型湘乡文风暂且不说，我们先来谈谈它的立论。

　　大家都知道，太平军起义，有着鲜明的民族斗争的色彩在内，揭竿之初以东王杨秀清、西王萧朝贵的名义发布的《奉天讨胡檄》，便口口声声指斥满人为"胡虏"，将"胡虏"与中国对立起来："余兴义兵，上为上帝报瞒天之仇，下为中国解下首之苦，务期肃清胡氛，同享太平之乐。"

　　面对着《奉天讨胡檄》，这篇《讨粤匪檄》的文章十分难做。从传统的华夷之辨来看，太平军的立论堂堂正正，无懈可击。而身为朝廷大臣的曾氏又怎能守"华夷之辨"的古训呢？若说"满洲"不是"胡虏"嘛，在那个时代，此种说法也不能成立。这位文章射雕手毕竟高明，他绕开这个难点，另辟蹊径，抓住太平军反中华文化而崇仰耶稣基督的做法大发议论，把自己及其所统率的湘军当作名教维护者、孔孟捍卫人，从而将这篇文章做得大义凛然慷慨激昂。诸如："举中国数千年礼义人伦，诗书典则，一旦扫地荡尽。此岂独我大清之变，乃开辟以来名教之奇变。我孔子、孟子之所痛哭于九原，凡读书识字者，又乌可袖手安坐，不思一为之所也！""不特纾君父宵旰之勤劳，而且慰孔孟人伦之隐痛；不特为百万生灵报枉杀之仇，而且为上下神祇雪被辱之憾。"这些句子，被视为檄文中的名句而远近传播，为那些求富求贵的投军者罩上了神圣的光环。

这篇檄文就文章而言，的确做得巧妙，但执政者向来看重的是自身的利益而不是为义的技巧。檄文所回避的要害，恰恰是朝廷需要它的臣工明确表态的问题。曾氏为文章找到了立于不败之地的论点，却因此而得罪了满洲权贵和它的铁杆保皇派。他们认为，湘军只是一支卫道之师，而不是勤王之师。卫道与勤王并不是一回事。以卫道起家的军队，到了它强大的时候，它也可能不勤王了，甚至还可能以推翻异族政权恢复汉室江山来更好地卫道。曾氏在后来的带兵生涯中，遭受到许多别的汉人所不曾遇到的来自政治方面的压力，其隐蔽的原因或许正是源于这篇檄文。可悲的是曾氏本人终其一生都没有想到这一层。玩政治的人喜舞文弄墨实在不是一桩好事，曾氏此事可以作为一个例子。关于曾氏所承受的政治压力，我们将在以后的相关之处再来慢慢细说。

三月上旬，曾国藩率部抵达岳州，然后在岳州与长沙之间和太平军周旋，这封信就写在这个时候。

曾府的老太爷现已六十有五，他本是一个乡村塾师，因科举不顺兼禀赋较弱，故而即便在年轻力壮之时，亦未见其有多大的抱负，为何到了衰暮之年，反而对军戎之事如此热心，且也能说出些道道来呢？

原来，早在曾氏奔丧回籍之前，因太平军的进入湖南，湘乡县四十三都，几乎都招募乡勇，结团自保。由于儿子的地位，曾府老太爷被公推为湘乡县团练总领。这个"总领"当然是没有实权的挂名，犹如今天各团体各协会的名誉会长似的。这样一来，曾老太爷多多少少地便与闻了军事，再加之他的几个在家的儿子于此事都十分积极，于是"军事"与"塾师"便愈加联系得密切了。

老太爷写信给儿子，指出吃饭宜早、扎营要实、出战戒散、讲求阵法、严防奸细等，作为军中要务提醒儿子注意。

这几条要务，粗看起来，没有一条是秘诀，都可以从前朝兵书或《三国演义》一类的小说中剽窃。然而众人所知晓的正确东西，并不意味着众人都会去遵循办理。这几条军中常识，真正要严格做到，其战斗力也便不可小觑。曾氏对父亲的这几条常识性的"要务"没有淡看，他一一认真地予以禀复，并在湘军中切实执行。这里多说几句关于扎营的事。

曾氏对安营下寨之事十分重视。湘军在遭到几次敌方的偷营劫寨之后，于此更是小心在意。湘军的营寨不仅围墙又高又厚，且壕沟又宽又深。壕沟多至三道四道，沟里插满了竹签：人掉进去，会被竹签刺死刺伤；马陷进去，亦不能再跳出来。曾氏将湘军的这种打仗方式用六个字归纳，叫作"扎硬寨，打死仗"。这种方式虽被讥为"迂拙"，但它确实很起作用。湘军的最后成功，与这种"死硬"的蛮倔作风很有关系。

致诸弟（咸丰四年四月十四日）

澄侯、温甫、子植、季洪四位老弟左右：

十四日刘一、名四来，安五来，先后接到父大人手谕及洪弟信，具悉一切。

靖江之贼现已全数开去，窜奔下游，湘阴及洞庭皆已无贼，直至岳州以下矣。新墙一带上匪皆已扑灭，惟通城、崇阳之贼尚未剿净，时时有窥伺平江之意。湘潭之贼，在一宿河以上被烧上岸者，窜至醴陵、萍乡、万载一带，闻又裹胁多人，不知其尽窜江西，抑仍回湖南浏、平一带。如其回来，亦易剿也。安化土匪现尚未剿尽，想日内可平定。

吾于三月十八发岳州战败请交部治罪一折，于四月初十日奉到朱批"另有旨"。又夹片奏初五日邹瀚被火烧伤、初七大风坏船一案，奉朱批"何事机不顺若是，另有旨"。又夹片奏探听贼情各条，奉朱批"览，其片已存留军机处矣"。又有廷寄一道，谕旨一道，兹抄录付回。十二日会同抚台、提台奏湘潭、宁乡、靖江各处胜仗败仗一折，兹抄付回，其折系左季高所为。又单衔奏靖江战败请交部从重治罪一折，又奏调各员一片，均于十二日发，六百里递去，兹抄录寄家，呈父、叔大人一阅。兄不善用兵，屡失事机，实无以对圣主，幸湘潭大胜，保全桑梓，此心犹觉稍安。现拟修整船只，添招练勇，待广西勇到，广东兵到，再作出师之计。而饷项已空，无从设法，艰难之状，不知所终。人心之坏，又处处使人寒心。吾惟尽一分心，作一日事，至于成败，则不能复计较矣。

魏荫亭近回馆否？澄弟须力求其来。吾家子侄半耕半读，以守先人之旧，慎无存半点官气。不许坐轿，不许唤人取水添茶等事。其拾柴收粪等事，须一一为之；插田莳禾等事亦时时学之，庶渐渐务本而不习于淫泆矣。至要至要，千嘱万嘱。

兄国藩草

评点：守耕读之家本色

　　四月初二日，曾氏亲率陆勇八百、战船四十号，在靖港与太平军打了一场大仗。靖港是湘江边的一个码头集市，南距长沙城约一百里。一个多月前，一部分太平军由林绍璋带领，从湖北返回湖南，扎老营于靖港，然后分支攻下宁乡、湘潭城。四月初一日，塔齐布、彭玉麟率水陆两军打湘潭，大获全胜，一举收复湘潭城，但曾氏自任统领的这场靖港之战，却以全军溃败而结束。交战不过一顿饭工夫，先是陆师溃逃，紧接着水师弃船上岸奔逃。二千水陆湘勇，几乎无人坚守阵地，曾氏气愤得亲自执剑拦阻，也丝毫不起作用。曾氏自出师以来战事一直不顺利，在岳州附近屡遭太平军的打击，战将阵亡多员，船沉没数十号，不得已从岳州退到长沙城外。湘军的出师不利，备受与之有隙的绿营官兵的耻笑。靖港之败，不仅败得一塌糊涂，而且前线司令就是他本人，连分担责任的人都没有。曾氏自觉辜负朝廷的信任，也愧对家乡父老，遂投水自杀，幸而被部属救起。这时，塔、彭湘潭大捷的喜讯传到靖港，曾氏的心才安定下来。战事结束后，他向朝廷上请罪折。湘潭的胜仗抵消了他的失败，朝廷因此并未治他的罪。他打叠精神，重起炉灶。

　　先年五月，欧阳夫人在其兄欧阳秉铨的护送下，带着二子四女，从京师一路辗转回到湘乡老家。幼女曾纪芬在其耄耋之年回忆当时的情景时说："沿途风鹤多警，幼弱牵随，太夫人劳瘁甚至。惠敏在舟次几失足溺于水，幸母舅见而拯之出险。"

这里所说的惠敏即曾纪泽，他死后谥惠敏。道光二十年他随母亲进京时才一岁，而今已是十三四岁的翩翩少年郎了，他的四个妹妹分别为十岁、九岁、七岁、二岁，弟弟纪鸿五岁。白杨坪曾氏祖宅，顿时人口大添，连同曾氏诸弟的儿女在内，估计当在二十人左右。对这一群小儿女的教育，遂成为家族中的大事。

曾府在家中开馆延师，信中提到的魏荫亭即为曾府塾师。据曾纪芬回忆，曾家的女孩子也和男孩子一样地读书，她在十一岁的时候就读过《幼学》《论语》。除这种智育外，曾氏似乎更注重德育。他在这封信的最末一段中所说的，守先人耕读家风，不要有半点官气，不许坐轿，不许唤人添茶，要拾柴收粪，学习插田莳禾等等，都属于德育的范围。

让子孙保持耕读之家本色，过常人俭朴勤奋日子，不染官宦子弟的纨绔习气，这是曾氏教诫子侄辈的一个重要话题。他常将这些话挂在嘴边，不停地唠叨着。曾氏的如此家教既体现了他远过庸常的眼光，也体现了他对子孙的深厚永久的关爱。

早在战国时代，有识见的人就已经看到了"君子之泽五世而斩"的普遍社会现象，规劝做父母的不要给子孙过多的金帛、重器，过于疼爱的结果是反而害了他。可惜，天下做父母的大多不能深谙其间的道理，或者是虽知道也不愿那样做。所以，"一代苦二代富，三代吃花酒，四代穿破裤"的现象屡见不鲜。笔者在写作《曾国藩》一书时，曾有意识地去认识一些当年所谓"中兴将帅"的后裔，从他们那里打听其祖上的情况。令人遗憾的是，大多数的"中兴将帅"家庭从儿女那一辈起便不努力，到了孙辈曾孙辈，嫖赌抽大烟、游手好闲几乎成为通病，到最后潦倒沦落，将祖宗的脸面丢光。儿孙贤肖的家庭则不多。至于代代都有才俊的家庭，则仅只曾氏一门。历史是最无情的阅卷官，这个阅卷官给曾氏的家教打了高分。

致诸弟（咸丰四年五月初九日）

澄、温、沅、季老弟左右：

初九日芝三到省，接奉父大人手谕及澄、季、芝生各信，具悉一切。余于初八日具折谢恩，并夹片三件，兹一并抄录付回。凡谕旨、章奏等件付至家中者，务宜好为藏弆。我兄弟五人，无一人肯整齐收拾者，亦不是勤俭人家气象。以后宜收拾完整，可珍之物固应爱惜，即寻常器件亦当汇集品分，有条有理。竹头木屑，皆为有用，则随处皆取携不穷也。温弟在此住旬余，心平气和，论事有识，以后可保家中兄弟无纷争之事，余在外大可放心。

李筱泉之家眷意欲寄居湘乡，一则省城虽防守甚严，而时时有寇至之虑；一则寓公馆比之居乡，其奢俭相去甚远。渠托江采五在中沙等处，又托余在二十三四都等处寻觅住居。澄弟等为之留心，或在离我家二三十里之区择一善地，以省俭为主，渠光景甚窘也。余再三辞之，言我家尚难自保，且迁徙而远避，又焉能庇及他人？渠意总欲居乡，缓急尚可藏匿山穴；至土匪抢劫，渠本无可抢云云。余不能再辞，澄弟可一为照拂之。鲍提军于初八日出省至辰州住，塔智亭初十拟至岳州。余不一一，即请近佳。

兄国藩手草

评点：百年旧档重见天日

曾氏是个极看重文书档案且善于收藏此类物件的人。带勇打仗，千头万绪，然就在从戎之初，他便开始注重文书的保存了。此信说到要家中诸弟好好收藏他从前线付回来的谕旨、奏章等件。就着这个机会，我们来谈一下曾氏私家档案的事。

曾氏从咸丰三年开始办湘军，到同治十一年病逝于江宁，这期间做统帅、疆吏近二十年，除开晚年的几年较为安宁外，其他岁月都在流离与战火中度过。为了不让身边的重要文书散失烧毁，他曾经专门安派两个善走的人，定期将它们背送至湘乡老家。他十分注重文书的完整性。在他的幕府中，有好几个抄手专门做誊抄之事。不仅朝廷下发的谕旨要誊抄，奏章及给官场士林的信件要誊抄，即便家信和日记也都要誊抄一份。这些抄件都让信差从所在地一一运回湘乡，妥为收藏起来。同治十一年，随同灵柩运回湖南的，大部分是保存在衙署里的档案材料和书籍。这些东西，连同先前陆续运回的文书，其后人将它们珍藏于富厚堂里，并遵照曾氏遗嘱，只供子孙浏览，不向外人开放。

一九五〇年土改时，曾家的田地分给农民，富厚堂、大夫第、万宜堂等曾氏兄弟住宅被没收归于政府。面对着富厚堂里所收藏的这批档案，有人主张付之一炬，幸而也有人识其价值，主张保存下来。在得到省政府有识负责人士的同意后，湘乡的这批旧物便用船运到省城长沙，堆放在省图书馆一间很不起眼的旧屋子里，然后加上一把锁，再无人过问了。久而久之，这间小屋及屋内的所藏便被省图书馆的人给忘记了。世上的事情，真是奇妙得很。有的事，因记住而得以走运；有的事，因忘记而得以避祸。到了史无前例的"文化大革命"，省图书馆成了"破四旧"的重点，那时，千万册珍贵的图书瞬间毁于熊熊烈火。

倘若当时有人知道这间小屋的秘密，那批被视为"十恶不赦的反革命"材料，立时便会引起群情激愤，一把火将它们烧得干干净净，连灰尘都不可能保留。幸而被忘记了。于是，这批私家档案得以安全无恙地度过那场劫难。

到了八十年代初期，神州大地重入正道，"整理地方文献"一事为当局所重视，便有湘中耆宿重提富厚堂的材料事。于是，这批历经百年沧桑的曾氏私家档案重见天日。后来由岳麓书社加以整理出版，学术界便有了被洋人称之为不亚于发射一颗导弹或卫星的新版《曾国藩全集》：浩浩三十大册，洋洋一千五百万字。

曾氏在信中将收藏文书与收拾寻常物件一样看待，作为是否勤俭人家气象的一个衡量标准来告诫诸弟，确有它的道理所在。但事实上，这种收藏与什物收拾是两码事。它充分地体现曾氏在政治上的成熟与老到。当然，也靠着他的虑事周到的性格和办事认真的作风，才有了今日的这套具有极高研究价值的第一手史料《曾国藩全集》。

信中提到的李筱泉即李瀚章，此人为李鸿章的哥哥。李氏六兄弟：瀚章、鸿章、鹤章、蕴章、凤章、昭庆，个个强悍能干，尤以瀚章、鸿章出类拔萃。李瀚章的科名远远比不上李鸿章，他仅止一拔贡而已，因朝考名列一等而分发湖南任知县。曾、李两家关系不比一般，李瀚章因此得到曾氏的信任。时李任善化知县，曾氏调他办理湘军粮台。李也由此而发达，步步高升，十年后便做了湖南巡抚。这个时候的李鸿章，正以翰林院编修的身份回安徽原籍，协助皖省团练大臣吕贤基办团练。李鸿章也因此而走上军功之路。近代官场中，李氏家族之富号称冠天下，但此时李家尚未大发。若要写一部研究合肥李氏发家史的书，此信为其早期状况提供了一个证据："以省俭为主，渠光景甚窘也。""至土匪抢劫，渠本无可抢云云。"

致诸弟（咸丰四年九月十三日）

澄、温、沅、季四位老弟左右：

二十五日着胡二等送家信，报收复武汉之喜。二十七日具折奏捷。初一日，制台杨慰农（霈）到鄂相会，是日又奏二十四夜焚襄河贼舟之捷。初七日奏三路进兵之折。其日酉刻，杨载福、彭玉麟等率水师六十余船前往下游剿贼。初九日，前次谢恩折奉朱批回鄂。初十日彭四、刘四等来营，进攻武汉三路进剿之折奉朱批到鄂。十一日，武汉克复之折奉朱批、廷寄、谕旨等件。兄署湖北巡抚，并赏戴花翎。兄意母丧未除，断不敢受官职。若一经受职，则二年来之苦心孤诣，似全为博取高官美职，何以对吾母于地下？何以对宗族乡党？方寸之地，何以自安？是以决计具折辞谢，想诸弟亦必以为然也。

功名之地，自古难居。兄以在籍之官，募勇造船，成此一番事业。其名震一时，自不待言。人之好名，谁不如我？我有美名，则人必有受不美之名与虽美而远不能及之名者，相形之际，盖难为情。兄惟谨慎谦虚，时时省惕而已。若仗圣主之威福，能速将江面肃清，荡平此贼，兄决意奏请回籍，事奉吾父，改葬吾母。久或三年，暂或一年，亦足稍慰区区之心，但未知圣意果能俯从否？

诸弟在家，总宜教子侄守勤敬。吾在外既有权势，则家中子弟最易流于骄，流于佚，二字皆败家之道也。万望诸弟刻刻留心，勿使后辈近于此二字，至要至要。

罗罗山于十二日拔营，智亭于十三日拔营，余十五六亦拔营东下也。余不一一。乞禀告父亲大人、叔父大人万福金安。

兄国藩手草

102

猞猁马褂亦宜付来，皮边冬帽亦可付来。泽儿写信太短，以后宜长些。

评点：只做了七天署理湖北巡抚

八月二十七日，湘军水陆两军联合作战，一并收复武昌、汉阳两城。作为省垣，武昌的地位远不是其他省城所可以比拟的。它素来有九省通衢之称，向为华中重镇，其军事地位更是重要。一年多前，正是因为太平军打下了武昌，才使得他们得地利之便，顺流东下，势如破竹。现在武昌、汉阳两城居然同日而下，对于整个战局来说，无疑是一个有着决定意义的重大胜利。对于曾氏本人和湘军来说，更是一个形象和命运彻底改变的转机。一时间，各种赞扬纷至沓来，湘军一洗过去备受歧视的委屈，又加之有岳州之胜作为铺垫，"善战"之名鹊起，各省对其另眼相看，朝廷也开始将重望寄托在湘军的身上了。这次的赏赐大为超过上次：二品顶戴，署理湖北巡抚，赏戴花翎。

相对于京师的官职而言，曾氏的品级并未提高，从侍郎到巡抚，当时的官话叫作改调，用现在的术语叫作平调，但这里有一个权力大小的问题。巡抚乃一方诸侯，在他所管辖的省内，手握民政实权，呼风唤雨，比起京师六部的侍郎来，要神气得多，何况此刻曾氏身为湘军统领，最重要的是军需粮饷的保障。湘军因不是朝廷的经制之师，没有固定的经费开支，一切靠省内各方的支持，筹饷如同化缘，曾氏常有叫花子般的苦恼，官绅亦常有被敲勒之怨恨。曾氏的诸多不舒心，湘军与绿营的诸多冲突，多半出于此。现在做了署理湖北巡抚，这些问题便都好办了。无论从哪方面来说，鄂抚一职对曾氏都是重要而及时的。但是曾氏不便立马接受，他还有顾虑。这顾虑缘于礼制。

曾氏现在是丧服在身的人。办团带勇乃出于捍卫桑梓，保一境平安，这属于事急从权，自古以来就有的，叫作"墨绖从戎"，官绅各界都可理解。但若正式做朝廷命官，说闲话的人就会多了。有的的确是出于严守礼制，有的则是出于嫉妒，有的是因为有仇隙，但他们都会打着维护礼教的旗帜，令违背者处于完全被动的境地。但如果一辞再辞依然不获允准，不得已而接受的话，则各界指责之声便可大大减少，日后办事所遇到的阻力便会大为消减。于是，曾氏在九月十三日给朝廷的谢恩折中表示自己"私心万难自安"的心情，请求免掉署理湖北巡抚的职务。

其实，他根本不必多此一举。就在九月十二日，也就是他接到上谕的那一天，咸丰帝便改变了主意，又火速草拟了另一道圣旨："曾国藩着赏给兵部侍郎衔，办理军务，毋庸署理湖北巡抚。"不久，十三日的谢恩折奉到朱批返回。朱批为这样几句话："览。朕料汝必辞，又念及整师东下，署抚空有其名，故已降旨令汝毋庸署湖北巡抚，赏给兵部侍郎衔。汝此奏虽不尽属固执，然官衔竟不书署抚，好名之过尚小，违旨之罪甚大，着严行申饬。"

前道圣旨是九月五日下发的，距九月十二日仅仅七天。这就意味着咸丰帝只给了曾氏七天的署理湖北巡抚。倘若这道免职的命令是在看到曾氏的请辞书后，尚可以说得过去，曾氏也能保全面子，事实上不是如此。想想看，一百四十七年前的曾氏在武昌鄂抚衙门拜领到这道钦旨时，心里是怎样的一个滋味！更令他难以忍受的是接下来的"严行申饬"，竟然将他的一番"孝亲苦心"毫不留情面地予以揭穿，直斥为"好名"，并上升到"违旨"的高度。对于一个刚刚建立殊功的大臣，即便知道他是在玩弄假意推辞的把戏，也不宜这样上纲上线地撕破脸皮予以训斥。笔者读史至此，深感为人之奴的卑贱，并为这种主奴之间的人格不平等而悲叹！再大的官，在皇帝的眼里，你也是他的奴才，你再拼死拼活为他卖命都是应该的，你若稍有疏忽，他就可以翻脸不认人。

读者会问，咸丰皇帝为什么在短短的七天之间便突然改变了主意，这背后有什么内幕吗？正史自然对这种事讳莫如深，野史却不讲客气地抖了出来。

原来，曾氏署理湖北巡抚的消息传出后，大学士祁寯藻悄悄地向咸丰帝进言：曾国藩现为在籍侍郎，在籍侍郎不过一布衣而已。布衣登台一呼应者云集，可不是好事。这几句话使得咸丰帝猛然醒悟过来：曾国藩是一个有着相当号召力和组织力的人，他此时可以招募数万勇丁，帮助朝廷打太平军；打败太平军后，他也可以掉转矛头，直指朝廷，进而黄袍加身，自己做起皇帝来。这一点，历朝历代的皇帝都会悟得到的。除此之外，清王朝的皇帝还会有另一种警觉，那就是民族之防。自从顺治皇帝入关进京做起整个中国的主宰者以来，满洲皇室便把"非我族类，其心必异"的古训代代相传，并且有一套严密的制度加以防患，比如在全国各军事重镇安置将军、都统，这些将军、都统都是清一色的满洲人和与之有血缘相连的蒙古人。这些军事重镇中还设有满营，满营中的官兵也全是满蒙两族的。他们除镇守地方外，还兼有监视本地区绿营的重任。

曾氏是汉人，湘军是朝廷编制之外的汉人武装团体，加之《讨粤匪檄》出来以后，又有人指责曾氏是"卫道"而不是"勤王"。所有这些，对年轻的满洲皇帝来说，都是应该高度警惕的事。祁隽藻这几句话颇有些"点破英雄"的味道，于是顾不得圣谕的尊严，立即改变主意，并且小题大做，加以严饬，无非是给点颜色给曾氏看看：你只能规规矩矩勤王保朝廷，不许有半点出格犯规的行为；倘若不逊，自有至高无上的权威来制裁你！

这件事无疑深深刺激了曾氏，所以在日后不管什么时候，他都有一种如临深渊如履薄冰之恐惧感，并时时都有抽身上岸的想法。

致诸弟（咸丰四年十一月初七日）

澄侯、温甫、子植、季洪四位老弟足下：

二十五日遣春二、维五归家，曾寄一函并谕旨、奏折二册。

二十六日水师在九江开仗获胜。陆路塔、罗之军在江北蕲州之莲花桥大获胜仗，杀贼千余人。二十八日克复广济县城。初一日在人河埔大获胜仗。初四日在黄梅城外大获胜仗。初五日克复黄梅县城。该匪数万现屯踞江岸之小池口，与九江府城相对。塔、罗之军即日追至江岸，即可水陆夹击，能将北岸扫除，然后可渡江以剿九江府城之贼。自至九江后，即可专夫由武宁以达平江、长沙。

兹因魏荫亭亲家还乡之便，付去银一百两，为家中卒岁之资，以三分计之。新屋人多，取其二以供用；老屋人少，取其一以供用。外五十两一封，以送亲族各家，即往年在京寄回之旧例也。以后我家光景略好，此项断不可缺，家中却不可过于宽裕。处此乱世，愈穷愈好。

我现在军中，声名极好。所过之处，百姓爆竹焚香跪迎，送钱米猪羊来犒军者络绎不绝。以祖宗累世之厚德，使我一人食此隆报，享此荣名，寸心兢兢，且愧且慎。现在但愿官阶不再进，虚名不再张，常葆此以无咎，即是持身守家之道。至军事之成败利钝，此关乎国家之福，吾惟力尽人事，不敢存丝毫侥幸之心。诸弟禀告堂上大人，不必悬念。

冯树堂前有信来，要功牌一百张，兹亦交荫亭带归，望澄弟专差送至宝庆，妥交树堂为要。衡州所捐之部照，已交朱峻明带去。外带照千张交郭筠仙，从原奏之所指也。朱于初二日起行，江隆三亦同归。给渠钱已四十千，今年送亲族者，不必送隆三可也。余不一一。

兄国藩（书于武穴舟中）

评点：享荣名而寸心兢兢

　　曾氏虽失去了署理湖北巡抚，却也得到了一个兵部侍郎衔。这当然也是一个虚的，既不可能在兵部拥有现任侍郎的权力，更不可能凭着这个头衔去号令地方，只是相对于前面的"三品顶戴"而言，算是提高了一步。曾氏尽管心中不甚快慰，但毕竟朝廷还是奖赏了，更重要的是，武昌、汉阳两城的攻下，使湘军士气大涨，军心大固，从上到下跃跃欲试要夺取更大的胜利。对于军事统领来说，这份成就感是不需要什么奖赏来评估的，何况这个时候的曾氏也通过此仗而对自己能力的认识大大提高。拿下江宁，收复江南半壁河山建不世之功的信心很可能就萌生在此时。对这个前景的憧憬，一定会远远超过暂失巡抚的不快。这可以从他积极部署三路人马，水陆同时进军下游的行动中看出来。他命湖南提督塔齐布统率湘军陆师进攻兴国、大冶，此为南路；命湖北提督桂明统领鄂省绿营进攻蕲州、广济，此为北路；他自率湘军水师浮江南下，此为中路。

　　南路、中路进展均极顺利，兴国、大冶相继克复，水师夺取了长江要隘田家镇。乘此兵威，湘军收复广济、黄梅等县，并在长江南岸重镇九江城外摆开了战场。这段时期是曾氏军兴以来，战事最为顺畅的时候。但我们在这封信中读到的不是惯常的所谓意气发舒、得意扬扬，更没有半点趾高气扬、不可一世的味道，给人的印象是谨慎、收敛、退缩等等。你看："家中却不可过于宽裕。处此乱世，愈穷愈好。""享此荣名，寸心兢兢，且愧且慎。现在但愿官阶不再进，虚名不再张，常葆此以无咎，即是持身守家之道。""吾惟力尽人事，不敢存丝毫侥幸之心。"这些话给人的感觉都是"收"，而不是"张"。

曾氏为什么如此小心警惕，甚至给人以不近常情之感，我们且看下封信，他自己在信中做了回答。

致诸弟（咸丰四年十一月二十三夜）

澄侯、温甫、子植、季洪四位老弟足下：

十月二十五专人送信回家，魏荫亭归，又送一函，想先后收到。十一月二十一日，范知宝来九江，接澄弟信，具悉一切。

部监各照已交朱峻明带归矣。树堂要功牌百张，又交荫亭带归。余送朱峻明途费二十金，渠本解船来，故受之。送荫亭二十金，渠竟不受，俟有便当再寄渠。江隆三表弟来营，余念母亲之侄仅渠有子，送钱四十千，渠买盐花带归，不知已到家否？荫亭归，余寄百五十金还家，以五十周济亲族，此百金恐尚不敷家用。军中银钱，余不敢妄取丝毫也。

名者，造物所珍重爱惜，不轻以予人者。余德薄能鲜，而享天下之大名，虽由高、曾、祖、父累世积德所致，而自问总觉不称，故不敢稍涉骄奢。家中自父亲、叔父奉养宜隆外，凡诸弟及吾妻吾子吾侄吾诸女侄女辈，概愿俭于自奉，不可倚势骄人。古人谓无实而享大名者，必有奇祸。吾常常以此儆惧，故不能不详告贤弟，尤望贤弟时时教戒吾子吾侄也。

塔、罗自田家镇渡至江北后五获胜仗，九江对岸之贼遂下窜安徽境。余现泊九江河下，塔、罗渡江攻城。罗于二十一日与贼接仗，杀贼二三百，而我军亦伤亡四十余人。此在近数月内即是小有挫失，而气则未稍损也。

水师已下泊湖口，去我舟已隔六十里。二十夜，贼自江西小河内放火船百余号，实以干柴、桐油、松脂、火药，自上游乘风放下，惊我水营。两岸各千余人呐喊，放火箭、火球。其战船放炮，即随火船冲出，欲乱我阵。幸我军镇定，毫不忙乱，反用小船梭穿于火船之中，攻入贼营，烧贼船十余号，抢贼划数十号。摇撼不动，是亦可喜之事。

余身体平安，癣疾近又大愈，胡须日长且多。军中将士俱平安。余不一一，即候近佳，并恳禀告父亲大人、叔父大人福安。

兄国藩手草（书于九江舟次）

评点：无实而享大名者必有奇祸

湘军这两三个月来连克数城，一路凯歌，不仅为湘军有史以来所未有，也是朝廷自与太平军作战以来所未有。朝廷花千万银子供养、一年到头操练的八旗绿营，临到用时却不及自筹粮饷、仓促成军的团勇；以布阵扎营行军打仗为本职的将军提督等，却不及从不谙军旅之事的文员书生。京师内外朝野上下，对曾氏及湘军的赞美之声一定是洋洋盈耳不绝如缕。面对着这骤然而起的大名，曾氏的头脑异常冷静清醒。他认为自己道德浅薄才能欠缺，与眼下所享的大名比起来是名不副实。

古人曰：名满天下者，其实难副。又曰：暴得大名者不祥。真正地足以能承受满天下之名的实，是很难得到的。倘若名实之间不能平衡，难测之祸就有可能生发。故曾氏说："古人谓无实而享大名者，必有奇祸。"这样的例子史册上很多，笔者给大家说一个。

就在曾氏写这封信的时候，有一个六七岁的小男孩此刻正在跟着塾师念书。这孩子有着异于常人的聪明，书读得好，文章做得好，更兼胆大志高，真乃万里挑一的人才。他二十三岁便中进士点翰林，三十四岁便任都察院左副都御史。此人是谁，他就是著名女作家张爱玲的祖父张佩纶。张佩纶的奏疏写得特别好，尤以议兵疏格外出色，分析形势，提出对策，把握时机，调兵遣将，方方面面都说得头头是道，连元戎宿将都在他的滔滔议论面前自愧不如。张佩纶遂得"知兵"美名，天下传播，连慈禧都认为他是一个军事奇才。恰好中法战争在越南打响，慈禧便任命张佩纶为会办福建海疆事务署理船政大臣。他到任不久，法国舰队便攻打马尾港。不料这位善谈兵略的会办大臣，在真正的战火面前惊慌失措一筹莫展。他不仅不能指挥战斗，反而临阵弃逃，致使福建水师全军覆没，马尾船厂被炸，官兵伤亡七百余人。张佩纶也因此被革职戍边，遭千万人唾骂。

倘若张佩纶没有"知兵"之大名，以他一个副都御史的身份也不至于被委派到前线去做司令官，当然也就没有后来的惨相。

曾氏说："名者，造物所珍重爱惜，不轻以予人者。"这的确是饱读史鉴的明识。

湖南乡间有句俚语，说是运气来时门板都挡不住。意谓好事降临到你的头上时，你想推掉都是不行的。那么，该怎么办呢？曾氏教我们一个好办法，即自我收敛，尽量淡化矮化自己的形象，将"靶的"面积缩小，以求少中矢。他于信中要家人"俭于自奉"，"不可倚势骄人"，便是淡化矮化形象的两条具体措施。

我们还要记住他在这封信里说的另一句重要的话："军中银钱，余不敢妄取丝毫。"这种作风通常都视之为廉洁。在读此信的时候，笔者的感觉除道德层面的廉洁外，还带有被迫的"儆惧"色彩。儆惧什么？儆惧"奇祸"！孔子曰："君子有三畏，畏大命，畏大人，畏圣人之言。"过去总是批判孔夫子的这句话，说此话荒谬不经，是限制人的三道枷锁。当然，孔子"三畏"中的内容可以分析批判，但人的畏惧之心还是不能没有的。人应当畏惧道德良知，畏惧法律法规，畏惧舆情，畏惧生命。倘若什么都不畏惧，人人都无法无天，这个社会还能安宁吗？还能存在吗？

致诸弟（咸丰四年十一月二十七日）

前信（评点者按：指十一月二十三夜之信）已封，而春二、维五于二十五日到营，接奉父大人手谕及诸弟信件，敬悉一切。

曾祖生以本境练团派费之事，而必求救于百里之外，以图免出费资，其居心不甚良善。刘东屏先生接得父大人手书，此等小事，何难一笑释之，而必辗转辩论，拂大人之意？在寻常人尚不能无介介于中，况大人兼三达尊而又重以世交？言不见信，焉能不介怀耶？望诸弟曲慰大人之意，大度含容，以颐天和，庶使游子在外，得以安心治事。所有来往信件，谨遵父大人谕，即行寄还。

吾自服官及近年办理军务，中心常多郁屈不平之端，每效母亲大人指腹示儿女曰"此中蓄积多少闲气，无处发泄"。其往年诸事不及尽知，今年二月在省城河下，凡我所带之兵勇、仆从人等，每次上城，必遭毒骂痛打，此四弟、季弟所亲见者。谤怨沸腾，万口嘲讥，此四弟、季弟所亲闻者。自四月以后，两弟不在此，景况更有令人难堪者，吾惟忍辱包羞，屈心抑志，以求军事之万有一济。现虽屡获大胜，而愈办愈难，动辄招尤。倘赖圣主如天之福，歼灭此贼，吾实不愿久居官场，自取烦恼。四弟自去冬以来，亦屡遭求全之毁，蚩来之谤，几于身无完肤。想宦途风味，亦深知之而深畏之矣。而温弟、季弟来书，常以保举一事疑我之有吝于四弟者，是亦不谅兄之苦衷也。

甲三从师一事，吾接九弟信，辞气甚坚，即请研生兄，以书聘之。今尚未接回信，然业令其世兄两次以家信催之，断不可更有变局。学堂以古老坪为妥，研兄居马坨铺乡中，亦山林寒苦之士，决无官场习气，尽可放心。至甲三读书，天分本低，若再以全力学八股、试帖，则他项学业必全荒废，吾决计不令其学作八股也。

曾兆安、欧阳钰皆已保举教官，日内想可奉旨。余不一一，统候续布。再颂澄、温、沅、季四弟近佳。

国藩再行

评点：忍辱包羞屈心抑志

曾氏在遭受屈辱挫折时，从不对人言及自己心中的苦痛，今日节节胜利的时候，反而向弟弟们大谈先前的委屈。这是为什么？不诉苦，是曾氏反复说的"好汉打脱牙和血吞"。这是一种不示人以弱不求人怜悯的强者精神，是一种化悲痛为力量跌倒后爬起来再干的倔强性格。这种血性，后来被代代有志有为的湘人所吸纳，成为一种湖湘品格而得到海内赞许。

此刻对诸弟诉衷肠，实在地说，颇带有几分胜利者扬眉吐气的成分在内，其潜台词显然为：世人看看，到底是谁行，谁不行？笔者的这个分析是有根据的。十多年后，曾氏在江宁城的两江总督衙门里，曾经和一个名叫赵烈文的幕僚有过一段坦诚的对话。这段对话记载在赵烈文的《能静居日记》中。曾氏并不隐讳地对赵烈文说，起兵之初心中的确有一股与人争高下的气蓄在胸臆间。这与之争高下的人主要的还不是洪秀全、杨秀清等人，而是湖南的官场与绿营。湘军的成功，也是被激出来的。并承认自己这种好胜之心在年轻时就有了：早年在京师做翰林时，见人人都称赞梅伯言的文章、何绍基的字，心里总有点不服气，不愿居梅、何之下，便发愤作文练字，要超过他们。文章书法都果然因此而大有长进。

这里记载的无疑是一个真实的曾氏形象。他曾多次对人说过：世上之事，有所逼有所激而成者居其半。这其实就是他自己的亲身体会。

曾氏决定请罗汝怀（字研生，湘潭人，贡生出身）做子侄辈的塾师。罗学问博洽，著述甚丰，是一个良师，但曾氏却不要其子甲三（即纪泽的乳名）跟他学作八股。八股乃应试的法定文体，曾氏如此安排，岂不存心不让儿子做官有出息？

原来，这里还有个背景。

清制，二品以上的官员，其儿子可以享受到一种待遇，即不须考试便可取得国子监资格，然后再通过朝廷的一次专门测试，便可分发部曹或地方衙门做官。

曾氏认为甲三读书天分不高，八股试帖与他项学业不可同时学好，与其花大力气去学八股试帖取得举人、进士的功名，不如一心一意去读那些于身心性命、邦国经济有实用的好书。八股误人，曾氏深知，世上也有许多人深知，但又都沉溺于其间，不是为了别的，而是为了求得一官。既然朝廷有此优待，又何必叫儿子再去将岁月荒废于其中呢？当然，以八股博得一个进士、翰林的头衔，其出身自然光彩，今后在迁升上亦顺畅些。但以丢掉实学来换取，曾氏认为不值得。后来，曾氏在战争中逐渐认识到西学西技的重要，又特为聘请两名英国教师在家教纪泽、纪鸿学英文，读洋书。那时纪泽已经三十出头，纪鸿也过了学外语的最佳年龄。两兄弟遵父命，刻苦学习两三年后便能够识英文、操英语，纪泽后来因此被朝廷选为出使英法大臣，为国家的外交事务作了许多贡献。同时代的大官子弟中，找不出第二个曾纪泽这样的人物。这自然是后话，但可以让我们知道曾氏这种重实学而不重虚名的家教，对儿子成才所起的重大作用。

致诸弟（咸丰五年八月二十七日）

澄侯、温甫、子植、季洪老弟足下：

十四日良五、彭四回家，寄去一信，谅已收到。

嗣罗山于十六日回剿武汉，霞仙亦即同去。近接武昌信息，知李鹤人于八月初二日败挫，金口陆营被贼踏毁。胡润芝中丞于初八日被贼踏破夆山陆营，南北两岸陆军皆溃，势已万不可支。幸水师尚足自立，杨、彭屯扎沌口。计罗山一军可于九月初旬抵鄂，或者尚有转机。即鄂事难遽旋转，而罗与杨、彭水陆依护，防御于岳鄂之间，亦必可固湘省北路之藩篱也。内湖水师，自初八日以后迄未开仗，日日操演。次青尚扎湖口，周凤山尚扎九江，俱属安谧。

葛十一于初八日在湖口阵亡，现在寻购尸首，尚未觅得，已奏请照千总例赐恤。将来若购得尸骸，当为之送柩回里，如不可觅，亦必醵金寄恤其家。此君今年大病数月，甫经痊愈，尚未复元，即行出队开仗。人劝之勿出，坚不肯听，卒以力战捐躯，良可伤悯，可先告知其家也。去年腊月二十五夜之役，盐印官潘兆奎与文生葛荣册（即元五）同坐一船，均报阵亡，已入奏请恤矣。顷潘兆奎竟回江西，云是夜遇渔舟捞救得生，则葛元五或尚未死，亦不可知。不知其家中有耗否？

余癣疾稍愈，今年七、八两月最甚。近日诸事废弛，故得略痊。余俟续布，顺问近好。

兄国藩（草于南康军中）

父亲大人前跪禀万福金安，叔父大人前敬请福安。

甲三、甲五等兄弟，总以习劳苦为第一要义。生当乱世，居家之道，不可有余财，多财则终为患害。又不可过于安逸懒惰，如由新宅至老宅，必宜常常走路，不可坐轿骑马。又常常登山，亦可以练习筋骸。仕宦之家，不蓄积银钱，使子弟自觉一无可恃，一日不勤，则将有饥寒之患，则子弟渐渐勤劳，知谋所以自立矣。

再，父亲大人于初九日大寿，此信到日，恐已在十二以后。余二十年来，仅在家拜寿一次。游子远离，日月如梭，喜惧之怀，寸心惴惴。又十一月初三日为母亲大人七旬一冥寿，欲设为道场，殊非儒者事亲之道；欲开筵觞客，又乏哀痛未忘之意。兹幸沅弟得进一阶，母亲必含笑于九泉。优贡匾额，可于初三日悬挂。祭礼须极丰腆，以祭余宴客可也。

我家挂匾，俱不讲究。如举人即用横匾"文魁"二字，进士即用横匾"进士"二字，翰林即用直匾"翰林第"（或用院字）二字，诰封用直匾"诰封光禄大夫"等字，优贡即用横匾"优贡"二字。如礼部侍郎不可用匾，盖官职所历无定也。前此用"进士及第"直匾亦属未妥。

昨接上谕，补兵部右侍郎缺。此缺二十九年八月曾署理一次，日内当具折谢恩。

澄侯弟在县何日归家？办理外事，实不易易，徒讨烦恼。诸弟在家，吾意以不干预县府公事为妥，望细心察之。即问近好。

国藩再具

评点：让儿孙一无可恃

曾氏在此信中对官宦之家提出一个治家之方，即不积蓄银钱，迫使子弟谋求自立。这的确是一剂良方，但古往今来，多数官宦之家都不这样做。其原因皆出于那种"父母心"。普天下的父母都疼爱儿女，有的父母爱儿女甚至超过爱自己，甘愿为儿女做牛做马而无怨无悔。倘若父母做牛马而能使儿女成龙凤，倒也还值得，但事实上恰恰是得到父母照顾太多的儿女往往成不了龙凤，不少人反而适得其反。这原因在哪里？就在于曾氏信上所说的"可恃"。恃者，依赖也，最让他们依赖的是家中那些钱财。人的本质上有好逸恶劳的一面。有足够的钱财让他花销，他还要吃苦做什么呢？结果，终至坐吃山空。若"一无可恃"，则逼得他们自己去奋斗。奋斗的结果，不仅让自己有了真本事，说不定还可以成就一番事业出来。

此外，打消了为儿女积蓄银钱的想法，也有利于为人父母者更好地保养自己。普通百姓可因此省掉许多劳累，至于为官宦者，则可以因此而截断一部分贪婪之念。须知世上不少贪官，其贪污聚敛的一部分原因是为了留下一笔丰厚的钱财给儿女。看清了这一点，许多贪污受贿的事情也可免于发生。

曾氏在信中不厌其烦地告诉家中各种匾额的制作形式，又特别指出官职不能用于匾上，因为官职时常在变动，而匾额宜永久悬挂。过去的秀才、举人、进士、翰林等均为出身，一旦获得，通常是不会被取消的，犹如今日的学士、硕士、博士等学位一样。请读者诸君注意信中的这样一句话："前此用'进士及第'直匾亦属未妥。"为什么"未妥"？曾氏未讲明原因，让笔者来为大家释这个疑。

原来，进士有三个等级，即一甲、二甲、三甲。一甲三名，通常叫作状元、榜眼、探花，赐进士及第。一甲三人不用朝考，直接进翰林院，状元授职修撰，榜眼、探花授职编修。二甲若干名，赐进士出身。三甲若干名，赐同进士出身。二甲、三甲参加朝考，优秀者选进翰林院充当庶吉士，其余的分别授予主事、中书、知县等职。庶吉士要在翰林院再学习三年，三年满后分别授予编修、检讨等职。

曾氏当年中的是三甲，按制度应为同进士出身。同者，等同也，有点类似后来的"相当于"的意思，比如相当于大学毕业，相当于副厅级等等。若从字面上严究起来，"同进士"实际上不是"进士"，所以当时列入三甲的人是颇为忌讳别人称他为"同进士"的。有一个传说，也不知是真是假。

曾氏幕府中有两个后进来的年轻幕僚，有一天闲聊时以对对联来互相炫耀才学。甲说"如夫人"，乙对"同进士"。甲再说"如夫人洗脚"，乙再对"同进士出身"。甲又说"看如夫人洗脚"，乙又对"赐同进士出身"。两人正对得起劲的时候，突然隔壁房间有人怒吼："胡说八道！"两个幕僚过去一看，原来是总督大人。只见总督黑着脸瞪了他们一眼，两人吓得赶紧溜出。在门外遇到一个资格老的幕僚，两个年轻人把刚才的事情告诉了他。这个老幕僚听后顿足道："你们赶快卷铺盖走吧！"年轻幕僚惊问："为什么？"老幕僚说："你们闯大祸了，总督大人正是赐同进士出身！"这两个年轻幕僚立时脸都白了，急忙收拾行李一走了之。

曾府里的老少爷们显然缺乏朝廷科举制度方面的知识，将大爷的"同进士出身"制成"进士及第"的匾，一向拘于制度的大爷当然认为不妥了。

曾氏的母亲死于咸丰二年六月，到咸丰四年九月，他的三年（实为二十七个月）的丧期已守满，按规定可以起复候补官职。信中说的"补兵部右侍郎缺"，即朝廷正式给了他一个兵部侍郎的官。曾氏道光二十九年便做了礼部侍郎，六年过后依旧只是一个侍郎，并未迁升。

谕纪鸿（咸丰六年九月二十九夜）

字谕纪鸿儿：

家中人来营者，多称尔举止大方，余为少慰。凡人多望子孙为大官，余不愿为大官，但愿为读书明理之君子。勤俭自持，习劳习苦，可以处乐，可以处约。此君子也。余服官二十年，不敢稍染官宦气习，饮食起居，尚守寒素家风，极俭也可，略丰也可，太丰则吾不敢也。凡仕宦之家，由俭入奢易，由奢返俭难。尔年尚幼，切不可贪爱奢华，不可惯习懒惰。无论大家小家、士农工商，勤苦俭约，未有不兴，骄奢倦怠，未有不败。尔读书写字不可间断，早晨要早起，莫坠高曾祖考以来相传之家风。吾父吾叔，皆黎明即起，尔之所知也。

凡富贵功名，皆有命定，半由人力，半由天事。惟学作圣贤，全由自己作主，不与天命相干涉。吾有志学为圣贤，少时欠居敬工夫，至今犹不免偶有戏言戏动。尔宜举止端庄，言不妄发，则入德之基也。手谕。(时在江西抚州门外)

评点：愿子孙做君子不做大官

这封信文字虽短，然内容丰富，情意真挚，用语浅直，倾注了曾氏疼子爱子的一片慈父之心。笔者以为，此信可称得上曾氏上千封家信中最堪铭记传颂的一篇。

曾氏的小儿子纪鸿此时年方九岁。曾氏在一连生了四个女儿后，直到三十八岁才生纪鸿，对这个儿子他自然极为疼爱。

曾氏以一种较为少有的温婉语气，给九岁小儿子单独写了这样一封信，谆谆告诫儿子习劳习苦，不要沾染官家气息，保持寒素家风；读书写字不能间断，早上要早起，以此培养勤奋的习惯。曾氏希望儿子重点放在德行的修养上，不必过多地考虑功名之事，因为功名不能完全由自己做主，而德行是可以由自己来修炼的。并以举止端庄、不说妄语作为培养德行的基础。

曾氏此信的特点是不仅讲明道理，而且提出了具体的措施。这些措施都是极平易简单的，不难做到，只要坚持下去，就可以使自己一步步地向"君子"靠拢。

以极具操作性的简易行为去实现崇高远大的目标，曾氏这种独特的教育方法在此信里得到充分的体现。

信中"凡人多望子孙为大官，余不愿为大官，但愿为读书明理之君子"这句话，百余年来广为传颂在士人之间。自己身为大官，却不愿儿子做大官。曾氏的这种家教启迪了千千万万望子成龙的家长的心扉："龙"不是"大官"，而是君子！

致澄弟（咸丰六年十一月二十九日）

澄侯四弟左右：

二十八日，由瑞州营递到父大人手谕并弟与泽儿等信，具悉一切。

六弟在瑞州办理一应事宜尚属妥善，识见本好，气质近亦和平。九弟治军严明，名望极振。吾得两弟为帮手，大局或有转机。次青在贵溪尚平安，惟久缺口粮，又败挫之后，至今尚未克整顿完好。雪琴在吴城名声尚好，惟水浅不宜舟战，时时可虑。

余身体平安，癣疾虽发，较之往在京师则已大减。幕府乏好帮手，凡奏折、书信、批禀均须亲手为之，以是未免有延搁耳。余性喜读书，每日仍看数十页，亦不免抛荒军务，然非此则更无以自怡也。

纪泽看《汉书》，须以勤敏行之。每日至少亦须看二十页，不必惑于在精不在多之说。今日看半页，明日数页，又明日耽搁间断，或数年而不能毕一部。如煮饭然，歇火则冷，小火则不熟，须用大柴大火乃易成也。甲五经书已读毕否？须速点速读，不必一一求熟，恐因求熟之一字，而终身未能读完经书。吾乡子弟，未读完经书者甚多，此后当力戒之。诸外甥如未读完经书，当速补之，至嘱至嘱。

再，余往年在京曾寄银回家，每年或百金或二百金不等。一以奉堂上之甘旨，一以济族戚之穷乏。自行军以来，仅甲寅冬寄百五十金。今年三月，澄弟在省城李家兑用二百金，此际实不能再寄。盖凡带勇之人，皆不免稍肥私囊。余不能禁人之不苟取，但求我身不苟取。以此风示僚属，即以此仰答圣主。今年江西艰困异常，省中官员有穷窘而不能自存者，即抚藩各衙门亦不能寄银赡家，余何敢妄取丝毫？兹寄银三十两，以二十两奉父亲大人甘旨之需，以十两奉叔父大人含饴之佐，此外家用及亲族常例概不能寄。

澄弟与我自湘潭一别之后，已若漠然不复相关。而前年买衡阳之田，今年兑李家之银，余皆不以为然。以后余之儿女婚嫁等事，弟尽可不必代管。千万千万！再候近好。

国藩再叩

评点：不妄取丝毫公款

过去在京师时，曾氏不过一拿固定薪水的官员而已，犹每年寄百两或二百两银子回家。身为带兵统帅，每月经理军饷银十几万或数十万，他反而仅只寄过一次一百五十两银子回家，这次吝啬得只寄三十两。在常人看来，带兵统帅从军饷中拿一点放自己的腰包里，既不违理，又不显形，有什么做不得的！管理曾府家政的这位四爷，大概也是这样看的。笔者原来以为，在衡阳买田是欧阳夫人和纪泽的想法，看到这封信，才知是四爷干的好事。不仅为大房买田，又自作主张在省城兑用二百两银子。四爷以为，这都不算什么，大爷随便从军饷里动点指尖就行了，他则乐得个讨好大嫂，又让自家宽裕点。不料，大爷斩钉截铁："余何敢妄取丝毫！"而且还大幅度减少寄的银子，除父、叔外，其余亲族一概不寄；进而连对这个胞弟也不信任了："以后余之儿女婚嫁等事，弟尽可不必代管。"想当年曾四爷接到这封信后，脸上必定极为尴尬。

曾氏刚踏上仕途，便以做官发财为羞耻，带勇之初便公开申言"不怕死不爱钱"。这些话说说容易。笔者相信，古今百分之九十九的文武官员都曾经对人如此表白过。但面对着白花花的银子和红通通的鲜血，不爱钱不怕死，却的确很难很难。曾氏的难得之处，便是说到做到，即便万分保险不至于被揭发，他也不做这种违纪违法之事。这靠的什么？靠的是心性的修养。这种修养的最高境界就是慎独。慎独，即慎重地对待一人独处时的一言一行。

曾氏早年在京师研读儒先性理之学时，曾经写过一篇《君子慎独论》。特为附录，供读者参阅。

附：君子慎独论

尝谓独也者，君子与小人共焉者也。小人以其为独而生一念之妄，积妄生肆，而欺人之事成。君子懔其为独而生一念之诚，积诚为慎，而自慊之功密。其间离合几微之端，可得而论矣。

盖《大学》自格致以后，前言往行，既资其扩充，日用细故，亦深其阅历。心之际乎事者，已能剖析乎公私；心之丽于理者，又足精研其得失。则夫善之当为，不善之宜去，早画然其灼见矣。而仗小人者，乃不能实有所见，而行其所知。于是一善当前，幸人之莫我察也，则趋焉而不决。一不善当前，幸人之莫或伺也，则去之而不力。幽独之中，情伪斯出，所谓欺也。惟夫君子者，惧一善之不力，则冥冥者有堕行；一不善之不去，则涓涓者无已时。屋漏而懔如帝天，方寸而坚如金石。独知之地，慎之又慎。此圣经之要领，而后贤所切究者也。

自世儒以格致为外求，而专力于知善知恶，则慎独之旨晦。自世儒以独体为内照，而反昧乎即事即理，则慎独之旨愈晦。要之，明宜先乎诚，非格致则慎亦失当。心必丽于实，非事物则独将失守。此入德之方，不可不辨者也。

致沅弟（咸丰七年十月二十七夜）

沅甫九弟左右：

二十三夜彭一归，接弟十五书，具悉一切。

吉安此时兵势颇盛。军营虽以人多为贵，而有时亦有人多为累。凡军气宜聚不宜散，宜忧危不宜悦豫。人多则悦豫，而气渐散矣。营虽多而可恃者惟在一二营，人虽多而可恃者惟在一二人。如木然，根好株好而后枝叶有所托；如屋然，柱好梁好而后椽瓦有所丽。今吉安各营，以余意揆之，自应以吉中营及老湘胡、朱等营为根株，为柱梁。此外如长和，如湘后，如三宝，虽素称劲旅，不能不侪之于枝叶、椽瓦之列。遇小敌时，则枝叶之茂，椽瓦之美，尽可了事；遇大敌时，全靠根株培得稳，柱梁立得固，断不可徒靠人数之多，气势之盛。倘使根株不稳，柱梁不固，则一枝折而众叶随之，一瓦落而众椽随之，败如山崩，溃如河决，人多而反以为累矣。史册所载战事，以人多而为害者不可胜数。近日如抚州万余人卒致败溃，次青本营不足以为根株、为梁柱也；瑞州万余人卒收成功，峙衡一营足以为根株、为梁柱也。弟对众营立论，虽不必过于轩轾，而心中不可无一定之权衡。

来书言弁目太少，此系极要关键。吾二十二日荐曾纪仁赴吉充什长，已收用否？兹冯十五往吉，若收置厨下，亦能耐辛苦。凡将才有四大端：一曰知人善任，二曰善觇敌情，三曰临阵胆识（峙有胆，迪、厚有胆有识），四曰营务整齐。吾所见诸将，于三者略得梗概，至于善觇敌情，则绝无其人。古之觇敌者，不特知贼首之性情伎俩，而并知某贼与某贼不和，某贼与伪主不协。今则不见

124

此等好手矣。贤弟当于此四大端下功夫，而即以此四大端察同僚及麾下之人才。第一、第二端，不可求之于弁目散勇中；第三、第四端，则末弁中亦未始无材也。

家中大小平安。胡润之中丞奏请余率水师东下，二十七日送寄谕来家，兹抄寄弟营一阅。余俟续布。

评点：将才四大端

曾氏在此信中向九弟传授了几条治军的要诀。一曰军气宜聚不宜散，宜忧危不宜悦豫。组建军队的目的就是为了打仗，打仗所依赖的是战斗力，战斗力的形成决定于团体的凝聚，凝聚的要点在于聚集。那么，军气的聚集又靠的什么呢？靠的就是我们常说的铁的纪律；而与纪律相反的便是松散，它乃治军者之大敌。至于"宜忧危不宜悦豫"，乃是说的一种精神状态。士兵不是普通老百姓，普通老百姓恰恰相反，要的是悦豫而不必太忧危。士兵所从事的是你死我活的职业，需要百倍的警惕及厮杀拼搏用鲜血和生命换取胜利的心理准备，这些都与忧危相连而与悦豫无干。

在另一则杂记中，曾氏对此做了很好的说明："兵者，阴事也，哀戚之意如临亲丧，肃敬之心如承大祭，庶为近之。今以羊牛犬豕而就屠烹，见其悲啼于割剥之顷，宛转于刀俎之间，仁者将有所不忍，况以人命为浪博轻掷之物！无论其败丧也，即使幸胜，而死者相望，割头洞胸，折臂失足，血肉狼藉，日陈吾前，哀矜之不遑，喜于何有？故军中不宜有欢欣之象；有欢欣之象者，无论或为和悦，或为骄盈，终归于败而已矣。"又以战国名将田单为例。田单在即墨时，处于危急之中，将军有死之心，士卒无生之气，故大破燕军。后来攻打狄国时，田单处志得意满之时，黄金横带，征歌逐舞，有生之乐，无死之心，故被狄人所败。又引《庄子》一书中的话"两军相对，哀者胜矣"作为根据，反复阐述军中切不可骄淫嬉乐的道理。

为帮助初出茅庐的老九遴选将才，曾氏又传授自己识拔将才的经验，即从知人用人、熟悉敌情、临阵发挥和日常管理四个方面来观察识别将领之才与不才。又特别指出前两点是对较高级别的人而言，而具备后两点才能的人，即便在低级武官中也有。

在另一封给朋友的信中，曾氏对带兵之人提出了四个方面的要求，即先前评点中所提到的才堪治兵、不怕死、不汲汲名利、耐受辛苦。又说治兵之才，不外"公""明""勤"三个字。这里所侧重的是将领的个人修养，与前面所说的侧重于"才具"方面的相配合，可以看出曾氏"将才论"的全面观点。

致沅弟（咸丰七年十二月十四日）

沅甫九弟左右：

十二日正七、有十归，接弟信，备悉一切。定湘营既至三曲滩，其营官成章鉴亦武弁中之不可多得者，弟可与之款接。

来书谓意趣不在此，则兴会索然，此却大不可。凡人作一事，便须全副精神注在此一事，首尾不懈，不可见异思迁，做这样想那样，坐这山望那山。人而无恒，终身一无所成。我生平坐犯无恒的弊病，实在受害不小。当翰林时，应留心诗字，则好涉猎它书，以纷其志；读性理书时，则杂以诗文各集，以歧其趋；在六部时，又不甚实力讲求公事；在外带兵，又不能竭力专治军事，或读书写字以乱其志意。坐是垂老而百无一成。即水军一事，亦掘井九仞而不及泉。弟当以为鉴戒。现在带勇，即埋头尽力以求带勇之法，早夜孳孳，日所思，夜所梦，舍带勇以外则一概不管。不可又想读书，又想中举，又想作州具，纷纷扰扰，千头万绪，将来又蹈我之覆辙，百无一成，悔之晚矣。

带勇之法，以体察人才为第一，整顿营规、讲求战守次之。《得胜歌》中各条，一一皆宜详求。至于口粮一事，不宜过于忧虑，不可时常发禀。弟营既得楚局每月六千，又得江局每月二三千，便是极好境遇。李希庵十二来家，言迪庵意欲帮弟饷万金。又余有浙盐赢余万五千两在江省，昨盐局专丁前来禀询，余嘱其解交藩库充饷。将来此款或可酌解弟营，但弟不宜指请耳。饷项既不劳心，全副精神请求前者数事，行有余力则联络各营，款接绅士。身体虽弱，却不宜过于爱惜。精神愈用则愈出，阳气愈提则愈盛。每日作事愈多，则夜间临睡愈快活。若存一爱惜精神的意思，将前将却，奄奄无气，决难成事。凡此皆因弟兴会索然之言而切戒之者也。弟宜以李迪庵为法，不慌不忙，盈科后进，到八九个月后，必有一番回甘滋味出来。余生平坐无恒，流弊极大，今老矣，不能不诫教吾弟吾子。

邓先生品学极好，甲三八股文有长进，亦山先生亦请邓改文。亦山教书严肃，学生甚为畏惮。吾家戏言戏动积习，明年当与两先生尽改之。

下游镇江、瓜洲同日克复，金陵指日可克。厚庵放闽中提督，已赴金陵会剿，准其专折奏事。九江亦即日可复。大约军事在吉安、抚、建等府结局，贤弟勉之。吾为其始，弟善其终，实有厚望。若稍参以客气，将以志，则不能为我增气也。营中哨队诸人，气尚完固否？下次祈书及。家中四宅平安。澄弟十四日赴县吊丧。余无它事，顺问近好。

兄国藩草

评点：人才第一

这封信里曾氏给九弟谈了三点体验，均于今天的读者亦有教益。一为"凡人作一事，便须全副精神注在此一事，首尾不懈，不可见异思迁"。他接着以检讨自己来说明此种态度的重要。此处较为典型地表现了曾氏家书的风格，即在同辈及晚辈的面前，不摆架子，不惮于暴露自己的短处，让对方在一种温婉的气氛中接受自己的观点。

九弟比他小十四岁，此刻的社会地位更不能望其项背，但他给九弟写信，却从不用板着面孔教训的口吻，总是温温和和地循循善诱。他批评自己缺乏"恒"字，以至于垂老而百无一成，望九弟引以为戒。实事求是地说，曾氏并不缺乏"恒"，他恰恰是在"恒心"与"毅力"这些方面有大过人之处，才有他一生不寻常的业绩。但他并不是圣人，也有心思不稳定的时候，对此他敢于严格检讨。说不定他过人的"恒""毅"，正是他不断严格检讨后的结果。他多次将"士人当有志有识有恒"的话题赠年轻学子，足见他一贯将"恒"看得与"志""识"同等重要。

恒是实现目的的手段，恒是通向成功的桥梁。恒的价值即是坚持。持之以恒，宏大的目标便总有实现的那一天，辉煌的成功也总有获取的那一刻。做几桩大事，对许多人来说并不难；日日天天，年年月月，坚持做相同的小事，对所有的人来说都很难。恒心，可以说是人的素质中最为宝贵的一种。

二为"带勇之法，以体察人才为第一，整顿营规、讲求战守次之"。识人用人，是曾氏的第一长处，也是曾氏成就事业的第一诀窍。此事说来容易做时难。每一个负有头领责任的人，在理论上都知道人才的重要，因为世上的一切事都是人干出来的，有了人才就有了一切。但是，理论上知道是一回事，实际上的重视又是一回事，重视后如何去察识又是一回事，察识后如何去使用又是一回事。所以"人才学"的问题，说到底不是一个理论上的问题，而是一个技术上的问题。曾氏不仅理论上认识得明确，技术上也有一套行之有效的操作方法。这也是曾氏至今仍值得研究的原因所在。

三为"精神愈用则愈出，阳气愈提则愈盛"。这是曾氏的一个观点。他一生主张"勤"：勤奋、勤快、勤劳、勤俭。他本人也的确是做到了"勤"。且不说他的事功，仅从留下的千万言文字（其中大部分是他亲手所撰的）来看，就绝不是通常人所能做到的。勤则能多做事，这点世人均无异议，而他所说的"精神愈用则愈出，阳气愈提则愈盛"，却带有点一家之言的味道，不一定为众人所普遍接受，但笔者从自己的阅历中觉得他的这个观点可以接受。此外，他所说的"勤"，亦是人的一种精神面貌，这却是不刊之论。有谁愿意跟一个懒懒散散、奄奄无气的人共事？世上又有哪件事是在懒懒散散、奄奄无气的状态下做成的？

致沅弟（咸丰七年十二月二十一日）

沅甫九弟左右：

十九日亮一等归，接展来函，具悉一切。临江克复，从此吉安当易为力，弟黾勉为之，大约明春可复吉郡，明夏可克抚、建。凡兄所未了之事，弟能为我了之，则余之愧憾可稍减矣。

余前在江西，所以郁郁不得意者：第一不能干预民事，有剥民之权，无泽民之位，满腹诚心，无处施展；第二不能接见官员，凡省中文武官僚，晋接有稽，语言有察；第三不能联络绅士，凡绅士与我营款惬，则或因吃醋而获咎。坐是数者，方寸郁郁，无以自伸。然此只坐不应驻扎省垣，故生出许多烦恼耳。弟今不驻省城，除接见官员一事无庸议外，至爱民、联绅二端，皆可实心求之。现在饷项颇充，凡抽厘劝捐，决计停之。兵勇扰民，严行禁之，则吾夙昔爱民之诚心，弟可为我宣达一二。

吾在江西，各绅士为我劝捐八九十万，未能为江西除贼安民。今年丁忧奔丧太快，若悫然弃去，置绅士于不顾者，此余之所悔也（若少迟数日，与诸绅往复书问乃妥）。弟当为余弥缝此阙。每与绅士书札往还，或接见畅谈，具言"江绅待家兄甚厚，家兄抱愧甚深"等语。就中如刘仰素、甘子大二人，余尤对之有愧。刘系余请之带水师，三年辛苦，战功日著，渠不负吾之知，而余不克始终与共患难。甘系余请之管粮台，委曲成全，劳怨兼任。而余以丁忧遽归，未能为渠料理前程。此二人皆余所惭对，弟为我救正而补苴之。

余在外数年，吃亏受气实亦不少，他无所惭，独惭对江西绅士。此日内省躬责己之一端耳。弟此次在营境遇颇好，不可再有牢骚之气，心平志和，以迓天休，至嘱至嘱。

承寄回银二百两收到。今冬收外间银数百，而家用犹不甚充裕，然后知往岁余之不寄银回家，不孝之罪，上通于天矣。

四宅大小平安。余日内心绪少佳。夜不成寐，盖由心血积亏、水不养肝之故。春来当好为调理。即颂年祺，不一一。

兄国藩手草

评点：在江西郁郁不得意

曾氏自咸丰四年九月下旬进入江西境内，到咸丰七年二月奔父丧回湘，在江西待了两年半。这两年半期间，军事进展既不大，又与江西官场闹翻，曾氏的心情不好，所以一旦接到父丧的讣告，便立即丢掉这个烂摊子不顾，匆匆回家，殊有失统帅的风度，招致多方指责。曾氏心里具体有哪些苦楚呢？这封信里，他向九弟诉说了三点：一是无地方实权，二是江西官场与他处于敌对地位，三是绅士怕与他接触。凡此种种，可见曾氏在江西实际处于一种孤立的状态。孤立无援，何能打胜仗？不能打胜仗，又造成了进一步的孤立。怪不得一向办事老成持重的他，居然做出这等毛毛躁躁的事来。但江西乃是一个烫手的山芋：拿着灼痛，丢了可惜。故曾氏回籍守丧的这些日子里，心绪并没有因离开江西而宽松，另外的一些忧愁，又更强烈地压迫着他，因而"余日内心绪少佳，夜不成寐"。

兵勇本来自百姓，但一穿上军装拿起刀枪后，便自觉在百姓之上，而百姓也的确就怕兵勇了。兵勇于是敢于欺压百姓，百姓于是也就远离兵勇。但兵勇是要靠百姓养的，所以自古以来，明事理的带兵之人都知道兵勇和百姓不能对立，消除此种对立的主要一方在兵勇。故兵不扰民，进而做到兵爱民，乃是明智将帅治军的一个重要内容。曾氏在信中叮嘱九弟"兵勇扰民，严行禁之"，又希望老九将他的"夙昔爱民之诚心"，向江西省绅民宣达。

曾氏对"爱民"之事一向是很重视的。他为此特地亲自编了一首《爱民歌》，字句通俗易懂，朗朗上口，以便让那些不识字的湘军兵勇都能懂能记，切实执行。现摘抄几段，供读者诸君欣赏：

"三军个个仔细听，行军先要爱百姓。贼匪害了百姓们，全靠官兵来救人。百姓被贼吃了苦，全靠官兵来作主。"

"第一扎营不要懒，莫走人家取门板。莫拆民房搬砖石，莫踹禾苗坏田产。莫打民间鸭和鸡，莫借民间锅和碗。莫派民夫来挖壕，莫到民间去打馆。筑墙莫拦街前路，砍柴莫砍坟上树。挑水莫挑有鱼塘，凡事都要让一步。"

"第二行路要端详，夜夜总要支账房。莫进城市占铺店，莫向乡间借村庄……无钱莫扯道边菜，无钱莫吃便宜茶。更有一句紧要书，切莫掳人当长夫。"

"第三号令要严明，兵勇不许乱出营。走出营来就学坏，总是百姓来受害。或走大家讹钱文，或走小家调妇人。"

"军士与民如一家，千万不可欺负他。日日熟唱爱民歌，天和地和人又和。"

读到上面这些歌词，大家都会不期而然地想到工农红军的《三大纪律八项注意》。红军统帅毛泽东，从小深受湖湘文化的熏陶，甚至说过"愚于近人，独服曾文正"的话。曾氏的《爱民歌》，他是一定读过的，曾氏治军的这些规矩，他一定耳熟能详。《三大纪律八项注意》与《爱民歌》之间有些渊源关系，大致是不错的。其实，这一点都不奇怪，这就是文化的传承。后人从前人那里受到启迪，再把这种启迪应用在处理眼下的实际事务中，并加以提高上升，这便是文化的力量，也是古往今来文化发展的必由之路。

致沅弟（咸丰八年正月初四夜）

沅甫九弟左右：

十二月二十八日接弟二十一日手书，欣悉一切。

临江已复，吉安之克实意中事。克吉之后，弟或带中营围攻抚州，听候江抚调度；或率师随迪庵北剿皖省，均无不可。届时再行相机商酌。此事我为其始，弟善其终，补我之阙，成父之志，是在贤弟竭力而行之，无为遽怀归志也。

弟书自谓是笃实一路人。我自信亦笃实人，只为阅历世途，饱更事变，略参些机权作用，把自家学坏了。实则作用万不如人，徒惹人笑，教人怀憾，何益之有？近月忧居猛省，一味向平实处用心，将自家笃实的本质，还我真面，复我固有。贤弟此刻在外，亦急需将笃实复还，万不可走入机巧一路，日趋日下也。纵人以巧诈来，我仍以浑含应之，以诚愚应之；久之，则人之意也消。若勾心斗角，相迎相距，则报复无已时耳。

至于强毅之气，决不可无，然强毅与刚愎有别。古语云：自胜之谓强。曰强制，曰强恕，曰强为善，皆自胜之义也。如不惯早起，而强之未明即起；不惯庄敬，而强之坐尸立斋；不惯劳苦，而强之与士卒同甘苦，强之勤劳不倦：是即强也。不惯有恒，而强之贞恒，即毅也。舍此而求以客气胜人，是刚愎而已矣。二者相似，而其流相去霄壤，不可不察，不可不谨。

李云麟气强识高，诚为伟器，微嫌辩论过易。弟可令其即日来家，与兄畅叙一切。

兄身体如常，惟中怀郁郁，恒不甚舒畅，夜间多不甚寐，拟请刘镜湖三爷来此一为诊视。闻弟到营后，体气大好，极慰极慰。

九弟媳近亦平善。元旦至新宅拜年，叔父、六弟亦来新宅。余与澄弟等初四即散，仅至女家乃攸宝庵，并未烦动本房。温弟与迪庵联姻，大约正月定庚。科四前要包铳药之纸，微伤其手，现已痊愈。邓先生订十八入馆。葛先生拟十六去接。甲三姻事拟对筱房之季女，现尚未定。三女对罗山次子，则已定矣。刘詹岩先生得一见否？为我极道歉忱。黄莘翁之家属近况何如？苟有可为力之处，弟为我多方照拂之。渠为劝捐之事怄气不少，吃亏颇多也。母亲之坟，今年当觅一善地改葬，惟兄脚力太弱，而地师又无一可信者，难以下手耳。余不一一。

国藩手具

再，带勇总以能打仗为第一义。现在久顿坚城之下，无仗可打，亦是闷事。如可移扎水东，当有一二大仗开。弟营之勇锐气有余，沉毅不足，气浮而不敛，兵家之所忌也，尚祈细察。偶作一对联箴弟云：

打仗不慌不忙，先求稳当，次求变化；

办事无声无臭，既要精到，又要简捷。

贤弟若能行此数语，则为阿兄争气多矣。

评点：去机巧求笃实

曾氏以奉行"拙诚"二字而著称于近代。笔者有时想：倘若曾氏一辈子不离开翰林院，或者一辈子只做词臣、学政一类的官，他自谓"拙诚"，世人都可以相信。因为虽也是官，但与之打交道的是文章、学问，"拙诚"可以对付，而且也似乎要"拙"要"诚"才可以取得大成就。但他后半生专与人打交道，又绝大部分时间用在用兵打仗上，岂能"拙诚"？兵者，阴事也，用阴谋诡计，才能克敌制胜，一切都诚实坦白，还不被敌人所打败？一个从政从军的人，能有诚实可言吗？

但曾氏早年在京师做翰林时便服膺"不诚无物"的理学古训，中年后办湘军与敌人周旋，仍念念不忘一个"诚"字，不仅自己坚持，还要兄弟部属都要做到，在许多人看来，真的是一肚子书生气！笔者想，曾氏不至于迂腐到对敌方也诚这个地步，他的"诚实"是用在自己营垒中间的。在他看来，立身处世应以诚为本，在朝廷做官应诚，在外带兵也应诚，做的事情有不同，但做人的这个根本不应变。

古往今来，带兵的将帅大谈拙诚笃实的极少极少，而曾氏却以此训诫部属，并且居然还因此取得了军事上的胜利，这是中国文化史上一个奇迹。正因为此，过去不少人将他视为圣贤。

"强毅"二字，是人们所乐于称道的，尤其是从事政治、军事、商业等竞争事业的人更欣赏这两个字。因为依靠强毅，人们可以将自身的潜能最大限度地发挥出来，从而获取在一般状态下所得不到的收效。曾氏是个强毅的人。他在一则题为《勉强》的笔记中说："余观自古圣贤豪杰，多由强作而臻绝诣。《淮南子》曰'功可强成，名可强立'，《中庸》曰'或勉强而行之，及其成功一也'。近世论人者，或曰某也向之所为不如是，今强作如是，是不可信。沮自新之途而长偷惰之风，莫过于此。"曾氏颇懂辩证法，知道"过犹不及"的道理，且善于划清形似事物之间的内在界限。他的这个九弟在"强毅"方面比他有过之而无不及，他深恐性格强毅的兄弟走入"刚愎"一路，故特为强调"强"之最宝贵处在自强，即自胜之强。有哲人说，人的最大的敌人其实就是自己。自我的长处短处，尤其是短处，不易看出，看出后要克服它更不容易。能战胜自己弱处的人，的确是真正的强者。

世上许多所谓的强者，往往自视过高，自信过分，容不得不同的声音，更听不得批评的意见，一副高高在上唯我独尊的架势，有形无形地拒人于千里之遥，拒真知灼见于千里之外，其结果是给事业造成危害。这种"强"不是强毅而是刚愎。还有这样一类的"强"者：他们成天算计的是别人，看到别人得了好处，有了成就，心里就不是味道，想方设法地给别人使一竿子，或是用歪门邪道去试图超过别人。这种强，也不是强毅，而是强梁。

老九的强毅中既有刚愎的成分，也有强梁的成分，故曾氏要对他强调自胜之道，又特为指出他的军营"锐气有余，沉毅不足"的缺陷。军营的状态就是统帅本人的状态，曾氏在这里是婉转批评九弟的浮躁、急功近利的心态。"气浮而不敛，兵家之所忌也"。其实，浮躁，不但是兵家之所忌，也是所有欲成功者之所忌。与浮躁相对的是静。"静"是中国学问中一个特别需要注意的大题目，很值得我们细加研究。

致沅弟（咸丰八年正月十四日）

沅甫九弟左右：

十二日安五来营，寄第二号家信，谅已收到。

十三日午刻，九弟妇生一女，极为迅速。已刻余在曾家坳，尚无信息。旋因胡二龙来，余回腰里交付，即闻接内人、四弟妇过去。少顷，龙过曾家坳，则已踏生矣。血晕约大半时辰，服大补剂，申初痊愈。仰仗祖宗福庇，此事平安，弟可放心。

治军总须脚踏实地，克勤小物，乃可日起而有功。凡与人晋接周旋，若无真意，则不足以感人；然徒有真意而无文饰以将之，则真意亦无所托之以出，《礼》所称无文不行也。余生平不讲文饰，到处行不动，近来大悟前非。弟在外办事，宜随时斟酌也。

甲三十三日回家，芝生十三日复来。温弟与李家定二月十三日拔庚。龙达生解元初七、初九宿腰里，初八宿小界家中。四宅平安，不必挂念。顺问近好。

兄国藩手草

闻我水师粮台银两尚有赢余，弟营此时不缺银用，不必解往。若绅民中实在流离困苦者，亦可随便周济。兄往日在营艰窘异常，初不能放手作一事，至今追憾。弟若有宜周济之处，水师粮台尚可解银二千前往。应酬亦须放手办，办在绅士百姓身上，尤宜放手也。

评点：脚踏实地克勤小物

曾氏教弟"治军总须脚踏实地，克勤小物，乃可日起而有功"。"脚踏实地"好理解，"克勤小物"是什么意思？曾氏有一则读书笔记，标题就叫作《克勤小物》。看他是如何写的：

"古之成大业者，多自克勤小物而来。百尺之栋，基于平地；千丈之帛，一尺一寸之所积也；万石之钟，一铢一两之所累也。文王之圣，而自朝至日中昃，不遑暇食。周公仰而思之，夜以继日，幸而得之，坐以待旦。仲山甫夙夜匪懈。其勤若此，则无小无大，何事之敢慢哉？诸葛忠武为相，自杖罪以上，皆亲自临决。杜慧度为政，纤密一如治家。陶侃综理细密，虽竹头木屑皆储为有用之物。朱子谓为学须铢积寸累，为政者亦未有不由铢积寸累而克底于成者也。"

读了这段文字后，我们明白了，原来"克勤小物"，乃指的是勤勤恳恳地做好一件件小事。一件件小事都努力做好了，大事业也就自然而然地成就了。

中国文化有一个很好的传统，便是实实在在不尚空谈，故而清谈之风，只行于魏晋之间的一个短暂时期，之前之后都很少看到那样一种弥漫整个社会的以说话为衡量人之高下标准的风尚。当然，"实在"的过分便是板滞，故抽象的、思辨的、探索玄虚世界的学问在中国一直不太发达，便是这个传统所带来的负面影响。不过，话要说回来，这个负面影响毕竟是次要的，对于一个社会而言，探求理论和虚空的人只需极少数便行了，绝大部分人都应该从事实际事务，故而我们提倡实干，不尚清谈。

曾氏在《克勤小物》的笔记中还认为大臣必须亲细事，对"陈平不知钱谷"的美谈提出批评，并明确地表示讨厌魏晋时期的清谈之风，说何晏之徒"流风相扇，高心而空腹，尊己而傲物，大事细事皆堕坏于冥昧之中，亲者贤者皆见拒于千里之外，以此而冀大业之成，不亦悖哉"？客观地说，"空谈"一类的活动，对于提高思辨或许有所裨益，但对于干实事的人而言，只会有妨碍而并无太多的帮助。曾氏一生不喜欢话多言辞巧的人，力主笃实勤奋。这是他的一个特点，可资今人借鉴。

致沅弟（咸丰八年正月二十九日）

沅甫九弟左右：

二十七日刘福一等四人者归，接弟信，并《二十二史》七十二套，金、史赙银三百两，具悉一切。此书十七史系汲古阁本，《宋》《辽》《金》《元》系宏简录，《明史》系殿本，较之兄丙申年所购者多《明史》一种，余略相类，在吾乡极为难得矣。吾后在京亦未另买有全史，仅添买《辽》《金》《元》《明》四史及《史》《汉》各佳本而已，《宋史》至今未办，盖缺典也。

吉贼决志不窜，将来必与浔贼同一办法，想非夏末秋初不能得手。弟当坚耐以待之。迪庵去岁在浔，于开濠守逻之外，间以读书习字。弟处所掘长濠，如果十分可靠，将来亦有闲隙可以偷看书籍，目前则须极力讲求濠工巡逻也。

澄弟于二十二日下县。赖明府于蝗蝻事办理极为认真，有信邀绅士去。温弟于二十五日回家。亦山先生二十二日归，二十六复来。瀛皆先生二十上学，二十二日开课，亦山亦执贽受业。甲五目疾总未甚好，右目外云如故，左目已属大好，究不能与常人一般。九弟妇体气极弱，服峻补之剂，日有起色。再过数日，应可出房照料杂事。青山二十七日暂归，余嘱其初一复来。二十八日夕接弟二十二日信，亦请青山在此多住月余，二月内必坚留之也。

周济受害绅民，非泛爱博施之谓，但偶遇一家之中杀害数口者、流转迁徙归来无食者、房屋被焚栖止靡定者，或与之数十金以周其急。先星冈公云"济人须济急时无"，又云"随缘布施，专以目之所触为主"，即孟子所称"是乃仁术也"。若目无所触，而泛求被害之家而济之，与造册发赈一例，则带兵者专行沽名之事，必为地方官所讥，且有挂一漏万之虑。弟之所见，深为切中事理。余系因昔年湖口绅士受害之惨，无力济之，故推而及于吉安，非欲弟无故而为沽名之举也。

金、史谢信此次未写，少迟再寄。李雨苍二十九日到家。孙朗青、吴贯槎均来。初四日系先大夫初周年忌辰，敬办小祥祭事。俟日内再行详布。即问近好，诸惟心照。

兄国藩手草

评点：善事的三种做法

帮助别人，奉献爱心，历来都被视为善举美事，都是应该歌颂并予以提倡的，大部分人也都具有这种与生俱来的"良知""良性"，但"助人"之事该如何做才是恰到好处呢？曾氏在此信中列举了三个说法。

一、孟子之说：见牛未见羊。孟子与齐宣王聊天。齐宣王说，他看到有人牵牛从他面前走过，准备去宰杀，牛哆哆嗦嗦的。他不忍心，叫人拿羊来代替这头牛。别人说你不忍心叫牛死，为什么忍心叫羊死呢？这话问得有道理，丁是他自己也弄不明白了，究竟这是出于一种什么心理。孟子帮他分析，说这正是一种仁爱心理的表现。因为牛的害怕死你已经看到了，羊的恐惧，你未看到，你这是"君子远庖厨"的心态，以目见为准。如两个人都在挨饿，一人你看到了，就给他饭吃；另一个明知他也饿，但你没看到也可不理。

二、佛家之说：随缘布施。"随缘"是佛家信徒最爱用在口头上的两个字，它所包含的内容极为广泛，也很难为它定一个界说。目击时为缘随，心想到也是缘随，耳听到亦可称为随缘，一句话，凡是施主此刻所意识到的，都可以称之为随缘。他想施予就随缘，不想施予就不随缘。随缘布施，真是一个好极了的说法！

三、星冈公之说：济人须济急时无。曾氏的祖父星冈公向来是他心中崇拜的偶像，星冈公的不少话，他都奉为经典般地信仰。星冈公的这句话是说，救济人，当救济此人急难时所需而又恰好缺乏的东西，如饿了，给饭吃，冷了，给衣穿，缺钱时给他钱用。反过来，当别人不缺什么时，就不必去凑热闹。

细揣曾氏的意思，是将这三种说法合起来用，即以目击为限，以急时无为原则，来随缘布施。读者诸君以为此事该如何办方为适宜？

致沅弟（咸丰八年三月初六日）

沅甫九弟左右：

初三日刘福一等归，接来信，借悉一切。

城贼围困已久，计不久亦可攻克。惟严断文报是第一要义，弟当以身先之。家中四宅平安。余身体不适，初二日住白玉堂，夜不成寐。温弟何日至吉安？在县城、长沙等处尚顺遂否？

古来言凶德致败者约有二端：曰长傲，曰多言。丹朱之不肖，曰傲，曰嚚讼，即多言也。历观名公巨卿，多以此二端败家丧身。余生平颇病执拗，德之傲也；不甚多言，而笔下亦略近乎嚚讼。静中默省愆尤，我之处处获戾，其源不外此二者。温弟性格略与我相似，而发言尤为尖刻。凡傲之凌物，不必定以言语加人，有以神气凌之者矣，有以面色凌之者矣。温弟之神气，稍有英发之姿，面色间有蛮狠之象，最易凌人。凡中心不可有所恃，心有所恃则达于面貌。以门地言，我之物望大减，方且恐为子弟之累；以才识言，近今军中炼出人才颇多，弟等亦无过人之处，皆不可恃。只宜抑然自下，一味言忠信，行笃敬，庶几可以遮护旧失，整顿新气，否则人皆厌薄之矣。沅弟持躬涉世，差为妥叶。温弟则谈笑讥讽，要强充老手，犹不免有旧习。不可不猛省，不可不痛改。闻在县有随意嘲讽之事，有怪人差帖之意，急宜惩之。余在军多年，岂无一节可取？只因傲之一字，百无一成，故谆谆教诸弟以为戒也。

兄国藩手草

评点：长傲多言为凶德

居丧多暇，在养病读书课子侄辈的日子里，曾氏时常对自己予以反省。他发现自己身上有两个致命的弱点：一为长傲，一为多言。这两个"凶德"给他招致了不少咎戾。衡之于史册，这两点也让不少名公巨卿因此而败家丧生。带兵的三兄弟都有这两个缺点，尤以六弟为甚，故特为将此认识写给九弟，望彼此引以为鉴。

长傲不必表现在言语上，神气面色上的长傲，也足以拒人于千里之外。多言不必一定是话多，书信文章里好议论人、好多管闲事等等，亦很令人讨厌。在心理上，要认识到天下人才很多，自己并无过人之处，从而根绝"傲"的滋生；在修养上，要尽量宽厚含混，少讥评、少嘲讽。曾氏在给一位朋友的信中说：是非皎然于心而一言不发，劲气常抱于胸而纤毫不露。这两句话应视为他这一期间的重要体悟。

144

致沅弟（咸丰八年三月三十日）

沅甫九弟左右：

春二、安五归，接手书，知营中一切平善，至为欣慰。

次青二月以后无信寄我，其眷属至江西，不知果得一面否？接到弟寄胡中丞奏伊入浙之稿，未知果否成行？顷得耆中丞十三日书言，浙省江山、兰溪两县失守，调次青前往会剿。是次青近日声光，亦渐渐脍炙人口。广信、衢州两府不失，似浙中终可无虑，未审近事究复如何？广东探报，言逆夷有船至上海，亦恐其为金陵余孽所攀援。若无此等意外波折，则洪、杨股匪不患今岁不平耳。

九江竟尚未克，林启容之坚忍实不可及。闻麻城防兵于三月十日小挫一次，未知确否？弟于次青、迪、厚、雪琴等处须多通音问，俾余亦略有见闻也。

兄病体已愈十之七八，日内并未服药，夜间亦能熟睡。至子丑以后则醒，是中年后人常态，不足异也。湘阴吴贞阶司马于二十六日来乡，是厚庵嘱其来一省视，次日归去。

余所奏报销大概规模一折，奉朱批"该部议奏"。户部奏于二月初九日。复奏，言"曾国藩所拟尚属妥协"云云。至将来需用部费，不卜数万。闻杨、彭在华阳镇抽厘，每月可得二万，系雪琴督同凌荫庭、刘国斌等经纪其事，其银归水营杨、彭两大股分用。余偶言可从此项下设法筹出部费，贞阶力赞其议，想杨、彭亦必允从。此款有着，则余心又少一牵挂。

郭意诚信言四月当来乡一次。胡莲舫信言五月当来一次。余前荐许仙屏至杨军门处，系厚庵专人来此请荐作奏者。余荐意诚、仙屏二人，闻胡中丞荐刘小钺（芳蕙，袁州人），已为起草一次，不知尚须再请仙屏否？余因厚庵未续有缄来，故未先告仙屏也。仙屏上次有一信与余，尚未复信。若已来吉营，乞先为致意。季高处此次匆遽，尚未作书，下次决不食言。

温弟尚在吉安否？前胡二等赴吉，余信中未道及温弟事。两弟相晤时，日内必甚欢畅。温弟丰神较峻，与兄之伉直简僈虽微有不同，而其难于谐世，则殊途而同归，余常用为虑。大抵胸多抑郁，怨天尤人，不特不可以涉世，亦非所以养德；不特无以养德，亦非所以保身。中年以后，则肝肾交受其病。盖郁而不畅则伤木，心火上烁则伤水，余今日之目疾及夜不成寐，其由来不外乎此。故于两弟时时以平和二字相勖，幸勿视为老生常谈，至要至嘱。

朱云亭妹夫二十七日来看余疾，语及其弟存七尚无故名。兹开具履历各条，望弟即为玉成之。亲族往弟营者人数不少，广厦万间，本弟素志。第善觇国者，睹贤哲在位，则卜其将兴；见冗员浮杂，则知其将替。善觇军者亦然。似宜略为分别：其极无用者，或厚给途费遣之归里，或酌赁民房令住营外，不使军中有惰漫喧杂之象，庶为得宜。至顿兵城下为日太久，恐军气渐懈，如雨后已弛之弓，三日已腐之馔，而主者晏然，不知其不可用。此宜深察者也。附近百姓果有骚扰情事否？此亦宜深察者也。

目力极疲，此次用先大夫眼镜，故字略小，而蒙蒙者仍如故。

兄国藩手草

评点：以"平和"养德保身

与当年丁母忧不同，此次丁父忧，曾氏于丧亲的悲痛上更多一重压抑。此压抑中既有对军事进展不顺的烦恼，也有对朝廷待遇不公平的委屈，同时也有对自己诸多失误的痛苦检讨。一年多来，曾氏一直处于一种病态之中，心血亏耗，夜不能寐，目疾严重，两眼昏眊。他一面服药调理，一面努力从源头上寻找患病的根由。"胸多抑郁，怨天尤人"这八个字，大概是自我反省后所诊断出的病源。患有此病者，不但不可以在社会上立足做事，也不可以修炼好品德，甚至还会危害身体健康。抑郁则气不舒畅，气不舒畅则伤肝（木）；怨尤则易生怒火，怒火旺则伤肾（水）。

病源找出之后，他对症下药，医以"平和"二字。从此以后，曾氏的精神境界有了一番大的提高。

此信的末一段透露当时湘军军营中的一个重要现象，即广开保举之途。一场胜仗打下来，军营中无论参与者、未参与者均获保举，军营里固然是人人沾润，皆大欢喜，但国家的制度原则却在无形中受到冲击。到了后来，湘军气势越来越大，保举之风也便越来越盛，直到泛滥无边的地步。有根本与军营无关、从来只在家种田守屋的人也获得保举，还有未成年的孩子，甚至有根本未出生、预先给他起好一个名字冒领军功牌的。这种事湘军各军营中都普遍存在，尤以老九的吉字营最为厉害。老九以此作为收买人心广结党羽的一个重要手段。同治四年，在江宁打下后的某一天，曾氏与心腹幕僚赵烈文聊天时曾说过，湘军为国家建立了大功，但也为国家遗下了后患。后患之一便是在战争中所被破坏的纲纪难以重建。曾氏为妹夫之弟所开的这个"条子"，其实也是在破坏纲纪。当然，他毕竟是明白人，即便在"玉成"亲戚的时候，也提醒弟弟要注意"分别"对待，以免泛滥到连自己都不可收拾。至于"善观国者，睹贤哲在位，则卜其将兴；见冗员浮杂，则知其将替"，自是千古名言，只不过孰为"贤哲"，孰为"冗员"，却不易分辨！

致沅弟（咸丰八年五月十六日）

沅甫九弟左右：

十三日安五等归，接手书，具悉一切。抚、建各府克复，惟吉安较迟，弟意自不能无介介。然四方围逼，成功亦当在六、七两月耳。

澄侯弟往永丰一带吊各家之丧，均要余作挽联。余挽贺映南之夫人云：柳絮因风，闺内先芬堪继武（姓谢）；麻衣如雪，阶前后嗣总能文。挽胡信贤之母云：元女太姬，祖德溯二千余载；周姜京室，帝梦同九十三龄（胡母九十三岁）。近来精力日减，惟此事尚颇如常。澄弟谓此亦可卜其未遽衰也。

袁漱六之戚郑南乔自松江来，还往年借项二百五十两，具述漱六近状，官声极好，宪眷极渥，学问与书法并大进，江南人仰望甚至，以慰以愧。

杨家滩周俊大兄号少濂，与余同读同考，多年相好。频年先祖、先考妣之丧均来致情。昨来家中，以久试不进，欲投营搏一功名，求荐至吉营。余以功牌可得，途费可赠，保举则不可必。渠若果至吉营，望弟即日填功牌送之，兼送以来往途费。如有机有假，或恰逢克复之日，则望保以从九县丞之类；若无机会，亦不勉强。以全余多年相好。

余昔在军营不妄保举，不乱用钱，是以人心不附，至今以为诟病。近日揣摩风气，一变前志。上次有孙、韩、王之托，此次又有周君之托，盖亦情之不得已者。孙、韩、王三人或保文职亦可，渠辈眼高，久已厌薄千、把也。仙屏在营，弟须优保之，借此以汲引人才。余未能超保次青，使之沉沦下位，至今以为大愧大憾之事。仙屏无论在京在外，皆当有所表见。成章鉴是上等好武官，亦宜优保。

弟之公牍信启，俱大长进。吴子序现在何处？查明见复，并详问其近况。

余身体尚好，惟出汗甚多，三年前虽酷暑而不出汗，今胸口汗珠累累，而肺气日弱，常用惕然。甲三体亦弱甚，医者劝服补剂，余未敢率尔也。弟近日身体健否？

兄国藩手草

再者，人生适意之时，不可多得。弟现在上下交誉，军民咸服，颇称适意，不可错过时会，当尽心竭力，做成一个局面。圣门教人不外敬恕二字，天德王道，彻始彻终，性功事功，俱可包括。余生平于敬字无工夫，是以五十而无所成。至于恕字，在京时亦曾讲求及之。近岁在外，恶人以白眼貌视京官，又因本性倔强，渐近于愎，不知不觉做出许多不恕之事，说出许多不恕之话，至今愧耻无已。弟于恕字颇有工夫，天质胜于阿兄一筹。至于敬字则亦未尝用力，宜从此日致其功，于《论语》之九思、《玉藻》之九容，勉强行之。临之以庄，则下自加敬。习惯自然，久久遂成德器，庶不至徒做一场话说，四十五十而无闻也。兄再行。

评点：人生适意之时不可多得

上次为保举事给老九递了一张条子，这次又递来了一张条子。此人既为曾氏同学，年岁似应相仿，亦是近五十的人了。当年同出一师，而今依旧无尺寸功名，为一功牌、为保举一从九县丞而求老同学，其状也够惨，其情也够悯了。"多年相好"的曾氏，能不为之动容吗？能拒绝他的请求吗？从人情来说，曾氏此条子开得可以理解，但从制度来说，这岂不又是自坏章程？倘若在一年前，曾氏是不会这样做的，这一年来，他自省许多。信上说："余昔在军营，不妄保举，不乱用钱，是以人心不附，至今以为诟病。近日揣摩风会，一变前志。"

"揣摩风会"四字，最堪玩味！一个人要脱离风会，特立独行，其实是很难很难的。举世皆难，在中国更是几乎不可思议，这是因为中国的文化使然。上面所说的这个例子，属于所谓的"窗帘风"。要想根除此种不良之风气，谈何容易！每一个人在其成长奋斗的过程中，都得到过许多人的帮助，其中家人的帮助无疑最大。尤其对于贫寒家庭的人来说，一个人的十年寒窗，甚至是全家人节衣缩食的共同换取，那么当他获得了一官半职的时候，对于曾经帮助过他的人，特别是他的家人的请求援助，他能置之不理吗？自己的良心上说不过去且不提，社会上的舆情也不容许，"六亲不认""忘恩负义""寡情薄义"等等会像潮水般汹涌而至，足以将一个人淹没掉。故而，当年有不少新科进士并不望考中翰林，而是希望分发到州县去做百里侯。翰林清贵，许多人都向往，为什么他们不想？原来，翰林散馆之后，通常都是留在翰林院。翰林院是一个档次相当高的机构，人员也极有限，不够资格的人是不可能进去的。散馆之后也会有极少数人分配在六部做低级京官，这种小京官不过办事员而已，并没有什么权力。故无论在翰苑，还是在六部，有一个共同点便是都不可能安置私人。做县令则大不一样。百里之内，县令便是土皇帝，一切都是他说了算，什么档次的私人他都可以安排：文化程度高的，可以做师爷书吏；一字不识的，也可以安排做更夫做伙夫做马夫，混碗饭吃是绰绰有余的。曾氏当年离家赴京前夕，其舅父说："外甥做外官，阿舅来作烧火夫也。"说的正是这个现象。曾氏未做外官，故其舅父想做烧火夫都做不成，连妹夫千里迢迢亲到京师，想通过内兄之力谋点事做，也办不到。乘兴而来，扫兴而归，几年后居然在贫病之中去世了！

对于这个舅舅和妹妹来说，做官发迹了的曾氏对他们无丝毫帮助，心中的埋怨是可想而知的。做州官县令可以安置私人，倘若自己拉队伍树旗杆，则更可以大量收容四邻乡亲。俗话说当兵吃粮，当兵的目的乃在于吃粮。对于十之八九的兵丁来说，投军原本就没有什么政治目的，有饱饭吃，才是他们的第一推动力；若是能立功受赏、发财升官，则是命大。当年湖湘大地之所以有诸多热心且有力量的人筹办团练，又有那么多人踊跃投奔，其原因多半在这里。曾氏却要特立独行。他对军营要求严格，当官的要有血性和能力，普通勇丁也要是朴实农夫，不符合条件的，即便是亲戚也不接收。在保举上，他也照章办事，不徇私情，不开后门。别人既不能从他那里得到分外的好处，当然也便不格外感激他，故而"人心不附"。

他认识到了自己的"过分"，决心予以补救，但他已不在军营，遂要求九弟来帮自己弥补。

点评到这里，笔者也经不住感叹起来：在中国，真正要做一个一尘不染的清官，可能吗？

此信后补的这一段"再者"，实在是一段极好的文字。其精意在于抓住有利时机，尽最大力量把事情做好做到位，做得心无遗憾。曾氏年近天命，经历丰富，又极好思索，他所说的"人生适意之时不可多得"，的确是一句阅历之言。这句当年说给九弟听的肺腑之声，今天仍值得我们十分重视，切不可轻视淡漠。

我们细细想一想，一个人即便活到八十岁的高寿，真正干事业的年华也不多。二十五岁以前读书求学位，六十岁以后退休颐养天年，做事的时间只有三十五年；三十五年中前些年还得有一个选择、磨合、熟练的过程，少则五年多则十年，剩下不过二十余年了。这二十余年里会遇到多少困难、失败、折腾、坎坷，真正适意的时候，必定是天时、地利、人和三者俱全的时候。这样的时候就真是太有限了，许多人一辈子也可能遭遇不到。常言说：时来天地皆同力。这个时候，好比开顺风船，好比行康庄道，好比逢及时雨，好比饮自来泉，如同四面八方、天地人间都在帮衬着你，支持着你。平时三分力才能做一分事，如今是一分力做三分事。若抓紧这个机遇，则可以做出平时难以做成的事，尤其难得的是，还可以借此打开一个局面，今后即便各种有利因素有所减弱，仍可以凭借着已打开的局面维持较好的状况。

曾氏告诫九弟，自我方面的把握在于尽心竭力，尽心竭力当着重在"敬""恕"二字上下功夫。

什么是敬？古人解释曰：慎也，不敢慢也。指的是待人接物的态度：谨慎，认真，重视，不苟且等等。道光二十四年，曾国藩为自己的修身立下五个方面的规矩，其一为"居敬"。《居敬箴》中有这样几句话："女之不庄，伐生戕性。谁人可慢？何事可弛？弛事者无成，慢人者反尔。"庄重，则可卫生葆性，松弛则办事不成；慢待别人，别人也将慢待你。

晚年，他又对儿子详释"敬"字的内容："内而专静纯一，外而整齐严肃，敬之工夫也；出门如见大宾，使民如承大祭，敬之气象也；修己以安百姓，笃恭而天下平，敬之效验也。"甚至认为，人的"聪明睿智，皆由此出"。曾氏一生诚奉"敬"字：谨慎持重整肃端庄。他希望弟弟也能借此修身。

"恕"即宽恕，是一种人际关系的处置态度。它的表现形式是宽厚、宽容。它的原则是设身处地推己及人：己所不欲勿施于人，己欲立而立人，己欲达而达人。它的理论内核是"仁"。儒家学说将它视为美德。曾氏认为自己性格褊急，不能容物，于孔门恕道有所亏欠。信里的话与其说是勉励弟弟以恕待人，不如说是在检讨自己往日于此的不足之处。

致沅弟（咸丰八年六月初四日）

沅甫九弟左右：

初一日专人至吉营送信。初二夜接弟来信，论敬字义甚详，兼及省中奏请援浙事，劝余起复。是日未刻，郭意城来家述此事，骆中丞业出奏矣。初三日接奉廷寄，饬即赴浙办理军务，与骆奏适相符合。骆奏二十五日发，寄谕二十一日自京发也。

圣恩高厚，令臣下得守年余之丧，又令起复，以免避事之责，感激之忱，匪言可喻。兹定于初七日起程，至县停一日，至省停二三日。恐驿路迂远，拟由平江、义宁以至吴城。其张运兰、萧启江诸军，约至河口会齐。将来克复吉安以后，弟所带吉字营，即由吉东行至常山等处相会。先大夫少时在南岳烧香，抽得一签云："双珠齐入手，光彩耀杭州。"先大夫尝语余云："吾诸子当有二人官浙。"今吾与弟赴浙剿贼，或已兆于五十年以前乎？

此次之出，约旨卑思，脚踏实地，但求精而不求阔。目前张、萧二军及弟与次青四军已不下万人，又拟抬船过常、玉二山，略带水师千余人，足敷剿办矣。此外在江各军，有饷则再添，无饷则不添，望弟为我斟酌商办。办文案者，彭椿年最为好手。现请意城送我至吴城，或至玉山，公牍私函意城均可料理。请仙屏即日回奉新，至吴城与我相会。其彭椿年、王福二人，弟随留一人，酌派一人来兄处当差，亦至吴城相会。余若出大道，则由武昌下湖口以至河口；若出捷径，则由义宁、吴城以至河口。许、彭等至吴城，声息自易通也。应办事宜及往年不合之处应行改弦者，弟一一熟思，详书告我。

顺问近好。

评点：由程朱到申韩到黄老

终于再度出山了！若说一年多前，曾氏刚刚回家守丧时，其内心深处"夺情办公"和"在籍守丧"的意愿尚各占一半的话，那么对于这次下达的谕旨，曾氏再也没有多说一个字，他是一心一意、不折不扣地夺情以奉王事了，甚至可以说，他早就在巴望着这道圣旨了。初三接旨，初七起程，动作何其快，心情何其急！这次朝廷也仅仅只是叫他带兵援浙，并没给他督抚方面大权，也没有许以其他特别优越的条件。曾氏为何不再争了？为何这样急不可耐地奔赴前线？让我们来细细地说一说。

前面说过，曾氏有一个很要好的朋友，名叫欧阳兆熊。道光十七年中举，第二年与曾氏结伴赴京会试。曾氏此番高中，而欧阳兆熊却落第。后二人同寓京师万顺客店，曾氏肺病发作，病势沉重，几于不治。欧阳略懂医术，为他延医抓药熬药，精心照顾三个月，曾氏终于痊愈。曾氏从此与欧阳结为布衣之交。后来，欧阳始终未中进士，一直在湖南做县级学官，偶尔也到曾氏军营中做客，曾优礼以待。同治年间，曾氏兄弟开金陵书局刻《船山遗书》，欧阳襄助其事。欧阳对曾知之其深。他在所著《水窗春呓》中，有一篇题为《一生三变》的文章。笔者以为，这是众多研究曾氏的材料中最值得重视的一份。文中说："文正一生凡三变……其学问初为翰林词赋，既与唐镜海太常游，究心儒先语录。后又为六书之学，博览乾嘉训诂诸书，而不以宋人注经为然。在京官时，以程朱为依归，至出而办理团练军务，又变而申韩。尝自称欲著《挺经》，言其刚也。咸丰七年，在江西军中丁外艰，闻讣奏报后，即奔丧回籍，朝议颇不为然。左恪靖在骆文忠幕中，肆口诋毁，一时哗然和之，文正亦内疚于心，得不寐之疾。余荐曹镜初诊之，言其岐黄可医身病，黄老可医心病，盖欲以黄老讽之也……此次出山后，一以柔道行之，以至成此巨功，毫无沾沾自喜之色。"

细玩这篇文章，所谓一生凡三变，指的是从辞赋之学变为程朱之学，此为第一变；再从程朱之学变为申韩之学即法家，此为第二变；后从申韩之学变为黄老之学即道家，此为第三变。欧阳拈出的这三变，真可谓对曾氏生平轨迹的一个既简练又深刻而准确的概括。

由翰林词赋变为程朱之学的这个转变，我们在点评曾氏初到京师的那几年给诸弟的信中已看得很清楚；至于第二个转变，我们可以抄录一段曾氏奉旨办团练之初所上奏折中的几句话来佐证："盖缘近年有司亦深知会匪之不可遏，特不欲其祸自我而发，相与掩饰弥缝，以苟且一日之安，积数十年应办不办之案而任其延宕，积数十年应杀不杀之人而任其横行，遂以酿成目今之巨寇。今乡里无赖之民，嚣然而不靖，彼见夫往年命案、盗案之首犯逍遥于法外，又见夫近年粤匪、土匪之肆行皆猖獗而莫制，遂以法律不足凭，官长不足畏也。平居造作谣言，煽惑人心，白日抢劫，毫无忌惮。若非严刑峻法，痛加诛戮，必无以折其不逞之志，而销其逆乱之萌。臣之愚见，欲纯用重典以锄强暴，但愿良民有安生之日，即臣身得残忍严酷之名亦不敢辞；但愿通省无不破之案，即剿办有棘手万难之处亦不敢辞。"只求目标达到，不择手段，不计后果，活脱脱的一个申不害再世、韩非复出！"曾剃头"，便是他这段时期所得到的社会反馈。

而这第三变，正是出现在守父丧期间。作为深谙曾氏为人处世态度的欧阳，知道此时他的病是身病、心病兼而有之。身病可医之以岐黄，而心病则须医之以黄老。正是黄老之术拯救了曾氏，将他从精神困境中解脱出来。

我们在前面的评点中谈到曾氏反思以往的话。就在四天前给老九的信里，曾氏还说："近日天气炎热，余心绪尤劣，愧恨交集。每中夜起立，不得相见一为倾吐。"可见他当时处于"变"中的心态。

我们也来抄录曾氏的两段日记，看看他转变后的黄老心境："静中细思古今亿万年无有穷期，人生其间数十寒暑，仅须臾耳；大地数万里不可纪极，人于其中寝处游息，昼仅一室耳，夜仅一榻耳。古人书籍，近人著述，浩如烟海，人生目光之所能及者，不过九牛之一毛耳。事变万端，美名百途，人生才力之所能办者，不过太仓之一粒耳。知天之长而吾所历者短，则遇忧患横逆之来，当少忍以待其定；知地之大而吾所居者小，则遇荣利争夺之境，当退让以守其雌；知书籍之多而吾所见者寡，则不敢以一得自喜，而当思择善而约守之；知事变之多而吾所办者少，则不敢以功名自矜，而当思举贤而共图之。夫如是，则自私自满之见可渐渐蠲除矣。""因九弟有'事求可、功求成'之念，不免代天主张，与之言老庄自然之趣，嘱其游心虚静之域。"

欧阳认为，曾氏后来之所以成就巨功，靠的就是这种黄老之学。曾氏自己也曾多次对人谈到这段时期的转变，将它称之为大愧大悔、大彻大悟。可见，居父丧这一年多对他精神境界的提高和事业名望的成就所起的巨大作用。

就笔者看来，这第三变的确是曾氏整个人生链条中至为重要的一环。它的重要性，不仅仅在于让曾氏获取了成功，更大的意义是有了这一环，曾氏就成为传统中国文化的最后一个集大成者，甚至可以说，曾氏本人就是中国传统文化的缩影。他给后人的启迪性和昭示性就将不穷不竭、常省常新。倘若缺了这一环，他就不可能是一百多年来士人眼中的曾文正公，而只能是一个做过大事获得高位的能干人；至于这种能干人，在五千年中国文明史上，是成百上千数不胜数的。

中国的传统文化是一个博大精深、包罗万象的智慧宝库。由于儒家学说长期以来占据着统治地位，不少人将中国文化与儒家学说等同起来，其实这是一个大误区。至少，儒、道、法三家是鼎足而立的，还有阴阳、纵横、术数、禅等等，其重要性都不可忽视。对这些主要的学说都能明了，并将其中的精华恰到好处地运用在不同的时候、不同的事情上，才可以称得上一个完整意义的中国文化的掌握者。曾氏的成功，正是将儒、道、法运用自如后的结果。倘若没有早年京师程朱理学的修炼，他的操守定力及人格感召力源于何处？倘若没有申韩的严峻与手腕，数十万虎狼湘军如何驾驭？倘若没有黄老之学的参悟，很可能在复出之后不久便会再次铩羽而归，以至于愁肠百结，郁闷自戕！

下面我们再来说说此次曾氏复出的背景。

随着湘军水陆二师在江西战场上的连连得手，咸丰八年二月，石达开率部撤离江西，由饶州、广信一带转入浙江，很快便攻占常州、江山等地，并向衢州发起围攻。浙江乃富庶之区，历来是粮饷的重要供应之地。浙江的局面，令朝廷和湘军首领们担忧。

这时，有个很有见识的御史李鹤年上奏，请求朝廷速命曾国藩复出，带领旧部援救浙江。在此之前，朝廷原本是调绿营将领提督衔总兵周天受任浙江援军统领的，但因资望浅，不足以服湘军之众，于是改调钦差大臣、江宁将军满人和春，恰遇和春生病，不能就任。朝廷苦于一时找不到合适的统领，李鹤年的奏请恰逢其时，咸丰帝立即允准。五月二十一日，颁发上谕："东南大局攸关，必须声威素著之大员督率各军，方能措置裕如。曾国藩开缺回籍，计将服阕……前谕耆龄饬令萧启江、张运兰、王开化等驰援浙江，该员等系曾国藩旧部，所带勇丁，待曾国藩调遣，可期得力。本日已明降谕旨，令曾国藩驰驿前往浙江办理军务。"

与此同时，湖南巡抚骆秉章在与左宗棠、胡林翼等人商量后也向朝廷上了一道请曾氏复出折，其理由与李鹤年同："现在援江各军将领，均前侍郎曾国藩所深知之人，非其同乡，即其旧部，若令其统带赴浙，则将士一心，于大局必有所济。"并同意每月由湖南湖北两省各筹饷银二万两。这道奏折也很快地得到咸丰帝的嘉奖。

曾氏正处在日夜反思检讨、痛悔因失误而造成自己创业别人立功的难堪局面，深恐军事进展快速，不日将下江宁获全胜，欲作补救都已来不及的时候，突然天降一个这么好的机会，他怎能不欣喜，不抓紧？何况，经愧悔而彻悟、已进入黄老之门的曾氏，也已经意识到先前那种怨天尤人、伸手要官要权的做法亦不妥当。就这样，谕旨一旦到达黄金堂，他便精神立振，忡忡之症瞬间消失。按礼制，他还有一年多的丧期；论职守，他依然只是虚悬客寄。所有这些，现在他统统都不再提了。

浙江之行，还给他带来另一层欣喜，那便是他记得其父对他说过一桩旧事。

曾国藩家书

157

他父亲少时在南岳烧香抽签，抽得的签文为"双珠齐入手，光彩耀杭州"。这两句签文模糊含混，可以做多种解释，相信少年时的竹亭公看到签文时的第一想法绝不会是"吾诸子当有二人官浙"，而首先想到的会是自身。只是在许多年后对自身的发达彻底绝望后，才将这句模糊的签文与儿子的前程联系起来。然而曾氏却很高兴，他将"双珠"明确地定在他与老九的身上，相信此行必定是成功的。毫无疑问，曾氏是个头脑清醒、脚踏实地的人。但在这里，我们看到的却是另外的一种心态。晚年的曾氏还说过"不信书，信运气，公之言，传万世"的话，作为名言，此话流传甚广。究竟如何理解这种看似矛盾的现象呢？这个问题且留待以后再来评说，现在言归正传。

诸多因素加在一起，曾氏一改咸丰二年与咸丰七年两次对谕旨的谢绝与讨价还价，奉旨三天后便启程。一面调兵遣将，一面遍拜长沙官场，以弥补先前不与官场相通问的大缺陷。一年前，他匆忙丢掉江西战场那个烂摊子奔丧回家，湖南官场一片哗然，纷纷指责，尤以左宗棠的肆口漫骂，令他既愧又憾。皈依黄老后的曾氏，不再计较昔日的怨隙，放下卿贰大臣的架子，亲自到左宗棠家，去看望这个心高气傲的布衣师爷，并请左以篆体书写自己所拟的"敬胜怠，义胜欲；知其雄，守其雌"的对联，以示捐弃前嫌，不念旧恶，愿与左友好如初。曾氏这一番转变果然收效显著，长沙官场也因此宽恕了他，每月二万饷银源源不断地从湖南解往前线，给予复出的曾氏以强有力的资助。曾氏与太平军一较长短的事业，从此走上了坦途。

谕纪泽（咸丰八年七月二十一日）

字谕纪泽儿：

余此次出门，略载日记，即将日记封每次家信中。闻林文忠家书，即系如此办法。尔在省，仅至丁、左两家，余不轻出，足慰远怀。

读书之法，看、读、写、作，四者每日不可缺一。看者，如尔去年看《史记》《汉书》韩文、《近思录》，今年看《周易折中》之类是也。读者，如《四书》《诗》《书》《易经》《左传》诸经，《昭明文选》、李杜韩苏之诗、韩欧曾王之文，非高声朗诵则不能得其雄伟之概，非密咏恬吟则不能探其深远之韵。譬之富家居积，看书则在外贸易，获利三倍者也，读书则在家慎守，不轻花费者也；譬之兵家战争，看书则攻城略地，开拓土宇者也，读书则深沟坚垒，得地能守者也。看书如子夏之"日知所亡"相近，读书与"无忘所能"相近，二者不可偏废。至于写字，真行篆隶，尔颇好之，切不可间断一日。既要求好，又要求快。余生平因作字迟钝，吃亏不少。尔须力求敏捷，每日能作楷书一万则几矣。至于作诸文，亦宜在二三十岁立定规模；过三十后，则长进极难。作四书文，作试帖诗，作律赋，作古今体诗，作古文，作骈体文，数者不可不一一讲求，一一试为之。少年不可怕丑，须有狂者进取之趣，此时不试为之，则后此弥不肯为矣。

至于作人之道，圣贤千言万语，大抵不外"敬恕"二字。"仲弓问仁"一章，言敬恕最为亲切。自此以外，如立则见参于前也，在舆则见其倚于衡也；君子无众寡，无小大，无敢慢，斯为泰而不骄；正其衣冠，俨然人望而畏，斯为威而不猛。是皆言敬之最好下手者。孔言欲立立人，欲达达人；孟言行有不得，反求诸己。以仁存心，以礼存心，有终身之忧，无一朝之患。是皆言恕之最好下手者。尔心境明白，于恕字或易著功，敬字则宜勉强行之。此立德之基，不可不谨。

科场在即，亦宜保养身体。余在外平安，不多及。

涤生手谕（舟次樵舍，下去江西省城八十里）

再，此次日记，已封入澄侯叔函中寄至家矣。余自十二至湖口，十九夜五更开船晋江西省，二十一申刻即至章门。余不多及。又示。

评点：读书之法与做人之道

曾氏在此信中提出读书的四字诀，即看、读、写、作。

看，即我们通常所说的阅览。读，即高声朗诵。曾氏认为，读史书、子书，宜用"看"。因为"看"可速度快些，可做到在短时间内多接触些必须阅览的书，即所谓博览群籍，泛舟书海。对于经典之作，对于诗文词赋，则宜用"读"，要高声朗诵，慢吟长叹。这样，方可在抑扬顿挫的朗读声中，领略其雄伟之气势，深远之韵味，并进而熟记于胸，随口可背。为了说明这二者之间的关系，他一连打了三个比喻。一比之为赚钱，"看"如同在外做生意获大利；"读"如同在家慎守财产，不让它随便花费了。二比之为打仗。"看"好比一鼓作气，攻城略地；"读"好比守住所得的战利品。三比之为获取知识。"看"如同子夏所说的每天知晓自己所不曾知道的，因而努力求知；"读"也如同子夏所说的，每日温习功课，不让所学的忘记了。一句话，"看"好比快速地大量地猎获，"读"好比谨慎地稳固地保守。

写，即写字。曾氏自认写字写得慢，不能适应某些场合，故而要求儿子能练就一手又快又好的字。曾氏有个特点，即自己所短处，若别人恰有此长的话，他便特别看重此人；不像有些人，恰恰相反，要抑人之长来显示自己所短的并不是短。

举个例子来说吧。曾氏幕府中有个名叫罗伯宜的秀才，此人没有别的长处，就是字写得又快又好，每天可誊抄一万二千个楷书，晚上还有兴致跟别人下围棋。曾氏很赏识他，也发给他三十两银子的月薪，跟那些拟书牍奏稿的幕僚一样的待遇。

相反的也有个例子。左宗棠出身举人而非进士，他后来做了总督，接见属官，先看履历，凡进士出身的一律排后，先接见举人出身的，并多次对着下属发表他的举人优于进士的高论。他的理论是：进士在未中之前一心读应试文，没有真学问；中后即去做官，再也没有时间去获取真学问了。举人则不然，中举后他有很宽松的环境去求取真才实学，而后来之所以能做官，也不是仗功名而是仗本事。故举人出身的官强过进士出身的官。世人都不能接受他这个"妙"论，知道他无非是借此护自己出身不过硬的短罢了。

作，即作诗文，各种类型的诗文都要练习做，不可因做不好而止步。说到这里，曾氏给儿子讲了两个极为重要的人生阅历。

一是"少年不可怕丑，须有狂者进取之趣"。一个人在少年时要有志向有抱负，志向和抱负都不妨取大取远些，甚至狂妄点都不要紧。这是为什么呢？因为人之作为到底会有多大，前程到底会有多远，谁都不可能预料，它将会受到日后各方面因素的制约。此时宜作高远宏伟的设想，从而促使自己为达到此目标而付出更大的努力。古话说："取法乎上，仅得其中；取法乎中，仅得其下。"这就是说，制约的因素将有可能对预先的设计打折扣。那么"取法乎上上"呢，也许有可能"得其上"。苟如此，岂不甚好？所以少年时代不妨做一个狂者；有进取心的狂者，远胜无大志的规矩孩子。人们常说"上帝原谅年轻人的过错"。就是说，年轻人缺乏经验，犯错误可以原谅。社会既然对年轻人有这种宽容，为何不充分利用这种宽容来为自我价值的实现做一番拼搏？纵然失败了，还可以再干；纵然可笑，也让别人笑去。"丑"对年轻人不可怕。"初生牛犊不怕虎"，许多有识的年轻人就是凭此种不怕丑的精神做出了超越常规的业绩，令长者感到后生可畏。社会的宽容是有限度的，人到了中年后，便会逐渐感觉到四周的苛刻，也便不想在此种氛围中再"丢人现眼"了。从另一面来看，此人也便从此锁定在这个层面上，难于有大的超越了。

二是"作诸文，亦宜在二三十岁立定规模，过三十后则长进极难"。曾氏的意思是诗文创作须在三十岁之前奠定基础，打好大的框架，如果这一步在三十岁之前没有走好，日后要想有超过常人的成就很难。这话很有道理。曾氏号称诗文高手，他所创立的湘乡文派，在近代文学史上自有其不可否定的地位。来到京师不久，他就以诗文引起京师文坛的注意，而他的诗文创作的业绩，也在为他结交朋友提高知名度方面帮了大忙。他曾说过："吾作诗最短于七律，他体皆有心得，惜京都无人可与畅语者。"当时，著名学者邵蕙西劝他编明文选本。这些都说明曾氏的诗文已有了相当的地位，那时，他也不过三十出头。衡之古来诗文大家，除开一个"苏老泉，二十七，始发奋"外，再没有第二人是在三十岁以后再努力而成大名的，更多的倒是少年早慧，十多岁二十来岁便文名远播，如贾谊、王勃、李贺等等。

作诗文与作学术研究有不同。诗文尤其是诗，更多地偏向于艺术方面。作为艺术，它需要天分，需要感觉，具体地说需要语感。天分要靠早期开发，语感要靠小时培养。所有这些，都立足于一个"早"字，而且也可以在早期便出成果。

至于学术研究，积累功夫更显得重要，还要深思熟虑，探微抉隐，故而不到一定时候难以见成效。

这就是为什么诗文方面的少年天才层出不穷，而像王弼那样的学术上的天才少年古今罕见的原因。

谕纪泽（咸丰八年八月初三日）

字谕纪泽：

八月一日，刘曾撰来营，接尔第二号信并薛晓帆信，得悉家中四宅平安，至以为慰。

汝读《四书》无甚心得，由不能虚心涵泳，切己体察。朱子教人读书之法，此二语最为精当。尔现读《离娄》，即如《离娄》首章"上无道揆，下无法守"，吾往年读之，亦无甚警惕。近岁在外办事，乃知上之人必揆诸道，下之人必守乎法。若人人以道揆自许，从心而不从法，则下凌上矣。"爱人不亲"章，往年读之，不甚隶切。近岁阅历日久，乃知治人不治者，智不足也。此切己体察之一端也。"涵泳"二字，最不易识，余尝以意测之，曰：涵者，如春雨之润花，如清渠之溉稻。雨之润花，过小则难透，过大则离披，适中则涵濡而滋液；清渠之溉稻，过小则枯槁，过多则伤涝，适中则涵养而浡兴。泳者，如鱼之游水，如人之濯足。程子谓鱼跃于渊，活泼泼地；庄子言濠梁观鱼，安知非乐？此鱼水之快也。左太冲有"濯足万里流"之句，苏子瞻有夜卧濯足诗，有浴罢诗，亦人性乐水者之一快也。善读书者，须视书如水，而视此心如花如稻如鱼如濯足，则"涵泳"二字，庶可得之于意言之表。尔读书易于解说文义，却不甚能深入，可就朱子涵泳体察二语悉心求之。

邹叔明新刊地图甚好。余寄书左季翁，托购致十副。尔收得后，可好藏之。薛晓帆银百两宜璧还。余有复信，可并交季翁也。此嘱。

父涤生字

评点：读书宜体察涵泳

曾氏将朱熹的读书方法以亲切晓畅的语言转授给儿子，这方法一曰切己体察，二曰虚心涵泳。

切己体察，就是联系自身去体会书中的话。他以儿子近日所读的《四书》为例。《孟子·离娄》的第一段说："孟子曰：离娄之明，公输子之巧，不以规矩，不能成方圆。师旷之聪，不以六律，不能正五音。尧舜之道，不以仁政，不能平治天下……是以惟仁者宜在高位。不仁而在高位，是播其恶于众也。上无道揆也，下无法守也。朝不信道，工不信度，君子犯义，小人犯刑，国之所存者幸也。"孟子这段话说的是仁政和法规的重要。倘若处于上位的没有道德规范，下层百姓没有法规约束，则国家就会乱套。曾氏说，他过去读孟子这段话时，体会不深，这些年来作为湘军的统帅，已处于领袖的位置，亦即上位。实践让他明白，处上位的必须在"道"的指导下，制定出合适的法规，而处于下位的只能遵循法规去办事，假若人人都自以为是"道"的掌握者，只服从自我而不服从法规的话，军队就无法形成一个有战斗力的团体。结合自身的体会，曾氏对少时就读过的"上无道揆，下无法守"领会得就更为深切了。

又如此章的第四段。孟子说："爱人不亲，反其仁。治人不治，反其智。礼人不答，反其敬。行有不得者，皆反求诸己，其身正而天下归之。"这是一段名言，意为别人不能理解自己时，不要责备别人，而要从自身上寻找原因。过去曾氏也体会不深，做了统帅后他才明白，不能有效地管理别人，乃自己智慧不足的缘故。他以通过自己的亲身体验来深刻领悟圣人说教的例子，生动说明切己体察实为读书明理的一个重要方法。

朱熹所说的"涵泳"二字如何理解呢？曾氏又连用几个比喻来深入浅出地

对儿子加以阐释。笔者体会曾氏的意思，涵也好，泳也好，都是将圣贤所说的比做雨水，而将求知者的心比做承受其滋润洗涤的物体：花、稻、鱼、足等等。花、鱼等物对于雨水而言，一是欣然接受，置身其中，二是赖以而得生存得快乐。雨水对花、鱼而言，则宜适中而不过度，让承受物只得其利而不受其害。具体地说，曾氏希望儿子在读书时以轻松愉悦的享受心态去接受圣贤之教，而不要把读书视为苦事难事，从而生出厌烦甚至抵触的情绪来。

曾氏一向不主张儿子死记硬背，也不要他一天到晚埋首书斋，而是常劝他多出门饱看山水，兼做点培植花木的事以调节生活，让一颗心活泼泼的。依笔者之见，这便是曾氏所理解的读书之"涵泳"心态。

致诸弟（咸丰八年十一月二十三日）

澄侯、沅甫、季洪老弟左右：

十七日接澄弟初二日信，十八日接澄弟初五日信，敬悉一切。三河败挫之信，初五日家中尚无确耗，且县城之内毫无所闻，亦极奇矣。

九弟于二十二日在湖口发信，至今未再接信，实深悬系。幸接希庵信，言九弟至汉口后有书与渠，且专人至桐城、三河访寻下落，余始知沅甫弟安抵汉口，而久无来信，则不解何故。岂余近日别有过失，沅弟心不以为然耶？当此初闻三河凶报、手足急难之际，即有微失，亦当将皖中各事详细示我。

今年四月，刘昌储在我家请乩。乩初到，即判曰："赋得偃武修文，得闲字（字谜败字）。"余方讶败字不知何指。乩判曰："为九江言之也，不可喜也。"余又讶九江初克，气机正盛，不知何所为而云，然乩又判曰："为天下，即为曾宅言之。"由今观之，三河之挫，六弟之变，正与"不可喜也"四字相应。岂非数皆前定耶？

然祸福由天主之，善恶由人主之。由天主者无可如何，只得听之；由人主者，尽得一分算一分，撑得一日算一日。吾兄弟断不可不洗心涤虑，以求力挽家运。

第一，贵兄弟和睦。去年兄弟不和，以致今冬三河之变。嗣后兄弟当以去年为戒。凡吾有过失，澄、沅、洪三弟各进箴规之言，余必力为惩改；三弟有过，亦当互相箴规而惩改之。

第二，贵体孝道。推祖父母之爱以爱叔父，推父母之爱以爱温弟之妻妾儿女及兰、蕙二家。又，父母坟域必须改葬，请沅弟作主，澄弟不可过执。

第三，要实行勤俭二字。内间妯娌不可多写铺账，后辈诸儿须走路，不可坐轿骑马，诸女莫太懒，宜学烧茶煮菜。书、蔬、鱼、猪，一家之生气；少睡多做，一人之生气。勤者生动之气，俭者收敛之气。有此二字，家运断无不兴之理。余去年在家，未将此二字切实做工夫，至今愧憾，是以谆谆言之。

评点：祸福由天善恶由人

十月初十日，湘军六千多人战死于三河，其中大部分人为湘乡籍。安徽三河镇距湖南湘乡县城不过一千余里，将近一个月了，湘乡县里的人居然还不知道。这在今天看来简直是不可思议的事情，而在一百五十年前，却是真实地存在着。

曾氏此信中说的扶乩一事的确奇怪。"赋得偃武修文，得闲字"，表面上看来是在出考试的诗题，其实这是一个字谜。"偃武"即去掉"武"，"修文"即加上"文"。"赋"字去"武"而加"文"岂不是"败"字？"败"应在哪里？第一次说是九江，第二次把范围扩大，泛指普天之下，但又明确地指出发生在曾家。表面看来，此乩真神了；其实，往深层次去想一想，也就释然了。

"打仗"是曾氏脑中的第一大事，打仗有输有赢，所谓"胜败兵家常事也"，说"败"是一定可以应的。第一次的"九江"，显然是说错了，再改口泛指天下，则便万无一失了。天下的军事皆与曾氏有关，所以"即为曾宅言之"，是完全可以讲得通的。故而此乩不能说"神"，只能说扶乩者聪明圆滑。然而"聪明圆滑"正是吃这门饭的人所具备的必要条件，不足奇也。

但处在三河惨败悲痛中的曾氏却完全相信，或者更确切地说，他是需要这种"数皆前定"来减轻心中的巨大痛苦。好在曾氏毕竟明智，他知道祸福虽然是由天所主宰的，但为善为恶却是由人决定的，而为善为恶亦可以影响"家运"，故而他重申前次信上所说的和睦、勤俭。曾氏认为家运取决于家中气象，家中气象主要有两种：生气——生动之气、敛气——收敛之气。家运本是一个抽象的概念，经过曾氏这样一叙说，抽象就变为具体了：读书、种菜、喂猪、养鱼、少睡、多做、多走动、不坐轿骑马、不铺张、不浪费、不奢华等等。化抽象为具体，化概念为实物，将远大的目标落实到桩桩件件小事上，这是曾氏家教的特点，也是曾氏家教易为子弟所接受的原因之所在。

致诸弟（咸丰八年十二月十六日）

澄侯、沅甫、季洪老弟左右：

十五日接澄、沅冬月二十九、三十两函，得悉叔父大人于二十七日患病，有似中风之象。

吾家自道光元年即处顺境，历三十余年，均极平安。自咸丰年来，每遇得意之时，即有失意之事相随而至。壬子科，余典试江西，请假归省，即闻先太夫人之讣。甲寅冬，余克武汉田家镇，声名鼎盛，腊月二十五甫奉黄马褂之赏，是夜即大败，衣服文卷荡然无存。六年之冬、七年之春，兄弟三人督师于外，瑞州合围之时，气象甚好，旋即遭先大夫之丧。今年九弟克复吉安，誉望极隆，十月初七接到知府道衔谕旨，初十即有温弟三河之变。此四事者，皆吉凶同域，忧喜并时，殊不可解。现在家中尚未妄动，妥慎之至。余在此则不免皇皇。所寄各处之信，皆言温弟业经殉节矣，究欠妥慎，幸尚未入奏。将来拟俟湖北奏报后，再行具疏也。家中亦俟奏报到日乃有举动，诸弟老成之见，贤于我矣。

叔父大人之病，不知近状何如？兹专法六归，送鹿茸一架，即沅弟前此送我者。此物补精血远胜他药，或者有济。

迪公、筱石之尸，业经收觅，而六弟无之，尚有一线生理。若其同尽，则六弟遗骸必去迪不远也。意者其已逃出，如潘兆奎；或暂降，如葛原五乎？家中分用钱项，澄弟意待各炊时再说，余亦无成见，听弟主张可也。沅弟信言家庭不可说利害话，此言精当之至，足抵万金。余生平在家在外，行事尚不十分悖谬，惟说些利害话，至今悔憾无极。

评点：得意之时与失意之事

六弟之死，给曾氏创痛甚深，闻讣已两个月了，他仍不时想起此事，心情很是沉重。他回想三十年来，家里每到得意之时，便有失意之事跟着而来，并列举四个例子予以印证。

中国古代的哲人早就看到了这种得失相随、祸福相倚的人类社会现象。"塞翁失马"的寓言，"祸兮福所倚，福兮祸所伏"的名句，揭示的正是这种现象。正因为它的普遍性，故而格外受到人们的重视。人们研究它的目的，无非是为了避祸趋福，多处得意之时，少遇失意之事。曾氏此刻给家人絮絮叨叨地叙说往事，其用意无疑是在告诉家人，得失相随这个普遍存在的现象在曾家表现得很突出，要引起众人的高度重视。依笔者之见，这"高度重视"至少包括两层内容：一、此次失意之事过后，家中会有得意之时的到来，大家不要太悲伤太失望；二、今后家中遇到得意之时，要加倍警惕，切实防止失意之事的接踵而来。

六千湘勇的覆灭，对整个湘军，尤其是对湘乡无疑如天崩地裂。失去亲人的家庭，悲痛之外也有恼恨，他们恼恨的是统领无能。倘若这支军队的主要统领和大多数的士兵一样地都死了，其家属的心理会略觉平衡些。第一号统领李续宾已死，其他几个负重要责任的将领也同时战死。尽管从兄弟情谊上来说，曾氏希望六弟能侥幸逃脱此难，但作为湘军的最高统帅，曾国华死在战场上，他所承受的压力便要减轻许多。故在曾氏的心灵深处，此刻他倒是希望六弟已死，他最不愿意看到的是六弟如葛原五似的"暂降"。六千多人都已死了，作为统领之一的曾国华却去投降，虽留下了一条命，但曾氏的脸面却要扫地以尽。

所以，在没有寻到曾国华尸体的时候，对于老六的生死之测，身在建昌军营的曾氏与湘乡老家的诸弟便有了截然不同的两种态度：曾氏寄各处之信，皆言老六已死在战场，但老家的亲人们实在不愿意老六就这样去了，他们始终抱一线希望，家中未曾有任何举动。面对着诸弟的态度，存有私念的大哥不免感到惭愧，只能赞成家中的处置态度。

致诸弟 （咸丰九年三月十三日）

澄、沅、季三位老弟左右：

温弟忠樣初三自黄州开行，尚未到省，殊深系念。纪寿侄既奉恩旨交吏部带领引见，其叔父大人诰封，仍当咨部恭领诰轴。盖第二次谕旨中有"着再加恩"字样，再字即承前次诰封之旨言之也。请谥一节，不敢再渎矣。

澄弟信中变格谶语之说，兄早虑及之。七年闰五月十七初得谕旨时，正在白玉堂拆阅，叔父欲将此四字悬匾槽门，余不甚愿，亦未免中有所忌。然此等大事，冥冥中有主之者，皆已安排早定。若兄则久已自命为癞头牙子，与其偷生而丛疑谤，又不如得所而泯悔憾耳。

沅弟问克复景镇作何调遣，目下镇贼狡悍，似难遽克，既克之后，如湖南渐安，萧军复来，则当全力以规皖南；如湖南尚危，萧军留湘，则且休兵以驻湖、彭。是否有当，俟沅弟来营面商尚不为迟。

纪泽儿问地图六分，可否送一分与文辅卿？此图刻板在新化，尚属易购，可分一与文也。所论怀祖先生父子解经，什九着意于假借字。本朝诸儒，其秘要多在此，不独王氏为然。所问各书，《易林》长沙蒋氏曾刻过，《汉魏丛书》亦有之，《逸周书》杭州卢抱经丛书有之，唐石经，陕西碑洞有之，唐开元元年刻，字类欧帖，可托人刷买，郑南侨现官陕西，亦可托也。

评点："一门忠义" 竟成谶语

曾氏不便再为其弟请谥,但后来朝廷还是给了曾国华一个谥号:愍烈。愍者,哀怜也;烈者,刚直也。褒奖之意尽寓其中。然而,再高的褒奖,也不能消弥丧失亲人的痛苦。从军者和他们的家属,盼望的都是立功归来,并不希望领朝廷所颁下的这种恩赏。信中曾氏兄弟所回忆的正是一年多前属于此类的一桩往事。

咸丰七年二月,曾氏因父丧请假回籍,朝廷给他的假期为三个月,不久又再次命令他即刻赴江西督办军务。但曾氏有他自己的考虑,他援引不久前发生的一件事为例:大学士贾桢母亲死了,皇上给他六个月的假。贾桢回籍后上奏请求终制,皇上也答应了。曾氏请皇上依贾桢之例准他终制。但朝廷还是不同意。咸丰七年闰五月十七日曾氏在老家收到这道"仍遵前旨"的谕旨。谕旨里有这样一句话:"伊父曾麟书因闻水师偶挫,又令伊子曾国华带勇远来援应,尤属一门忠义,朕心实深嘉尚。"

曾氏叔父曾骥云认为"一门忠义"这四个字很好,想将它制成一块匾恳挂于槽门顶上,以示荣耀。曾氏不情愿,他心里有所顾忌。他顾忌的是什么呢?原来,"一门忠义"这样的字眼是朝廷颁给满门从军又牺牲甚多的家庭,有名的如宋代杨家。杨继业八个儿子,为保卫国家战死五个,剩下的三个儿子,一个投降番邦,一个出家做了和尚,一个继承父业做了边关统帅。到后来连这个统帅也战死,只能让穆桂英来挂帅,带着幼子和一群寡妇出征。朝廷于是颁给杨家"一门忠义"的金字大匾。

杨家固然忠义,但杨家也够惨了。数百年来,人们为杨家的忠义而感动,也为杨家的孤儿寡母而悯叹。

曾氏信里没有明说，但我们可以揣摩得到曾氏当时的心情。他对"一门忠义"这四字褒语是不大情愿接受的。这四个字的背后必定是带兵的兄弟们死的死，残的残，也很可能就是他这个老大先捐躯。金口玉言，天语煌煌，将来一定是会兑现的。为了这四个字，曾氏一家今后将会付出惨重的代价。这就是信中所说的"兄早虑及之"。想不到一语真的成谶，谕旨中提到的"曾国华"，便真的成了曾家第一个死在战场上的人。这看来是命里早就注定了的。事到如今，曾氏只能如此安慰自己、安慰家人。

我们可以注意信中的这样两句话："与其偷生而丛疑谤，又不如得所而泯悔憾耳。"是不是家人（尤其是温甫的妻妾）至今仍对无头尸表示怀疑，认为温甫尚活在世上，只是迫于压力而不敢露面？对于这种怀疑，曾氏明确地表示他的态度：与其偷生，不如战死！

致澄弟沅弟（咸丰九年八月十二日）

澄侯、沅甫两弟左右：

叔父病体大愈，是第一庆慰事。澄弟办团，为一邑所服，善起善结，亦极慰也。

余自九江开船，逆风逆水，每日行七八十里。十一日至黄州，胡中丞约为十日之留。官帅奏留余一军共征皖省，大约十七八可奉谕旨。贼踪既不入蜀，余自不必遽赴荆、宜，在此少停，恭俟后命。除萧、张二军外，带来共万人，另单附览，每月需饷六万，拟概求之湖北，胡中丞亦已允许。江西协款三万，仍以供萧、张二人之半耳。九弟营中，六月份半饷即日起解，七月份少迟亦解。每队多夫一名，或裁与否，应俟到营面定。

沅老近来所办之事无不惬当。银钱一事，取与均宜谨慎斟酌。闻林文忠三子分家，各得六千串（每柱田宅价在内，公存银　万为祀田，刻集之费在外）。督抚二十年，真不可及。顺问近好。

兄国藩手草（黄州）

评点：以"拖"来对付朝廷

曾氏七月初七日从江西抚州起行，一路应酬，直到八月十一日才抵达湖北黄州府。黄州府眼下为胡林翼的老营所在地，曾、胡两人将在这里密商进止大计。共同的事业把他们二人紧密地联系在一起，胡的诚心推荐又让曾感激。此刻，胡已成为曾氏普天之下第一号知己兼战友。这一路上，曾氏一连奉到四道上谕。

第一道上谕是六月二十九发的，曾氏七月初九日接到。这是对曾氏拒绝入川奏折的批复，令他"仍遵前旨"，"由楚赴川"。第二道上谕是七月初二日发的，曾氏七月十一日接到，再次令他"仍遵前旨"。第三道上谕为七月初四日发出，曾氏十三日接到。朝廷得知景德镇被攻破，太平军退到安徽祁门，徽州形势吃紧，令曾氏与江西巡抚耆龄商议赣兵援皖事。第四道上谕为七月十二日发出，二十日接到，因祁门太平军复入江西，令曾氏暂留部分兵马在江西，以便援救。

短短的十一天里，曾氏接连奉到四道上谕，既说明了当时战争形势的紧迫，也说明朝廷对曾氏手中兵力的依畀。但有一点是四道上谕一以贯之的，即曾氏本人必须尽快率部进入四川。如何来对付这种局面，想必这是在黄州八天时间里，曾、胡二人日夜密商的一个主要题目。商量后的结论怎样，现在已找不到确凿的记载。七月二十五日曾氏给朝廷的奏折中有这样的话："今年鉴前此之失，不能不少与休息，已饬各营给假十日，多者给假半月，赶紧医调。一俟暑病稍愈，即当趱程而行。"从这段话里，可以猜想得到，他们决定以"拖"字来对付朝廷，借口是天热劳累、兵勇得病甚多，宜休整一段时期。

这"拖"字诀实在是一个好办法。军情瞬息千变，拖延一些时候，自然会有新情况出来，那时再酌情而动。果然，这一"拖"，给曾氏"拖"来了转机。

没有几天，石达开率部离开宝庆府，不是西进而是南下。湖广总督官文抓住这个机会紧急上奏，请求曾氏不入川而东下进军安徽，得到了朝廷的允准。两个月来，这个令曾氏进退两难的大事终于有了一个较满意的结束。但此事给曾氏心灵的打击却并没有消弭。让我们读几句这段时期胡林翼写给带兵在安徽的漕运总督袁甲三信中的几句话："此老（笔者注：指曾氏）有诸葛之勋名而无其位，有丙吉（笔者注：西汉大臣，曾有迎立宣帝之功，后任丞相）之德而无其报。军兴以来，公与涤公及小浦（笔者注：张芾）先生所处为独艰耳。"袁甲三、张芾之功劳与影响均不能与曾氏相比，实在地说，应是"军兴以来，涤公所处为独艰耳"。

最后一段，为我们提供了林则徐为官清廉的一个例证。照信中所说，林则徐为督抚二十年，所遗下的全部财产不会超过三万两银子，是个名副其实的清官。林则徐在湘军高级头领如曾氏、胡林翼、左宗棠等人的心目中都有极高的威望，常见他们在书信中提到此公时的那种崇仰心情。

谕纪泽（咸丰九年十月十四日）

字谕纪泽儿：

接尔十九、二十九日两禀，知喜事完毕，新妇能得尔母之欢，是即家庭之福。

我朝列圣相承，总是寅正即起，至今二百年不改。我家高曾祖考相传早起，吾得见竟希公、星冈公皆未明即起，冬寒起坐约一个时辰，始见天亮。吾父竹亭公亦甫黎明即起，有事则不待黎明，每夜必起看一二次不等。此尔所及见者也。余近亦黎明即起，思有以绍先人之家风。尔既冠授室，当以早起为第一先务。自力行之，亦率新妇力行之。

余生平坐无恒之弊，万事无成。德无成，业无成，已可深耻矣。逮办理军事，自矢靡他，中间本志变化，尤无恒之大者，用为内耻。尔欲稍有成就，须从有恒二字下手。

余尝细观星冈公仪表绝人，全在一重字。余行路容止亦颇重厚，盖取法于星冈公。尔之客止甚轻，是一大弊病，以后宜时时留心。无论行坐，均须重厚。早起也，有恒也，重也，三者皆尔最要之务。早起是先人之家法，无恒是吾身之大耻，不重是尔身之短处，故特谆谆戒之。

吾前一信答尔所问者三条，一"字中换笔"，一"敢告马走"，一"注疏得失"，言之颇详，尔来禀何以并未提及？以后凡接我教尔之言，宜条条亲复，不可疏略。此外教尔之事，则详于寄寅皆先生看读写作一缄中矣。此谕。

评点:《冰鉴》不是曾国藩所著

九月十六日,在叔父澄侯的主持下,曾纪泽再做新郎,与刘蓉的女儿举行婚礼。纪泽虽是再婚,也不过二十一岁,刘氏二十岁,二人是很般配的。

年纪轻,又在蜜月期间,睡懒觉晏起,那是一定的。做父亲的虑及此点,信之开头便告诫应早起。

在电灯未传进中国之前,人们都是采用油灯或蜡烛照明。乡间贫穷,生活简单,除家有读书郎,特为照顾,可以点一盏小灯外,通常夜晚都是不点灯的,为的是节省几个铜板。勤快人家,在夏天的明月之夜,则借月光修理农具、编织竹筐、搓麻绳等等,这就叫作"夜班"了。一般季节,夜晚都做不了什么事。所以早睡,便成了当时社会尤其是乡村的普遍现象;相应地,早起,也就较为普遍。为了充分地利用有限的白日,"黎明即起",几乎成了家业发达的一条公认的诀窍。乡间看一个家庭能发不能发,第一便是看这家的人是勤还是懒,勤懒最明显的标志便是早起还是晏起。

曾氏所告诫儿子的,正是乡间普通农家对子弟的要求。照理说,曾府已经不是普通农家了,早已成了湘乡县第一仕宦之家,慢说长房大公子晏起不要紧,即便全府老少爷们都酣睡高眠,亦不会动摇家中的富贵荣华。但曾氏不这样看。在曾氏看来,既居乡间,就要与左邻右舍的小户小民一样地遵守千百年来祖宗相沿的好规矩。更重要的是,曾氏认为勤奋早起是一种精神面貌,是一种家庭的风气,它对家人尤其是对后辈子孙的教育影响是深入骨髓而能持之久远的。曾氏始终认为,做官不是长久的,金钱和权势都只是暂时的,一代富贵,不能保第二代富贵,吃苦能干的父兄往往出娇懒庸俗的子弟,惟有将奋发向上的精神从小就植入家人的心灵中去,将淳厚良好的风气代代相传,才能使得人才辈出，家业不败。曾氏常常说，富家子弟须有寒士之风方才有出息。这是既富阅历又富哲理的名言，值得后人深思。

办事须有恒心。此话说来道理简单，做起来却不容易。历来贤哲于此都有很好的论述，并非曾氏的独创。此中可贵之处，即在父道尊严的时代，曾氏却可以坦然地向儿子承认自己"无恒"，并在儿子的面前责备自己德无成，业无成，万事无成。今天的家庭教育学，提倡父母与子女做朋友，彼此平等相待，这是很有道理的。家庭中的成员，尽管有辈分、年龄之别，但人格是一样的，平等相待正是对人格的尊重。在曾氏生活的时代，当然没有这个道理，有的只是"父为子纲，夫为妻纲"的"圣教"。曾氏在儿子面前说自己的不足，便将"板起面孔训人"的生硬状态，化为"推心置腹交谈"的友好气氛。曾氏家教的成功，此亦为一重要因素。

曾氏有"知人识人"之誉，还有人说他"尤善相士"，即特别会鉴识知识分子。传说他有许多相人的诀窍，坊间还广为流传一本题为《冰鉴》的书。书中讲了许多识人辨人的方法，书的作者便赫然署名"曾国藩"。笔者查遍曾氏传世的所有文字，从未见他有只字提过《冰鉴》一书。其实，这部书早在六七十年前，便有人指出是托名曾氏。《花随人圣庵摭忆》中说："近人乃有以古相书《冰鉴》，傅以文正名，号为遗著，不知此书道光间吴荷屋已为锓板，叔章盖尝藏之。"为什么托名曾氏而不托他人呢？其源盖出于曾氏素有"相人"的大名。

曾氏的确对"相术"有所研究，他的日记中便有这样的话：端庄厚重是贵相，谦卑含容是贵相。事有归着是富相，心存济物是富相。

细揣这四句话，其实说的并不是天生的面相骨相，而是说的后天可修炼的心性德行举止等等，与世俗间的看相是大有不同的。关于看相，曾氏还有几句话：斜正看鼻眼，真假看嘴唇，功名看器宇，事业看精神。主意看脚跟，若要看条理，全在言语中。什么样的鼻眼是斜，什么样的鼻眼是正？什么样的嘴唇是真，什么样的嘴唇是假？都没有说明白，看来这标准只存在此老的心中。显然，这与所谓的《麻衣相法》中所讲的相术是大不相同的。

曾氏认为厚重是贵相，故要儿子容止宜厚重，力戒轻佻。在中国文化中，"厚"

和"重"多为褒义。对于人，尤其是对于男人，恒以"厚""重"予以要求："厚德载物""宽厚待人""处事稳重""老成持重"等等。相反地，对于"薄""轻"，则多为贬义，如"刻薄""浅薄""轻率""轻飘"等等。这可以看作是中国文化的特色。曾氏有意从这些方面加以修养。他走路步履厚重，举止端凝，认为这才是担当大任者应具的表象。赵烈文的《能静居日记》中记载了作者与曾氏的一次有意思的谈话。面对着恭亲王奕䜣的一张照片，曾氏评论说：这是一个翩翩美少年，举止略嫌轻佻了些，看来难以负重任；身处周公之位，却无周公之望，这也是国家的不幸。他对奕䜣的失望，是因为奕䜣轻佻而不厚重。

致澄弟（咸丰十年四月十四日）

澄侯四弟左右：

接弟闰月二十四夜手缄，得悉五宅平安。魏承祉之事，吾家尽可不管，别人家信本不应拆阅也。孙大人名昌国号栋臣，系衡州协兵丁，吾调出保至副将向导营之官。上午雪琴将伊营官革去，派管船厂。曹级珊名禹门，广西知县，船厂委员也。吾将彼信已焚化，以后弟不必提及。

金陵大营于闰月十六日溃退镇江，旋复退守丹阳。二十九日丹阳失守，和春、何桂清均由常州退至苏城外之浒关，张国梁不知下落。苏州危如垒卵，杭州亦恐再失，大局决裂，殊不可问。

余此次出外两年，于往年未了之事，概行清妥，寸心无甚愧悔，可东可西，可生可死，襟怀甚觉坦然，吾弟尽可放心。前述祖父之德，以"书、蔬、鱼、猪、早、扫、考、宝"八字教弟，若不能尽行，但能行一早字，则家中子弟有所取法，是厚望也。顺问近好。

评点：江南大营崩溃与湘军腾飞

太平天国在定都天京后，清朝廷立时在其北扬州和其南孝陵卫布下两支重兵，称之为江北大营、江南大营。

江北大营共有一万八千人马，其主将为钦差大臣琦善。咸丰四年琦善死，改派江宁将军托明阿。咸丰六年，江北大营被太平军击溃，托明阿被撤职。咸丰七年，钦差大臣德兴阿重建江北大营。咸丰八年，太平军英王陈玉成、忠王李秀成将江北大营再次击溃，德兴阿被撤职，江北的军队便由江南大营节制。江南大营首建在咸丰三年。广西提督向荣带着一万八千人马，从广西一路尾追来到南京，遂在城外孝陵卫扎下营盘，以便阻止太平军东下苏杭，并与江北大营遥相呼应。咸丰六年，李秀成、石达开率部共同击溃江南大营，向荣败逃自缢。咸丰八年，清廷任命和春、张国梁重建江南大营，筑垒掘壕围困天京。这一南一北两座大营，一直是城内天王洪秀全的心头大患。

为什么朝廷要将三万多重兵长期驻扎在这里呢？为什么这里的兵马都是朝廷的正规军，而其主帅除向荣外都是满人呢？据说其背景颇不寻常。

咸丰皇帝二十岁刚登基时便遇上了太平军在广西起义，而且人多势众，其攻城略地一路破竹，大有不可遏制的势头。咸丰皇帝一则年轻，二则禀性文弱，心中恐惧不已，巴不得早日平定乱局。他使出重赏之下出勇夫的法宝，当众宣布：谁能灭掉太平军，便封谁为王。不料，他情急之下的这句话招来了王室的反对。某亲王对他说："圣祖爷在平定三藩叛乱之后，做出一个决定：非满蒙者不封王。此决定作为祖训，代代相传，不能违背。倘若今后是汉人灭了太平军，怎么办？封王，则有违祖训；不封王，则食言。"咸丰听了这话后，也知道自己的话不妥，但既已说出口，怎么办呢？这个亲王便给他出了一个主意：在南京附近设立重兵，由朝廷正规军来担当此任，委派满人做统领，让湘军和其他部队在上游与太平军去死拼，仅打到后来，最先攻入南京的，必是靠南京最近的这支部队。那时，朝廷可以堂堂皇皇地向天下公布：真正有本事的，还是朝廷的军队，还是咱们满人。最先攻入南京的满人统领，皇上封他为王，既不违祖制，又不食言。

咸丰帝欣然接受这个建议。向荣的人马是他从广西带来的旧部，不便撤换，朝廷便将满人和春迅速提拔为江南提督，官职上与向荣平起平坐，以便制约向荣。待向荣一死，立即由和春取代。至于江北大营，前后三个统帅皆清一色满人。

咸丰帝的算盘虽然设想得如意，但无奈满人气数已尽，无论是带兵的统帅，还是手下的将军兵卒，都不是太平军的对手。继两年前江北大营溃散后，咸丰十年闰三月，江南大营又被陈玉成、李秀成的部队全线击溃，张国梁逃到丹阳溺水而死，和春逃到苏州浒墅关自杀身亡。两江总督何桂清率领一群衙门官员逃到苏州，江苏巡抚徐有壬对他弃城逃命的行为很是厌恶，闭门不纳，何只得仓皇逃到上海。

清廷经营了七八年的江北、江南大营便这样彻底瓦解了，局势顿时危急起来。曾氏甚至做了大局决裂以死殉职的准备。

然而，正是先哲说得好：福兮祸所伏，祸兮福所倚。此刻的曾氏还没有料到，正是江南军事的大崩溃，给湘军和他本人的腾飞再一次造就了一个契机。中国近代史上真正的曾国藩时代，已经到来了。这个局面的形成，确实是不以人的意志为转移。曾氏政坛上的迅速蹿升，也是别人即便刻意阻挡也奈何不了的事。所谓时势造英雄，此又一例也！

谕纪泽（咸丰十年四月二十四日）

字谕纪泽儿：

十六日接尔初二日禀并赋二篇，近日大有长进，慰甚。

无论古今何等文人，其下笔造句，总以珠圆玉润四字为主。无论古今何等书家，其落笔结体，亦以珠圆玉润四字为主。故吾前示尔书，专以一重字救尔之短，一圆字望尔之成也。世人论文家之语圆而藻丽者，莫如徐（陵）、庾（信），而不知江淹、鲍（照）则更圆，进之沈（约）、任（昉）则亦圆，进之潘（岳）、陆（机）则亦圆，又进而溯之东汉之班（固）、张（衡）、崔（骃）、蔡（邕）则亦圆，又进而溯之西汉之贾（谊）、晁（错）、匡（衡）、刘（向）则亦圆。至于司马迁、相如、子云三人，可谓力趋险奥，不求圆适矣；而细读之，亦未始不圆。至于昌黎，其志意直欲陵驾子长、卿、云三人，戞戞独造，力避圆熟矣，而久读之，实无一字不圆，无一句不圆。尔于古人之义，若能从江、鲍、徐、庾四人之圆步步上溯，直窥卿、云、马、韩四人之圆，则无不可读之古文矣，即无不可通之经史矣。尔其勉之。余于古人之文，用功甚深，惜未能一一达之腕下，每歉然不怡耳。

江浙赋势大乱，江西不久亦当震动，两湖亦难安枕。余寸心坦坦荡荡，毫无疑怖。尔禀告尔母，尽可放心。人谁不死，只求临终心无愧悔耳。家中暂不必添起杂屋，总以安静不动为妙。

寄回银五十两，为邓先生束脩。四叔四婶四十生日，余先寄燕窝一匣、秋罗一匹，容日续寄寿屏。甲五婚礼，余寄银五十两、袍褂料一付，尔即妥交。

赋立为发还。

涤生手示

评点：文章当珠圆玉润

  曾氏以"珠圆玉润"四字来看待前人的文章、书法，并以此要求儿子仿效。这其实体现的是曾氏本人的审美观。他又将"珠圆玉润"四字简缩为一"圆"字，意思是一样的。曾氏列举文学史上一串大家：徐陵、庾信、江淹、鲍照、沈约、任昉、潘岳、陆机、班固、张衡、崔骃、蔡邕、贾谊、晁错、匡衡、刘向。至于司马迁、司马相如、扬雄、韩愈，一向被认为是追求奇险、力戒陈言的文章大师，曾氏却认为，若久读之，则会发现他们的文章字字句句都是圆适的。

  什么是"圆"？圆指的是文章字句畅通，音韵流转，朗朗上口，宜诵易记。曾氏的"八本"中说"作诗文以声调为本"，"声调"二字即他多次说的"声调铿锵"的意思。如果用曾氏自己的话来解释圆的话，圆即声调铿锵。曾氏说"余于古人之文，用功甚深"，依笔者之见，他于熟读熟研古人文章之后，得出的最大体会便是为文当圆，亦即为文应声调铿锵。

  曾氏所说的古人文章，大致相当于我们今天所说的散文。散文从其本质上来说属于文学作品，其用词遣字、造句谋篇等，都应讲究艺术修饰。曾氏从诸多的艺术手法中拈住一个"圆"字来作为第一要素，这是他个人独特的骊珠，然也给予我们以启发。试想想，有哪一篇传诵极广，被人随口可背的古人名文，不是珠圆玉润、声调铿锵的呢？

致沅弟季弟（咸丰十年四月二十八日）

沅、季弟左右：

本日得信，余以尚书衔署两江总督。余之菲才，加以衰老，何堪此重任！目下江南糜烂，亦不能不闻命即行南渡。所有应商事宜，略及一二，与弟熟商。

一、江之南岸，当分三路进兵。沿江由池州以至芜湖为第一路，徽州、宁国为第二路，由广信、衢州、严州以至浙江为第三路。浙江未失，则第三路以救浙为急；浙江若失，则第三路一面规复浙江，一面保守江西。余驻扎大约在第一路、第二路之间。弟以为然否？

一、江之北岸，奏请另简钦差大臣驻扎清江浦，保全下河七属并盐场之利。其都直夫江北之行，奏请免其前往，庶湖北之兵与饷稍得宽纾。

一、拟带霆字全军至南岸，调沈幼丹守广信，调张凯章来景德镇。其以东南大局须用如唐之裴度、明之王守仁乃可挽回，非一二战将所可了也云云。余恐不能久安此间，终不免有渡江之行耳。官相信已寄去。火药即日咨调。於术六两，弟留其四（留五亦可），分二两送情可也。润帅今日归英山矣。多公通信尚投洽否？即问近好。

国藩手草

评点：终于有了地方实权

　　江南大营溃败后，太平天国后期的杰出军事领袖忠王李秀成率部南下，一路长驱直入，连克苏南各州县，继攻下重镇常州后，又兵围江苏省垣苏州。在此之前，浙江省垣杭州已攻破，巡抚罗遵殿自杀。眼看江浙两省就要全部落入太平军之手。江浙乃朝廷的粮仓，其大县一年所交的赋税要超过湖南全省。而对着这种危急的局面，朝廷惊恐万分。两江总督何桂清弃城逃命的行为也使朝廷气愤不已，下令革职并带进京城审讯。就在这样的背景下，曾氏接到两江总督的委任状。这道关系重大的上谕不到四十字，可见当时情形的紧急和拟稿者下笔时的仓促。不妨全文抄录如下："曾国藩着先行赏加兵部尚书衔，迅速驰往江苏署理两江总督。未到任以前，着徐有壬暂行兼署。"

　　据野史记载，这道任命书的背后还有一个曲折。当江南大营被攻破后，何桂清擅离职守时，咸丰帝意欲取代何的第一人选并不是曾氏而是胡林翼。胡林翼留下的鄂抚空缺则授予曾氏。有人将此安排透露给了胡。胡上密折，请朝廷直接授曾氏为江督，他本人位置不动，这样于大局更为有利。如果野史所说的属实，则可见咸丰帝一直对曾氏抱有成见。这种成见不仅是来自对汉人的防范，更是对曾氏本人当年"匹夫居闾里一呼百应"的号召力的防范。同时，也可以看出胡林翼的过人之处。此人的确襟怀宽广，眼光远大，联系到他对左宗棠的保护和荐拔，足见他重才惜才的领袖风范。

　　不管怎样，曾氏七八年的"客寄虚悬"的尴尬处境，终于到此结束了，眼下他是全国面积最大、人口最多、财物最富的苏、皖、赣三省的主宰者了。自从咸丰二年江宁被定为太平天国的都城以来，两江的地位就更为特殊，再加之这几个月来形势的急变，更使两江为天下瞩目。直隶总督因有拱卫京畿的重任，素来有第一督之称，但这些年京畿的威胁恰恰来自两江，故而江督才是真正意义上的第一督。

曾氏是太需要这个职务了！五六年来他一直在与赣、皖两省土地上的太平军周旋，他需要两江财政的支持，更需要两江官场的支持。在两江办事，却没有调动两江一官、一吏、一银、一谷的权力，这办事有多艰难，这处境有多难堪！

朝廷早就应该授曾氏这个职务了。不要说曾氏带勇前便已是侍郎，亦不说曾氏为王命奔走驱驰，劳苦功高，也不说曾氏明明白白向朝廷表示过，没有地方实权难以办事，即便从爱新觉罗王朝自身的利益出发，也应想到让曾氏军政兼任，以一事权，好迅速平定江南，免去心腹大患。三十岁的咸丰皇帝真个是器局狭窄、目光短浅，虽说是真龙天子，却没有做到"三十而立"！

一般的总督为正二品，侍郎也是正二品，加上尚书衔或都御史衔的总督，则提升一级为从一品。给曾氏加上兵部尚书衔，意谓官衔升为从一品了。至于兵部，另有尚书坐堂，他并不管部内的事。

临危受命的曾氏，与沅弟、季弟商量进军事略。早在咸丰九年九月，曾氏便与官文、胡林翼等人筹商规复安徽的计划。十年三月，曾氏命在老家休养的老九来安徽。老九在宿松老营住了几天后，领吉字营进攻安庆。不久，老幺季洪也率部与老九会合。规复安徽的用兵计划，便从那时开始了。安庆既为省垣，攻打安庆的任务也便变得格外重要，打下后，其功劳自然便更大。也就是从那个时候开始，老九及其所统率的吉字营便成为曾氏帐下的王牌嫡系。

致季弟（咸丰十年六月二十七日）

季弟左右：

顷接沅弟信，知弟接行知，以训导加国子监学正衔，不胜欣慰。官阶初晋，虽不足为吾季荣，惟弟此次出山，行事则不激不随，处位则可高可卑，上下大小，无人不翕然悦服。因而凡事皆不拂意，而官阶亦由之而晋，或者前数年抑塞之气，至是将畅然大舒乎？《易》曰：天之所助者，顺也；人之所助者，信也。我弟若常常履信思顺如此，名位岂可限量？

吾湖南近日风气蒸蒸日上，凡在行间，人人讲求将略，讲求品行，并讲求学术。弟与沅弟既在行间，望以讲求将略为第一义，点名看操等粗浅之事必躬亲之，练胆料敌等精微之事必苦思之。品、学二者，亦宜以余力自励。目前能做到湖南出色之人，后世即推为天下罕见之人矣。大哥岂不欣然哉！哥做几件衣道贺。

评点：讲求将略品行学术

这是曾氏现存单独给幺弟国葆的第一封信。

国葆比大哥整整小了十八岁，此时才三十二岁。前面说过，国葆太太一直未曾生育，曾氏的四女纪纯、五女纪芬出继给他做女儿，故他与大哥关系又多了一重。

国葆二十二岁中秀才，从那以后，功名便一直停留在这个初级阶段再未前进了。但他一旦投笔从戎，拉起两营人马做起统领来，尚不到一年工夫，也未见他立过什么功劳，便立刻得了一个"以训导加国子监学正衔"。这是个多大的官呢？官职是训导。训导属学官，负责一个县的教育（相当于现在的教育局局长），品衔为从八品。但国葆的"训导"后面还有"加国子监学正衔"，即他的"衔"是"国子监学正衔"，为正八品。这个品衔相当于县丞（副县令）的级别，用时下流行的说法是副处级教育局局长。

难怪他要弃文就武。乱世走军功一路，真是升官发财的捷径。

从"贺喜升官"谈起，大哥告诫幺弟：行事要不激不随，处位则可高可卑，如此则上上下下都会心悦诚服，事情也就办好了，官也就会一步步晋升。反之，办事若过于偏激，或完全没有主意，地位只能在人之上，不能在人之下，则事也办不好，官也升不上去。大哥的这几句说给论年龄可以做儿子的幺弟听的话，可谓出自肺腑，充满了慈爱呵护之情，没有丝毫的做作扭捏，不打官腔，不作高论，讲的是大白话、大实话。这是真正的属于曾氏个人的人生阅历之言。

湘军中是否人人都讲将略，讲品行，讲学术，且不去理论，不可否认的是，正处上升时期的湘军，的确比历史上任何一支军队都更重视将略、品行与学术。曾氏希望幺弟注重这三个方面，做一个好的湘军统领。"目前能做到湖南出色之人，后世即推为天下罕见之人"。这句话有两层意思。一是登高须自卑，先不要把目标定得太高，第一步立志做本省的出色之人。二是曾氏对湖南人才和湖南子弟兵很自信。他认为目前湖南已处于很高的层面了，今后这个层次还会不断上升，能做湖南的出类拔萃者，自然也就是天下的出类拔萃者了。

"哥做几件衣道贺"。这纯粹是大人对小孩子说话的口气。十多二十年前，大哥很可能常常对未成年的幺弟这么说过。而今，五十岁的总督兄对三十二岁的统领弟重温过去的语气，既是一种幽默，也足见怡怡兄弟之情。

致沅弟（咸丰十年七月十五日）

沅弟左右：

浮桥办齐，长濠已有八九分工程，甚好甚慰。从此援贼虽至，吾弟必足以御之矣。冯事，兄处办法与润帅不谋而合，兹将一批一告示钞付弟览。

翁中丞处复信甚妥，弟意疏疏落落亦极是。弟总认定是湖北之委员，以官、胡两帅为上司，诸事禀命而行，此外一概疏疏落落。希庵于此等处界限极清，人颇嫌其疏冷。然不轻进人，即异日不轻退人之本；不妄亲人，即异日不妄疏人之本。处弟之位，行希之法，似尚妥叶。与翁稿与毓稿均好，近日修辞工夫亦进，慰喜慰喜。

焦君谱序，八九月必报命。书院图须弟起稿而兄改之，弟切莫咎兄之吝也。

评点：与人相处疏疏落落

曾氏赞成老九以疏疏落落的态度与人相处的原则。疏疏落落，即不很亲近，亦不很疏远，不很热火，亦不很冷淡，在不远不近、不冷不热之间。这是一种处世的方式。它的缺点在于易给人以不好接近、不好沟通的感觉，缺乏亲和力与感召力。其好处是能较长时间地维持一种固定的态势，即曾氏所说的：不轻进人，亦不会轻退人；不妄亲人，亦不会妄疏人。

乱世多变。境变事变，人亦随之而变，变数多则不易把握，故乱世而相处以疏疏落落，是一种可取之法则。即便是平世，疏疏落落与人相处，亦未尝不可。

致沅弟季弟（咸丰十年八月十二日）

沅、季两弟左右：

十一日接沅弟初六日信，是夕又接两弟初八日信，知有作一届公公之喜。初七家信尚未到也。应复事，条列如左：

一、进驻徽州，待胜仗后再看，此说甚是。目下池洲之贼思犯东、建，普营之事均未妥叶，余在祁门不宜轻动，已派次青赴徽接印矣。

一、僧邸之败，沅弟去年在抚州之言皆验，实有当验之理也。余处高位，蹈危机，观陆、何与僧覆辙相寻，弥深悚惧，将有何道可以免于大戾？弟细思之而详告我。吾恐诒先人羞，非仅为一身计。

一、癸冬屏绝颇严，弟可放心。周之翰不甚密迩，或三四日一见。若再疏，则不能安其居矣。吴退庵事，断不能返汗，且待到后再看。文士之自命过高，立论过亢，几成通病。吾所批其硬在嘴、其劲在笔，此也。然天分高者，亦可引之一变而至道。如罗山、璞山、希庵皆极高亢后乃渐归平实。即余昔年亦失之高亢，近日稍就平实。周之翰、吴退庵，其弊亦在高亢，然品行究不卑污。如此次南坡禀中胡镛、彭汝琮等，则更有难言者。余虽不愿，而不能不给札。以此衡之，亦未宜待彼太宽而待此太褊也。大抵天下无完全无间之人才，亦无完全无隙之交情。大者得正，而小者包荒，斯可耳。

一、浙江之贼已退，一至平望，一至石门，当不足虑，余得专心治皖南之事。春霆尚未到，殊可怪也。

194

评点：由高亢渐归平实

曾氏阅人甚多，知文人往往自命过高，立论过亢。笔者相信读此书者，多为文人——知识分子，可否就地反省一下：自己也患有过高过亢的毛病吗？人之可怕处不在于有毛病，而在于有毛病而自己尚不知道。过高过亢既为通病，身为知识分子，多多少少总会沾染一点，愿慎之戒之。

人在年轻时易于过高过亢，其原因在于未历世事，不识深浅。知识分子又大多生活在卷册书斋之中，具体事情办得少，对于人心的复杂和事情的烦琐少亲身体验，极易将世事想得简单，从而高估自己的能力。待到走出书房投身社会后，便会逐渐明白自己并非圣贤英雄，高调不唱，人也就渐归平实了。

张之洞当年在京师翰林院做词臣时，是清流党中的积极分子，和其他清流一道抨击洋务派。待到外放山西巡抚，特别是经历了中法越南战争之后，乃深知非洋务不足以挽救中国，遂一变而成为洋务派的代表。张之洞是知识分子中一个由高亢趋于平实的好例子。

致沅弟（咸丰十年九月初十日）

沅弟左右：

初九夜接初五日一缄，初十早又接初八日巳、午刻二缄，具悉一切。

初九夜所接弟信，满纸骄矜之气，且多悖谬之语。天下之事变多矣，义理亦深矣，人情难知，天道亦难测，而吾弟为此一手遮天之辞、狂妄无稽之语。不知果何所本？恭亲王之贤，吾亦屡见之而熟闻之，然其举止轻浮，聪明太露，多谋多改。若驻京太久，圣驾远离，恐日久亦难尽惬人心。僧王所带蒙古诸部在天津、通州各仗，盖已挟全力与逆夷死战，岂尚留其有余而不肯尽力耶？皇上又岂禁制之而故令其不尽力耶？力已尽而不胜，皇上与僧邸皆浩叹而莫可如何。而弟屡次信来，皆言宜重用僧邸，不知弟接何处消息，谓僧邸见疏见轻，敝处并未闻此耗也。

分兵北援以应诏，此乃臣子必尽之分。吾辈所以忝窃虚名，为众所附者，全凭忠义二字。不忘君，谓之忠；不失信于友，谓之义。今銮舆播迁，而臣子付之不闻不问，可谓忠乎？万一京城或有疏失，热河本无银米，从驾之兵难保其不哗溃。根本倘拔，则南服如江西、两湖三省又岂能支持不败？庶民岂肯完粮？商旅岂肯抽厘？州县将士岂肯听号令？与其不入援而同归于尽，先后不过数月之间，孰若入援而以正纲常以笃忠义？纵使百无一成，而死后不自悔于九泉，不诒讥于百世。弟谓切不可听书生议论，兄所见即书生迂腐之见也。

至安庆之围不可撤，兄与希庵之意皆是如此。弟只管安庆战守事宜，外间之事不可放言高论毫无忌惮。孔子曰"多闻阙疑，慎言其余"，弟之闻本不多，而疑则全不阙，言则尤不慎。捕风捉影，扣槃扪烛，遂欲硬断天下之事。天下事果如是之易了乎？大抵欲言兵事者，须默揣本军之人才，能坚守者几人，能陷阵者几人；欲言经济，须默揣天下之人才，可保为督抚者几人，可保为将帅者几人。试令弟开一保单，未必不窘也。弟如此骄矜，深恐援贼来扑或有疏失。此次复信，责弟甚切。嗣后弟若再有荒唐之信如初五者，兄即不复信耳。

评点：为何发这么大的火

老九九月初五的信已失传，他的信上到底说些什么，我们已无从知道了，但从曾氏的信中可以略窥一二。

老九大约是谈蒙古科尔沁亲王僧格林沁在遏制英法联军进京一事上未尽全力，皇上对僧部的使用有所保留，同时也议论到留京全权处理与英法联军谈判事宜的恭亲王奕䜣。另外，老九也可能主张消极应付北上勤王的诏旨。

曾氏对老九的这封信，极为不满，极为反感，甚至以再写这样的信便不答复来表示他的坚决态度。曾氏如此对待胞弟，先前没有，以后也未见，可谓空前绝后。他为何要发这么大的火？真的是老九的意见十分荒唐悖谬吗？即便十分荒唐悖谬，这是亲兄弟间的私信文字，并非见之于公牍奏章，有什么不可以的呢？

依笔者揣测，曾氏的发火，首要的可能还不是在意见的对与不对，而是他认为老九不该有这样的一些想法。这些想法说明老九的脑子里有许多不安本分之念。一个远在江南的偏师统领，有什么必要对京师的政局，对皇亲国戚（恭王为咸丰帝亲弟，僧王为咸丰帝表弟）发表议论？何况也因为隔膜而会说不到点子上。尤其对勤王一事更不能有二心，不能先考虑到成与不成。有此心思，便不是对君父的完全忠诚。所以，曾氏要指责老九骄矜、悖谬。

曾国藩家书

曾氏固然是个大清王朝的忠臣，但若说他是一个彻头彻尾、彻里彻外对朝廷百依百顺、毫无一星半点自我利益考虑的人，那显然不是。他之所以如此严厉地训斥老九，最终的目的是保护：既保护自己，也保护老九。

老九今日已不是湘乡山村里的秀才，而是一个手中有着两万人马的吉字营统领。朝廷在关注着他，地方文武两界在关注着他，敌人也在关注着他。此中有许多人希望他成功，也有许多人在盼他失败。倘若他的这封信落到敌对者的手里，将会成为攻讦他的有力证据；倘若他的这种不安本分的思想任其发展，总有哪天会在哪件事上栽跟头，到时不仅毁了他自己，还会连带到他的胞兄。

此外，在曾氏的眼中，老九尚是一个出道不久的稚嫩者，对世事的多变、政坛的翻覆、人心的复杂等都缺乏切身的体会，此刻应对其严格要求，尽量把他往正路上带。这正好比一个阅历丰富的父亲对待其年幼的儿子一样。尽管父亲也知道社会有太多的阴暗面、人性有太多的丑陋处，但对儿子还是应多讲积极的一面，以催其奋发，导向正途，至于自己本人的作为也并非就事事都光明磊落。就拿对待这次北上勤王来说，曾氏自己也并不愿意去做那种辛苦而收效不大的事，他采取其惯常使用的"拖"字诀来对付，最后终于躲过了这个苦差事。

致沅弟（咸丰十年九月二十三日）

沅弟左右：

接二十日午刻信并伪文二件，知安庆之贼望援孔切，只要桐城、青草塥少能坚定，自有可破之理。

次青十六日回祁，仅与余相见一次，闻其精神尚好，志气尚壮，将来或可有为，然实非带勇之才。弟军中诸将有骄气否？弟日内默省，傲气少平得几分否？天下古今之庸人，皆以一惰字致败；天下古今之才人，皆以一傲字致败。吾因军事而推之，凡事皆然，愿与诸弟交勉之。此次徽贼窜浙，若浙中失守，则不能免于吴越之痛骂，然吾但从傲惰二字痛下功夫，不问人之骂与否也。

评点：庸人以惰致败才人以傲致败

这封信里曾氏又谈到他的一个阅历："天下古今之庸人，皆以一惰字致败；天下古今之才人，皆以一傲字致败。"他从军事而推之于其他方面，得出的结论都一样，故郑重其事地告诉九弟。

细读家书，可知曾氏与子弟们谈得最多的莫过于"勤""谦"二字。勤能补拙，谦可受益，这是颠扑不破的真理，向为曾氏所推重。常言说，笨鸟先飞。这"先飞"

即是勤。庸常人要成功没有别的诀窍,就在一个"勤"字上。反之,则难以取胜。故曾氏由此得出"懒惰"将招致庸人失败的结论。

有才干的人,又往往容易骄傲。一旦骄傲,则总是过高地估计自己,又极易以轻慢的态度待人。前者导致师心自用,后者招人怨恨。即便再有才干,到了这个地步,离失败也就不远了。

曾氏的这两句话,自然是针对老九的傲气而来的。这个曾老九也的确不是谦谦君子,此刻尚未建大功,便有点以海内英雄自居的味道。待到安庆、江宁之捷后,他更是目无余子了。这些,留待以后再说。

但曾氏为了不使老九产生抵触情绪,信的最后来了一句"吾但从傲惰二字痛下功夫"的话,表示以上所说乃是兄弟共勉,不仅仅是批评弟弟。这是曾氏家书的一贯风格:不摆大哥的架子,与诸弟处于同等地位。

致沅弟季弟（咸丰十年十月初四夜）

沅弟、季弟左右：

朱祖贵来，接沅弟信，强中营勇回，按沅、季二信，皆二十五六日所发。自二十七日以后，弟处发信，想皆因中途有警折回矣。日内不知北岸贼情何如，至为系念。

此间鲍、张初二三并未开仗，唐桂生赴祁、建交界之区，亦未见贼也。季弟赐纪泽途费太多，余给以二百金，实不为少。余在京十四年，从未得人二百金之赠，余亦未尝以此数赠人，虽由余交游太寡，而物力艰难亦可概见。余家后辈子弟，全未见过艰苦模样，眼孔大，口气大，呼奴喝婢，习惯自然，骄傲之气入于膏肓而不自觉，吾深以为虑。前函以傲字箴规两弟，两弟不深信，犹能自省自惕；若以傲字告诫子侄，则全然不解。盖自出世以来，只做过大，并未做过小，故一切茫然，不似两弟做过小，吃过苦也。

评点：深以子侄辈骄傲之气为虑

六月二十日，曾纪泽从老家来到安徽祁门探望父亲，九月初一离祁门回湘。原定过了十月十一日父亲五十大寿后再走，因徽州失守，祁门危急，故提前离开。

此时其九叔、幺叔正驻兵安庆城外，他便取道安庆去看望二位叔父。离开安庆时，幺叔大约给了侄儿一笔较大的钱，从信中的语气看来，要大为超过二百两银子。于是曾氏就此发了一大通感慨。

二百两银子是个什么概念呢？当时的一个塾师，月薪约五两银子，一年下来也不过六十两银子。二百两，是一个塾师三年零四个月的全部薪水，故曾氏"实为不少"的话是实话。但在自领一营兵勇、动辄以数千两为计算单位的湘军将领眼里，几百两银子只是小菜一碟。为了表示兄弟情义，曾季洪拿出三五百两银子给侄儿，原本算不了什么，但曾氏却因此担忧。他担心曾家的小字辈，从生下来起，就处在极为优越的环境中，家中有权有势有财产，有奴婢供使唤，从而养成纨绔习气，最终变成一无所能的公子少爷。

曾氏的所虑不是没有根据的。君子之泽，五世而斩。人性通例，是处逆境而发愤，处逸境而堕落，故世间富贵之家少有绵延四五代的。正因为虑及此，曾氏不仅在言语书信中不厌其烦地敲警钟，更在日常生活中以身作则，并限制其子孙在物质方面的享受。

谕纪泽纪鸿（咸丰十年十月十六日）

字谕纪泽、纪鸿儿：

泽儿在安庆所发各信及在黄石矶、湖口之信，均已接到。鸿儿所呈拟连珠体寿文，初七日收到。

余以初九日出营至黟县查阅各岭，十四日归营，一切平安。鲍超、张凯章二军，自二十九、初四获胜后未再开仗。杨军门带水陆三千余人至南陵，破贼四十余垒，拔出陈大富一军。此近日最可喜之事。英夷业已就抚，余九月六日请带兵北援一疏，奉旨无庸前往，余得一意办东南之事，家中尽可放心。

泽儿看书天分高，而文笔不甚劲挺，又说话太易，举止太轻，此次在祁门为日过浅，未将一轻字之弊除尽，以后须于说话走路时刻刻留心。鸿儿文笔劲健，可慰可喜。此次连珠文，先生改者若干字？拟体系何人主意？再行详禀告我。银钱、田产最易长骄气逸气，我家中断不可积钱，断不可买田。尔兄弟努力读书，决不怕没饭吃。至嘱。澄叔处此次未写信，尔禀告之。

闻邓世兄读书甚有长进，顷阅贺寿之单帖寿禀，书法清润。兹付银十两，为邓世兄（汪汇）买书之资。此次未写信寄寅阶先生，前有信留明年教书，仍收到矣。

评点：戒轻易

在对人的要求上，曾氏讲究"厚""重"二字。在中国传统文化观念中，"厚""重"一直有很高的地位。曾氏指出儿子素日行为中的两大毛病，一为说话太易，二为举止太轻，都是由"厚重"而引发出的批评。

说话太易，大概是指说话频率太快，词欠稳妥，表达较轻率等等。举止太轻，可能是指走路过急，说话时手的动作较多，眼神多游移飘忽等等。这些，在曾氏看来都属于不厚重的表现，都应慢慢克服。

曾氏对儿子的这个要求，从原则上看是对的；尤其对男人来说，举止厚重，能使人对其产生信任的感觉。但是，举止重与轻，毕竟不能说明一切。艺术家、诗人、作家感情丰富，思维敏捷，大多举止轻易，这并不影响他们事业上的成就和人际交往；即便对从政者而言，刘邦流氓习气严重，曹操简脱随意，这些与"厚重"相距甚远的品性，也并不妨碍他们成就一番帝业。可见，对子弟这种属于外化的举止行为，不必要求过苛。倘若他好动，何必一定要他安静？倘若他说话快急，何必强迫他缓慢？笔者以为，还是顺其自然为好。读者诸君以为如何？

致澄弟（咸丰十年十一月十四日）

澄侯四弟左右：

日内皖南局势大变。初一日德兴失守，初三日婺源失守，均经左季翁一军克复。初四日建德失守，而余与安庆通信之路断矣。十二日浮梁失守，而祁门粮米必经之路断矣。现调鲍镇六千人进攻浮梁，朱、唐三千人进攻建德。若不得手，则饷道一断，万事瓦裂，殊可危虑。

余忝窃高位，又窃虚名，生死之际，坦然怡然。惟部下兵勇四五万人，若因饷断而败，亦殊不忍坐视而不为之所。家中万事，余俱放心，惟子侄须教一勤字、一谦字。谦者，骄之反也；勤者，佚之反也。骄、奢、淫、佚四字，惟首尾二字尤宜切戒。至诸弟中外家居之法，则以考、宝、早、扫，书、蔬、鱼、猪八字为本，千万勿忘。顺问近好。

兄国藩手草

评点：坦然怡然对待生死

读这封信，我们读到的是一种临危不乱的心境。

咸丰十年六月十一日，曾氏将两江总督衙门兼前敌总指挥部移到安徽祁门。

当时皖南各府州活跃着太平军英王陈玉成、忠王李秀成、侍王李世贤、辅王杨辅清等部三四十万人马，双方争城夺地，仗打得十分残酷。五个月来，祁门一直处于险象环生之中。八月中旬，宁国府失守；下旬，李元度丢失徽州府。从那以后，形势便变得更加严峻了。十月中旬，太平军前锋到达离祁门仅六十里的羊栈岭，老营仅两三千老弱残兵，人心惶惶，一片慌乱。城外小河边，每天夜里，都有不少人携带钱物乘船离去。到了十一月，建德、浮梁相继失守，祁门之倾覆，已是旦夕之间的事了。据野史说，曾氏将一柄剑埋在枕头下，做好随时自裁的准备。十月二十四日，他在给老九、老幺的信中说："现讲求守垒之法，贼来则坚守以待援师，倘有疏虞，则志有素定，断不临难苟免。"一个文弱书生，不可能靠与敌人肉搏格斗去取胜活命，既不"苟免"，自杀是必定无疑了。联系到他先前的两次投江，看来野史所言，不是虚构。

人在危险之时，总免不了心慌神乱，会做种种坏的打算；倘若将最坏的猜测定在"死"上，并且不畏惧的话，也就是人们常说的"大不了一死"，心境倒反而会平静下来。此信中"忝窃高位，又窃虚名"的话，在日后的危难时，他也曾多次说过，意谓这一辈子已无遗憾了，死就死，故而处生死之际，他能坦然怡然。

勘破事理，看淡生死，坦怡面对危难，这是曾氏这封家信带给我们的启示。

致沅弟季弟（咸丰十年十一月二十四日）

沅、季弟左右：

专使至，接书并胡帅、袁帅二书，具悉一切。所应复者，条列如左：

一、二十日羊栈之战，实派人数得贼尸六百四十五具，其水淹者、屋内者、已埋者尚不在此。内贼目古隆贤，据报实已杀矣，岭外之贼胆应可稍寒。二十四日令鲍镇率马步六千人赴景镇会剿，扫清鄱阳、都昌一带，直至东流、建德。鲍镇去后，岭防仍不免有事，吾与凯章当坚守，静镇以待事机之转。唐、沈七营已回祁门，霆军亦留四营在渔亭，或足以资守御。

一、狗逆既未大创，希军万不可南渡。北岸怀、桐，狗所必争也。韦军在枞阳，亦系必应坚守之地，如无他军换防，亦不可令韦军南来。盖十七日建德之克，二十日羊栈之胜，南岸已大有转机；且闻湖口业已保守无恙，贼亦处处丧志，不必再抽动。北岸人局，弟与润帅、希公熟商可也。安庆贼之伪回义，尚未得见。

一、袁帅奏折，不为无见。然彼甘言蜜语，以师船助我打长毛，中国则峻拒之；彼若明目张胆，以师船助长毛打我中国，再哀求之，岂不更丑？余谓彼以爱兄之道米，诚信而喜之可也。下官也有一本，录稿寄阅，弟可抄送润帅一阅。

评点：资夷力师夷智

这封信的最后一段谈到外交事，并说"下官也有一本"。我们来说说这段话的背景及曾氏的奏本。

咸丰十年十月十一日，躲在热河行宫的咸丰皇帝，给曾氏及江苏巡抚薛焕、浙江巡抚王有龄、漕运总督袁甲三等人发出一道上谕。上谕说，俄国公使对恭亲王说，该国愿派出三四百兵士协助中国军队进剿长毛，并愿出洋船代运漕粮。这两件事是否可行，命曾氏等人奏明。

信中所说的"袁帅奏折"，即漕运总督袁甲三针对这道上谕的奏折。附带说一下，这位袁甲三，就是袁世凯的叔祖。袁世凯的祖父袁树山有两个弟弟，甲三为其一。袁家之所以成为河南项城的望族，基础便是这位袁甲三打下的；后来其子袁保恒官居刑部侍郎，进一步将袁家推向兴旺。

曾氏这"一本"，实为中国近代史上的一道名奏章，它开启了一场亘古未有的大运动，不能不谈，但限于篇幅只能简略说说。

十一月初八日，曾氏以"遵旨复奏借俄兵助剿发逆并代运南漕"为题，拜发了这道奏章。鉴于"自古外夷之助中国，成功之后，每多意外要求"的先例，明确表示拒绝借俄兵助剿，而对于代运南漕一事，则认为可以答应。

答复了朝廷咨询的这两桩事后，曾氏就夷事发表自己的见解。他认为"驭夷之道，贵识夷情"，并对英、美、法、俄几个主要外夷做了分析：英最为狡黠，法次之，俄势力大过英、法，曾与英斗过，英怕俄。相比较而言，美"性质醇厚"。因此，这次俄国既然说美国商人愿意代运南漕，可以由薛焕出面与美国面订章程，妥为筹办。既可暗中杜绝俄国借此事讨好美国，又可以让美国知道我国对他们不存猜疑之心，有利于今后两国邦交。在奏章的最后，曾氏写下了两句话：

"目前资夷力以助剿济运,得纾一时之忧,将来师夷智以造炮制船,尤可期永远之利。"

这两句话,很容易使人联想到魏源的名言"师夷之长技以制夷"。出于《海国图志》序言里的这句话,闪耀出一个卓越爱国者的思想光辉。但身为江苏巡抚衙门幕僚的一介文人,无权无势,这个伟大设想仅停留在字面上而已。二十年后,这个设想经大清江山的柱石人物说出,其分量便有一言九鼎之重,更何况此刻三十岁的年轻皇上正蒙受着洋人加给他的奇耻大辱,渴望强大以复仇,故而很快便接受了这个建议并化为国策。

一个月后,即咸丰十年十二月初十日,咸丰帝下令在京师成立总理各国通商事务衙门,办理与外国有关的各种事宜,由恭亲王奕䜣、大学士桂良负责。第二天,即十二月十一日,又命曾国藩、薛焕酌情办理购买洋人枪炮并学习制造事宜。

从此,一个史无前例的以学习洋人制造技术为主要内容、以徐图自强为目的的事业,在中国兴办起来,历史学家将它称为洋务运动。如果要将洋务运动定个起始点的话,这个点理应定在咸丰十年十一月初八日曾氏的这道奏章上。

致沅弟季弟（咸丰十一年二月二十二日）

沅、季两弟左右：

二十一酉刻接十九早信。官相既已出城，则希庵由下巴河南渡以救省城，甚是矣。希庵既已南渡，狗逆必回救安庆，风驰雨骤，经过黄梅、宿松均不停留，直由石牌以下集贤关，此意计中事也。凡军行太速，气太锐，其中必有不整不齐之处，惟有一静字可以胜之。不出队，不喊呐，枪炮不能命中者不许乱放一声，稳住一二日，则大局已定。然后函告春霆渡江救援，并可约多军三面夹击。吾之不肯令鲍军预先北渡者，一则南岸处处危急，赖鲍军以少定人心；二则霆军长处甚多，而短处正坐少一静字。若狗贼初回集贤关，其情切于救城中之母妻眷属，拼命死战，鲍军当之，胜负尚未可知。若鲍公未至，狗贼有轻视弟等之心，而弟等持以谨静专一之气，虽危险数日，而后来得收多、鲍夹击之效，却有六七分把握。吾兄弟无功无能，俱统领万众，主持劫运，生死之早迟，冥冥者早已安排妥帖，断非人谋计较所能及。只要两弟静守数日，则数省之安危胥赖之矣。至嘱至要。

陈余庵闻二十一日可到景镇。左公日内可进剿乐平一带。祁门日来平安。凯章守休宁亦平安。惟宋滋九侍讲带安勇扎于前敌，被贼突来抄杀小挫，宋公受三伤。抚、建此二日无信。顺候近好。

抄二十一日复左信一件，可寄胡帅一阅。

再，群贼分路上犯，其意无非援救安庆。无论武汉幸而保全，贼必以全力回扑安庆围师；即不幸而武汉疏失，贼亦必以小支牵缀武昌，而以大支回扑安庆，或竟弃鄂不顾。去年之弃浙江而解金陵之围，乃贼中得意之笔，今年抄写前文无疑也。无论武汉之或保或否，总以狗逆回扑安庆时，官军之能守不能守以定乾坤之能转不能转。安庆之濠墙能守，则武昌虽失，必复为希庵所克，是乾坤有转机也；安庆之濠墙不能守，则武昌虽无恙，贼之气焰复振，是乾坤无转机也。弟等一军关系天地剥复之机，无以武汉有疏而遽为震摇，须待狗逆回扑，坚守之后，再定主意。

评点：持以谨静专一之气应付危局

先来说说这封家书的背景。

咸丰三年正月，太平军靠着水师的力量，从武昌顺流东下，势如破竹，不过四十来天，便进入江宁。长江既可以让洪秀全顺利成事，长江同样也可以让清军轻易取胜，故而双方都将长江视为生命线。而长江的扼控点则在几个重要的码头，如武昌、黄州、田家镇、武穴、九江、安庆、池州、芜湖、江宁。其中尤以武昌、九江、安庆、江宁四个码头最为重要。当武昌、九江已为清军所占后，攻打安庆，便成为攻克江宁前所要进行的最重要的一场战争。同样的，太平军也深知安庆是保护天京的最重要的屏障。于是安庆成了两军激战的第一战场。

守安庆的是太平军名将叶芸来、刘玱林，攻打安庆的便是有"曾铁桶"（意谓能把城围得像铁桶样滴水不漏）之称的老九及其弟曾季洪。

曾老九率领吉字营于咸丰十年四月屯兵安庆城外集贤关，两军对峙，互有胜负。

天国领导集团想方设法欲解救安庆之危局。咸丰十年十月，陈玉成移师安庆，不利后退出。十一年正月，湖北巡抚胡林翼移营安徽太湖，目的是声援安庆。

于是，陈玉成、李秀成决定以围魏救赵之计来救安庆。

二人分别从北岸和南岸同时向武昌进发，湖北的形势顿时变得严峻起来。信中所说的"官相（笔者注：即湖广总督官文）既已出城，则希庵由下巴河南渡以救省城"，正是指的当时湖北形势。

陈、李的这个军事意图，曾氏及湘军的另一主帅胡林翼都看得很清楚，从而做出即便丢掉武昌也要确保围安庆之军不撤的决定，并以此来坚定老九围城的信心。结果因南岸李秀成的误期，围武昌以救安庆的军事计划没有实现。不得已，陈玉成再回兵增援安庆。

在通常人的观念中，修炼心性、主静主诚的理学与攻城略地、不厌欺诈的军事完全是对立的、互不相干的两个领域，这中间如何沟通？理学除造就高谈阔论的学人外，它还能培养出可办实事的人才吗？

我们都知道，早年曾氏在京师做词臣时，曾拜倭仁、唐鉴为师，皈依理学，认认真真地修身养性，其主要功课为志、敬、静、谨、恒五字。笔者也曾在心里嘀咕过："敬""静""谨"这些东西，在平居时或许可以做到，乱时能做到吗？或者说，平居时所修炼来的这些功夫，乱时能发挥出它的作用吗？

读这封信，我们看到理学功夫在打仗时的运用了。曾氏批评鲍超霆军的短处在少一"静"字。又要九弟以"谨静专一之气"来面对危局。看似迂腐的学问，居然在血火刀兵的现实中产生作用，不能不令人惊奇。

本来，理学的最终目的是要造就人的完美人格。有了这个完美人格，世上什么事不能办好，何止带兵打仗！只是许许多多的理学夫子既没有把理学的精髓吃透，又没有实实在在地表里一致地加以修炼，故而流入空谈、流入虚伪、流入叶公一类。这是学者的悲哀，并非学问的悲哀！

致澄弟（咸丰十一年二月二十四日）

澄侯四弟左右：

上次送家信者三十五日即到，此次专人四十日未到，盖因乐平、饶州一带有贼，恐中途绕道也。

自十二日克复休宁后，左军分出八营在于甲路地方小挫，退扎景镇。贼幸未跟踪追犯，左公得以整顿数日，锐气尚未大减。目下左军进剿乐平、鄱阳之贼。鲍公一军，因抚、建吃紧，本调渠赴江西省，先顾根本，次援抚、建。因近日鄱阳有警，景镇可危，又暂留鲍军不遽赴省。胡宫保恐狗逆由黄州下犯安庆沅弟之军，又调鲍军救援北岸。其祁门附近各岭，二十三日又被贼破两处。数月以来，实属应接不暇，危险迭见。而洋鬼又纵横出入于安庆、湖口、湖北、江西等处，并有欲来祁门之说。看此光景，今年殆万难支持。然余自咸丰三年冬以来，久已以身许国，愿死疆场，不愿死牖下，本其素志。近年在军办事，尽心竭力，毫无愧怍，死即瞑目，毫无悔憾。

家中兄弟子侄，惟当记祖父之八个字，曰"考、宝、早、扫、书、蔬、鱼、猪"。又谨记祖父之三不信，曰"不信地仙，不信医药，不信僧巫"。余日记册中又有八本之说，曰"读书以训诂为本，作诗文以声调为本，事亲以得欢心为本，养生以戒恼怒为本，立身以不妄语为本（即不扯谎也），居家以不晏起为本，作官以不要钱为本，行军以不扰民为本"。此八本者，皆余阅历而确有把握之论，弟亦当教诸子侄谨记之。无论世之治乱，家之贫富，但能守星冈公之八字与余之八本，总不失为上等人家。余每次写家信，必谆谆嘱咐，盖因军事危急，故预告一切也。

余身体平安。营中虽欠饷四月，而军心不甚涣散，或尚能支持亦未可知。家中不必悬念。顺问近好。

兄国藩手草

评点：立身处世之"八本"

曾氏的"八本"在近代传颂甚广，最早见于其咸丰十年闰三月十八日的日记，这是第一次向家人公布。

读曾氏的文字，感觉到他有一个很显著的特点，即喜欢提炼归纳：或归纳为几句话，或归纳为几个字。

世事纷纭，须排沙拣金；道理繁多，宜由博返约。由此看来，提炼归纳的功夫必不可少。去掉什么，留存什么，这中间最能反映出一个人的好恶和见识。至于驭繁于简，更是思维能力强的表现；同时，也是一个提高升华的过程。置身于大千世界、茫茫人生，面对着烟海学问无穷资讯，会不会提炼，善不善归纳，应是人与人之间高下优劣的一个重要区分点。曾氏将祖父平日治家之方，经过一番提炼后归纳为八个字，又将其所不喜欢的东西概括为三个不信。他将素日对立身、处世、治学、做事所得到的一些体会归纳为"八本"。他的这些"本"不一定都能为人所接受，但多多少少能给人以启益。曾氏老家富厚堂中有一间房子的门楣上，高悬"八本堂"横匾，匾上便刻着这八句话。可见曾氏后世子孙对它的重视。

谕纪泽纪鸿（咸丰十一年三月十三日）

字谕纪泽、纪鸿儿：

接二月二十三日信，知家中五宅平安，甚慰甚慰。

余以初三日至休宁县，即闻景德镇失守之信。初四日写家书，托九叔处寄湘，即言此间局势危急，恐难支持，然犹意力攻徽州，或可得手，即是一条生路。初五日进攻，强中、湘前等营在西门挫败一次。十二日再行进攻，未能诱贼出仗。是夜二更，贼匪偷营劫村，强中、湘前等营大溃。凡去二十二营，其挫败者八营（强中三营、老湘三营、湘前一、震字一），其幸而完全无恙者十四营（老湘六、霆三、礼二、亲兵一、峰二），与咸丰四年十二月十二夜贼偷湖口水营情形相仿。此次未挫之营较多，以寻常兵事言之，此尚为小挫，不甚伤元气。目下值局势万紧之际，四面梗塞，按济已断，加此一挫，军心尤大震动。所盼望者，左军能破景德镇、乐平之贼，鲍军能从湖口迅速来援，事或略有转机，否则不堪设想矣。

余自从军以来，即怀见危授命之志。丁、戊年在家抱病，常恐溘逝牖下，渝我初志，失信于世。起复再出，意尤坚定。此次若遂不测，毫无牵恋。自念贫窭无知，官至一品，寿逾五十，薄有浮名，兼秉兵权，忝窃万分，夫复何憾！惟古文与诗，二者用力颇深，探索颇苦，而未能介然用之，独辟康庄。古文尤确有依据，若遽先朝露，则寸心所得，遂成广陵之散。作字用功最浅，而近年亦略有入处。三者一无所成，不无耿耿。至行军本非余所长，兵贵奇而余太平，兵贵诈而余太直，岂能办此滔天之贼？即前此屡有克捷，已为优幸，出于非望矣。

尔等长大之后，切不可涉历兵间，此事难于见功，易于造孽，尤易于诒万世口实。余久处行间，日日如坐针毡，所差不负吾心，不负所学者，未尝须臾忘爱民之意耳。近来阅历愈多，深谙督师之苦。尔曹惟当一意读书，不可从军，亦不必作官。

吾教子弟不离八本、三致祥。八者曰：读古书以训诂为本，作诗文以声调为本，养亲以得欢心为本，养生以少恼怒为本，立身以不妄语为本，治家以不晏起为本，居官以不要钱为本，行军以不扰民为本。三者曰：孝致祥，勤致祥，恕致祥。吾父竹亭公之教人，则专重孝字。其少壮敬亲，暮年爱亲，出于至诚，故吾纂墓志，仅叙一事。吾祖星冈公之教人，则有八字、三不信。八者曰：考、宝、早、扫、书、蔬、鱼、猪。三者曰僧巫，曰地仙，曰医药，皆不信也。处兹乱世，银钱愈少，则愈可免祸；用度愈省，则愈可养福。尔兄弟奉母，除劳字俭字之外，别无安身之法。吾当军事极危，辄将此二字叮嘱一遍，此外亦别无遗训之语，尔可禀告诸叔及尔母无忘。

评点：文人的遗憾

自从就任两江总督以来，曾氏就一直处于军事不利的局面，几乎天天都在忧愁中度过，用他给老九信中的话来说，即"实无生人之趣"，故而在家信中常会说些随时准备死的话。这次给两个儿子的信说得更明白，若有不测，信上所说的便是遗训了。剖析这封信，可以让我们知道一些曾氏的内心世界。

曾氏对自己仕宦权位已觉满足，即便明日死，他亦毫无遗憾。但他此生仍有不满意者，即在古文、诗与书法上。早在二十年前，曾氏便自以为在诗文上进入到一个相当高的境界，恨当世无韩愈、黄庭坚一类人能与他对话。这一方面可见青年时代的曾氏之狂，另一方面也可知他那时的诗文的确很好，因为说这番话时，他已是皇家的文学侍从，并非高椅山下的井底之蛙。

倘若不是战争扭转了他的人生轨迹，他定然会有更多空余的时间和闲适的心境与书卷笔墨打交道，相信他在诗文创作方面会取得更大的艺术成就。然而事情也有另一面。走出书斋官衙，能与更广阔的社会各阶层有较深入的接触；投身军旅，金戈铁马更能催天地间的阳刚雄伟之气；领袖群伦，既能集合一大群诗文才俊，又可以让自己的所作仗权势而影响广泛。或许正是因为这样，才有日后的湘乡文派。这也许是此刻的曾氏所没有料到的。我们且来读一段钱锺书之父钱基博先生在《现代中国文学史》中所写的一段话：

"厥后湘乡曾国藩以雄直之气，宏通之识，发为文章，而又据高位，自称私淑于桐城，而欲少矫其懦缓之失；故其持论以光气为主，以音响为辅。探源扬、马，专宗退之，奇偶错综，而偶多于奇，复字单词，杂厕其间，厚集其气，使声彩炳焕而夏焉有声。此又异军突起而自为一派，可名为湘乡派。一时流风所被，桐城而后，罕有抗颜行者。"

曾氏当时若能知七十年后有名学者在中国文学史上为他这样定位的话，想必不会有"寸心所得遂成广陵之散"的遗憾。至于他的书法，虽然他也颇为自负，但平心而论，没有太大的成就，即便他一辈子勤临墨池，也不见得会超过他的朋友何绍基。但这百余年来，坊间所流传得最多的字不是何字而是曾字，许多赝品都能卖得高价钱，这不是别的原因，而是因为曾氏的位高名大。名位是怎么来的，还不是"从军"所带来的吗？

所有这些，都可以从曾氏所信奉的消息盈虚之理中找到答案。

曾氏对诗、文、字的遗憾，归结为一点，其实是对学问的遗憾；说得更确切点，乃是一种文人的遗憾。中国的知识分子有很重的文人情结，不管事功上多么辉煌，若著书立说上没有大成就的话，他总会有不满足感。即便如洪秀全这种人，进了南京城后，他更多的心思也是用在《天王御制诗》的编撰修订上。这很可能是深受"三立"思想影响的缘故。

曾氏一向相信"拙诚"，这一则是理学教育的结果，二来也与他的性格有关。在"拙诚"的指导下，他提出过"深沟高垒，步步为营""扎硬寨，打死仗"

等口号，对湘军的军事建设起过不少积极作用。但打仗不能只靠拙诚，奇、险、巧、诈，常常是取得战役胜利的重要原因。曾氏可以运筹于帷幄，却不能决胜于战场，究其原因，他缺的是机动灵活、快速变化的临阵指挥才能。

曾氏深知自己实际上是短于兵事的，故而嘱咐儿子不要去从军。同时，他也不太希望儿子去做官。关于这方面，我们以后在相关点评中再来细说。

致沅弟（咸丰十一年四月初三日）

沅弟左右：

接来书，具悉一切。昨日雨小而风大，今日风小而雨大。鲍军勇夫万余人，纵能渡江，想初二尚未渡毕，初三则断不能渡。

凡办大事，半由人力，半由天事。如此次安庆之守，濠深而墙坚，稳静而不懈，此人力也；其是否不至以一蚁溃堤，以一蝇玷圭，则天事也。各路之赴援，以多、鲍为正援集贤之师，以成、胡为后路缠护之兵，以朱、韦为助守墙濠之军，此人事也；其临阵果否得手，能否不为狗酋所算，能否不令狗酋逃遁，此天事也。吾辈但当尽人力之所能为，而天事则听之彼苍，而无所容心。弟于人力颇能尽职，而每称擒杀狗酋云云，则好代天作主张矣。

至催鲍进兵，亦不宜太急。鲍之队伍由景镇至下隅坂，仅行五日，冒雨遄征，亦可谓极速矣。其锅帐则至今尚未到齐，以泥太深，小车难动也。弟自抚州拔营至景镇，曾经数日遇雨，试一回思，能如鲍公此次之迅速乎？润帅力劝鲍公进兵不必太急，待狗酋求战，气竭力疲而后徐起应之云云，与弟意见正相反。余意不必催鲍急进，亦不必嘱鲍缓战，听鲍公自行斟酌可也。多公调度远胜于鲍，其马队亦数倍于鲍。待多击退黄文金后，再与鲍军会剿集贤关，更有把握。

至狗酋虽凶悍，然屡败于多、李、鲍之手，未必此次忽较平日更狠。黄文金于洋塘、小麦铺两败，军器丢弃已尽。多、鲍之足以制陈、黄二贼，理也，人力之可知者也；其临阵果否得手，则数也，天事之不可知者也。来书谓狗部有马贼二千五六百，似亦未确。系临阵细数乎，抑系投诚贼供乎？闻贼探多假称投诚者，弟宜慎之。即问近好。

评点：凡办大事半人力半天事

　　曾氏在信中提出了两个观点：一、凡办大事，半由人力，半由天事。二、吾辈但当尽人力之所能为，而天事则听之于自然。曾氏的这两个观点都有相当的道理。世上有许多事特别是小事，是可以由自己一人做得了主的。但有许多事，特别是大事，却因为牵扯的因素多，自己一人往往做不了主。心中明白了这个道理，便会注意去考虑相关的因素，也会不至于事不成而想不开。有些相关因素，即便你再怎么去考虑它研究它，也不会因此而随着你的心意改变。那么，你且按自己的意图做去，能成几分是几分，不成也罢了。这就是尽人事而听天命者胸襟多豁达的原因。

致澄弟（咸丰十一年六月十四日）

澄弟左右：

六月初四接五月二十四来信并纪泽一禀，具悉一切。南五舅母弃世，纪泽往吊后，弟亦往吊唁否？此等处，吾兄弟中有亲往者为妙。从前星冈公之于彭家，并无厚礼厚物，而意甚殷勤，亲去之时甚多，我兄弟宜取以为法。大抵富贵人家气习，礼物厚而情意薄，使人多而亲到少。吾兄弟若能彼此常常互相规诫，必有裨益。

此间军事平安。余疮疾渐愈，已能写字矣。安庆军情，九弟常有信回，兹不赘。付回银二百两，系去年应还袁宅之项，查收。即问近好。

国藩手草

评点：情意与钱物

人与人之间的往来，主要表现在两个方面：一是情意上，一是钱物上。在物资匮乏的年代，或在缺少钱物的人之间，情意的一面似乎显现得更为突出些。反之，在物质富裕的时候，或在有钱人之间，不少的情意却用金钱取代了。人间交往，金钱是不可缺的，尤其在急需此物的时候，助人以金钱，比空空的几句话要重要得多。但在一般的情况下，情意更显得亲热、温馨。现代社会，运转节奏加快，赚钱发财的门路增多，不少人因此而淡薄了情意，许多该表示温情的时候却用冰冷的钱物去代替，许多该由自己亲身做的事却委托毫不相干的人去代理，正如一百多年前，曾氏在这封信里所指出的："大抵富贵人家气习，礼物厚而情意薄，使人多而亲到少。"人情便因此而淡化，人世也便因此而失去温暖。这的确是值得世人注意的事。

谕纪泽（咸丰十一年九月二十四日）

字谕纪泽儿：

昨见尔所作《说文》分韵解字凡例，喜尔今年甚有长进，固请莫君指示错处。莫君名友芝，字子偲，号邵亭，贵州辛卯举人，学问淹雅。丁未年在琉璃厂与余相见，心敬其人。七月来营，复得晤谈。其学于考据、词章二者皆有本原，义理亦践修不苟。兹将渠批订尔所作之凡例寄去，余亦批示数处。

又寄银百五十两，合前寄之百金，均为大女儿于归之用。以二百金办奁具，以五十金为程仪，家中切不可另筹银钱，过于奢侈。遭此乱世，虽大富大贵，亦靠不住，惟勤俭二字可以持久。又寄丸药二小瓶，与尔母服食。尔在家常能早起否？诸弟妹早起否？说话迟钝、行路厚重否？宜时时省记也。

涤生手示

评点：以二百金办女儿奁具

曾氏定下的家规：女儿出嫁的嫁妆为二百两银子，不能超过。出嫁的大女儿名纪静，年二十岁，夫婿袁秉桢，其父袁芳瑛为曾氏翰苑同事。袁秉桢不争气，婚后九年纪静便去世。先前的点评中已言及，此不赘述。二百两嫁妆，对普通百姓而言，自然已是丰厚了，但对于曾家这样的家庭来说，则属节俭。曾氏小女纪芬在其自订年谱里说："文正手谕嫁女奁资不得逾二百金。欧阳太夫人遣嫁四姊时，犹恪秉成法。忠襄公闻而异之曰：'乌有是事？'发箱奁而验之，果信。再三嗟叹，以为实难敷用，因更赠四百金。"二百两银子实在不够敷用，于是其九叔再送四百两。

致澄弟沅弟（咸丰十一年十一月初四日）

澄、沅弟左右：

二十七日接家信：澄弟一件、纪泽一件、沅弟在武昌所发一件。初一日接沅弟岳州发信。具悉一切。澄弟以狐裘袍褂为我贺生日，道理似乎太多。余在外多年，惟待家庭甚薄，亦自有一番苦心。近日两弟待我过厚，寸衷尤觉难安。沅弟临别时，余再三叮嘱此层，亦以余之施薄，不欲受厚；且恐彼此赠送丰厚，彼此皆趋奢靡。想弟已喻此意矣。

沅弟信中决气机之已转，世运之将亨，余意亦觉如此。盖观七月十七以后，八君子辅政，枪法尚不甚错，为从古之所难，卜中兴之有日。特余忝窃高位，又窃虚名，遐迩观瞻，深以为惧。沅弟不特不能幅巾归农，且恐将膺封疆重寄，不可不早为之计。学识宜广，操行宜严，至嘱至嘱。余为遍身癣痒所苦，不能再有进境，深以为愧。泽儿要算学诸书，余于近日派潘文质送南五母舅回籍，即带书至家。顺问近好。

兄国藩手草

评点：礼之厚薄与八君子辅政

十月十一日，为曾氏五十晋一生日。湘省习俗，晋一亦是大庆，故老四以狐皮袍褂为乃兄贺生。曾氏自认于银钱上待兄弟薄，对于这份厚礼，他颇觉心难安。查看曾氏送人礼物（包括送女儿嫁妆在内）均不甚厚，这固然出于曾氏节俭的天性，也自有他的一番道理，即信上所说的："恐彼此赠送丰厚，彼此皆趋奢靡。"笔者对此颇为赞同。

彼此之间互送礼品，这是人之常情，自古以来便如此，相信今后也不可免除。其实，送礼只是心意的一种表达方式，并不在于礼品之厚薄。但许多人都认为礼重才情厚，有财大气粗者，还要借此摆阔显脸面。受礼者，在对方有喜庆时也不得不加重回报。这样一来，礼品变得越来越重，成为人际交往中的一个负担，许多人为送礼一事而发愁。如此，送礼的本义便失去了。

笔者欣赏西方人的送礼方式：花小小的钱买一件价廉实用的东西，然后用漂亮的包装纸包起来，郑重其事地交给对方。送者付出不多，受者不成为心理负担，场面又好看，彼此皆大欢喜。

自咸丰十一年七月十七日咸丰帝驾崩，到该年九月三十日解除载垣、端华、肃顺等人职务，咸丰帝临终所任命的辅政八大臣执政仅仅七十三天。曾氏远在江南，自然不知道热河行宫里的那场权力争斗。在他看来，肃顺等人辅政有方，并且乐观地认为，照此下去，中兴将指日可待。其实，曾氏所说的也并不错。

肃顺虽为皇室成员，却比一般的王公大臣有见识有能力。他大刀阔斧地清查户部宝钞案、科场舞弊案，且力排众议，杀掉该科主考官大学士柏葰。他力主重用汉人中有真才实学者。这些，都让咸丰帝十分赏识。当然，他也因此得罪不少权贵，为自己日后的失败埋下祸根。当年，就是他主张起用江忠源、曾国藩等一班汉人执掌兵权。现在，轮到他掌权了，无论于公于私，他都要更加放手支持曾国藩和江南的湘军集团。除对打下安庆城的曾国荃、曾国葆重赏外，为笼络曾氏家族，又对早已战死的曾国华加恩予谥，曾氏本人则更赏加太子少保崇衔。此外，对湘军中其他重要头领也都予以加官晋级。如升彭玉麟为安徽巡抚、张运兰为福建按察使、刘坤一为广东按察使。对于曾氏所奏保的鲍超、宋国永、陈由立、黄庆、娄云庆、张玉田等，皆一一应允，分别授提督、总兵等实缺。

所有这一切，都是为了让曾氏及其部属们感激奋发，为朝廷早日收复江南，稳定大局。同时，也希望以此将曾氏集团收买过来，成为支持他们一派的强大力量。

当时朝廷的内情通报的状况令今人难以理解。一件这样大的事情，曾氏这样重要的大臣，居然事发一个多月了，他还没得到任何音讯。直到十天后他接到朝廷寄来的包封，内有廷寄四件、谕旨一道，另抄示别人的奏片一道。这道奏片中说载垣等人明正典刑人心欣悦云云。曾氏这才知道载垣、肃顺等人已死，但不知是何日发生的事，也不知他们犯的什么罪。

这以后，十一月十七日、二十二日，曾氏接连两次从别人的信中略知一些内情，直到二十八日才接到京报，确知此案。从那以后，始终也没有看到曾氏收到有关通报此案的正式文件的记载。

朝廷中的这等大事，并不立即具文通知各省的总督、巡抚，甚至连曾氏这样负有半壁河山之责的大员也不通知。在今天看来，岂非咄咄怪事！

致沅弟（同治元年正月十八日）

沅弟左右：

十七日钦奉谕旨，兄拜协办大学士之命，弟拜浙江按察使之命。一门之内，迭被殊恩，无功无能，忝窃至此，惭悚何极！惟当同心努力，仍就"拼命报国，侧身修行"八字上切实做去。前奉旨赏头品顶戴，尚未谢恩，此次一并具折叩谢。到省后或将新营交杏南等带来，而弟坐轻舟先行，兼程赴营，筹商一切，俾少荃得以速赴上海，至要至要。少荃现有四千五百人，望弟再拨一二营与之，便可独当一路。渠所部淮扬水师，余嘱其留两营在上游，归弟调遣。弟将来若另造炮船，自增水师，此二营仍退还黄、李，弟自有水师两营。其余大处仍请杨、彭协同防剿，庶几可分可合，不伤和气。

评点：朝廷着意笼络老九

曾国荃自十月初六日回湘募勇，到现在三个多月了。这期间曾氏多次函催他早日返回军营商量带兵增援上海的事，但老九大摆功臣的架子：一是拒绝带兵去上海，二是对别人的批评强烈不满，三是赖在家里迟迟不动。

老九这一招竟然非常有效，不仅大哥求他之情更急，连朝廷也被他这副神

228

态弄怕了，惟恐他从此不再出山，使出的笼络手段可谓罕见。咸丰十一年十月二十一日赏头品顶戴，对于曾国荃来说这是不次之赏。曾氏在十二月初四日给老九的信上说得很明白："前此骆、胡、王、薛诸人，皆以巡抚而赏头品顶戴，今弟以记名臬司获此殊恩，宜如何感激图报？务望迅速回营，不可再在家中留恋。"接下来，同治元年正月初四又发上谕："浙江按察使着曾国荃补授，即赴新任，毋庸来京请训。"一个贡生功名的书生，从军不过五年，便做了地方大员，不是因为军功，何来得如此神速！当时从军者千千万万，如曾老九这样的幸运者，能有几人？

即便这样的"殊恩"降临头上，曾老九仍还在家中待了二十多天，直到正月二十八日才启行。不料，十七天后，老九刚刚带领新募的六千湘勇抵达安徽，便又奉到一道上谕："江苏布政使着曾国荃补授，即赴新任，毋庸来京请训。该员系两江总督曾国藩之胞弟，例应回避，惟该省军务要紧，需员办理，着毋庸回避，以资得力。"因为军务要紧，既不需要循资渐进，又不需要至亲回避，在朝廷的眼里，江南战场，舍曾老九外，再无更能打仗的骁将了。

曾氏与老九的态度大不相同：面对着朝廷给他和乃弟的皇恩，他一面"惭悚何极"，一面发誓要"拼命报国，侧身修行"。

同胞兄弟，性格差异之大，曾家的老大、老九是个典型例子。

谕纪泽（同治元年四月初四日）

字谕纪泽儿：

连接尔十四、二十二日在省城所发禀，知二女在陈家，门庭雍睦，衣食有资，不胜欣慰。

尔累月奔驰酬应，犹能不失常课，当可日进无已。人生惟有常是第一美德。余早年于作字一道，亦尝苦思力索，终无所成。近日朝朝摹写，久不间断，遂觉月异而岁不同。可见年无分老少，事无分难易，但行之有恒，自如种树畜养，日见其大而不觉耳。尔之短处在言语欠钝讷，举止欠端重，着书能深入而作文不能峥嵘。若能从此三事上下一番苦功，进之以猛，持之以恒，不过一二年，自尔精进而不觉。言语迟钝，举止端重，则德进矣。作文有峥嵘雄快之气，则业进矣。尔前作诗，差有端绪，近亦常作否？李、杜、韩、苏四家之七古，惊心动魄，曾涉猎及之否？

此间军事，近日极得手。鲍军连克青阳、石埭、太平、泾县四城。沅叔连克巢县、和州、含山三城暨铜城闸、雍家镇、裕溪口、西梁山四隘。满叔连克繁昌、南陵二城暨鲁港一隘。现仍稳慎图之，不敢骄矜。

余近日疥癣大发，与去年九、十月相等。公事丛集，竟日忙冗，尚多和搁之件。所幸饮食如常，每夜安眠或二更三更之久，不似往昔彻夜不寐，家中可以放心。此信并呈澄叔一阅，不另致也。

评点：有常是第一美德

儿子虽忙而不失常课，曾氏加以肯定，并由此而展开，谈到"常"对人生的重要性。早在道光二十二年，曾氏便对诸弟勉以有志、有识、有恒，"常"即"恒"也。这次他又将此当作第一美德来看待。以笔者看来，"常"对人来说，最平实，亦最不容易。所谓平实，是指人人都可以做得，不像"志"，有大志小志之分，大志也不是人人都可以立的；也不像"识"，它还要以学问和天分作为基础。所谓不容易，就在于难能坚持。做十天八天可以，做十个月八个月就难了，做十年八年则难上加难。然则又只有"守常"，才能获取成效。曾氏结合自己的体验，对儿子所说的"年无分老少，事无分难易，但行之有恒，自如种树畜养，日见其大而不觉耳"，这几句话实在是可以视为垂之后世的格言。

常言说"知子莫如父"，曾氏对儿子的毛病看得也很清楚，这封信里指出了三点，并一一对症下药：以厚重进德，以阳刚医弱。

谕纪泽纪鸿（同治元年四月二十四日）

字谕纪泽、纪鸿儿：

今日专人送家信，甫经成行，又接王辉四等带来四月初十之信，尔与澄叔各一件，借悉一切。

尔近来写字，总失之薄弱，骨力不坚劲，墨气不丰腴，与尔身体向来轻字之弊正是一路毛病。尔当用油纸摹颜字之《郭家庙》、柳字之《琅琊碑》《玄秘塔》，以药其病。日日留心，专从厚重二字上用工。否则字质太薄，即体质亦因之更轻矣。人之气质，由于天生，本难改变，惟读书则可变化气质。古之精相法者，并言读书可以变换骨相。欲求变之之法，总须先立坚卓之志。即以余生平言之，三十岁前最好吃烟，片刻不离，至道光壬寅十一月二十一日立志戒烟，至今不再吃。四十六岁以前作事无恒，近五年深以为戒，现在大小事均尚有恒。即此二端，可见无事不可变也。尔于厚重二字，须立志变改。古称金丹换骨，余谓立志即丹也。满叔四信偶忘送，故特由驲补发。此嘱。

涤生示

评点：读书可以变化气质

　　曾氏在这封信里提出一个很重要的观点，即读书可以改变人的气质。人们常说"江山易改，本性难移"，气质属于人的本性之列，是与生俱来的，的确难以改变，但也不是完全不能变的。书籍可以教给人们许许多多的知识，可以把前人的成败得失通过文字再现在读者的面前。聪明的读者能从中看出美丑善恶、优劣好坏，从而要求自己学习什么，弘扬什么，抛弃什么，久而久之，性格气质便在不知不觉间发生了变化。比如说一个性情暴躁的人，看了《三国演义》中张飞因暴躁而鞭打部属，结果被部属所杀，造成蜀国后来不可收拾的局面，应当有所触动。若多看了几则这样的故事，必然会对自己的暴躁性格有所抑制。又如一个爱开玩笑的人，看了《十五贯戏言成巧祸》的故事后，应当对自己的这个毛病有所警惕。此类事古往今来不少，多读书自然会更深刻地明白不慎言的害处。暴躁、爱开玩笑等等，都属于性格一类，读书可以使之改变。当然，即便如此，也不是容易做到的，故曾氏还强调要有"坚卓之志"。好学深思而有坚卓之志，就能够做到金丹换骨。

致沅弟季弟（同治元年五月十五日）

沅、季弟左右：

帐棚即日赶办，大约五月可解六营，六月再解六营，使新勇略得却暑也。抬小枪之药与大炮之药此间并无分别，亦未制造两种药。以后定每月解药三万斤至弟处，当不致更有缺乏。王可升十四日回省，其老营十六可到。到即派往芜湖，免致南岸中段空虚。

雪琴与沅弟嫌隙已深，难遽期其水乳。沅弟所批雪信稿，有是处，亦有未当处。弟谓雪声色俱厉，凡目能见千里而不能自见其睫，声音笑貌之拒人，每苦于不自见，苦于不自知。雪之厉，雪不自知；沅之声色，恐亦未始不厉，特不自知耳。曾记咸丰七年冬，余咎骆、文、耆待我之薄，温甫则曰："兄之面色，每予人以难堪。"又记十一年春，树堂深咎张伴山简傲不敬，余则谓树堂面色亦拒人于千里之外。观此二者，则沅弟面色之厉，得毋似余与树堂之不自觉乎？

余家目下鼎盛之际，余忝窃将相，沅所统近二万人，季所统四五千人，近世似此者曾有几家？沅弟半年以来，七拜君恩，近世似弟者曾有几人？日中则昃，月盈则亏，吾家亦盈时矣。管子云："斗斛满则人概之，人满则天概之。"余谓天之概无形，仍假手于人以概之。霍氏盈满，魏相概之，宣帝概之；诸葛恪盈满，孙峻概之，吴主概之。待他人之来概而后悔之，则已晚矣。吾家方丰盈之际，不待天之来概，人之来概，吾与诸弟当设法先自概之。

自概之道云何？亦不外清、慎、勤三字而已。吾近将清字改为廉字，慎字改为谦字，勤字改为劳字，尤为明浅，确有可下手之处。

沅弟昔年于银钱取与之际不甚斟酌，朋辈之讥议菲薄，其根实在于此。去冬之买犁头嘴、栗子山，余亦大不谓然。以后宜不妄取分毫，不寄银回家，不多赠亲族，此廉字工夫也。谦之存诸中者不可知，其着于外者约有四端：曰面色，曰言语，曰书函，曰仆从、属员。沅弟一次添招六千人，季弟并未禀明径招三千人，此在他统领所断做不到者，在弟尚能集事，亦算顺手。而弟等每次来信索取帐棚、子药等件，常多讥讽之词、不平之语，在兄处书函如此，则与别处书函更可知矣。沅弟之仆从随员颇有气焰，面色言语，与人酬接时，吾未及见，而申夫曾述及往年对渠之词气，至今饮憾。以后宜于此四端痛加克治，此谦字工夫也。每日临睡之时，默数本日劳心者几件，劳力者几件，则知宣勤王事之处无多，更竭诚以图之，此劳字工夫也。

余以名位太隆，常恐祖宗留诒之福自我一人享尽，故将劳、谦、廉三字时时自惕，亦愿两贤弟之用以自惕，且即以自概耳。

湖州于初三日失守，可悯可敬。

评点：以廉谦劳三字自抑

有野史记载，曾国荃在湘乡老家起屋，宏丽壮阔，逾格越制，有人告发到彭玉麟处。彭玉麟微服私访，果如所说，遂奏告朝廷。朝廷严旨斥责曾国荃。曾国荃不得不拆掉一部分违礼违制建筑。这件事是不是真的，已不可确考，而奏参老九的是彭玉麟而不是别人，足见他们两人嫌隙较深，才可以用来作为这段故事中的两个主人公。

四月二十八日，曾氏致沅的信中有这样的几句话："弟以金柱关之破，水师出力最多，厘卡当雪二季二，甚善甚善。兹定为沅五、雪三、季二，尤为惬当。"

曾氏将"雪二"改为"雪三",是基于"雪二"有亏于彭玉麟,可见老九待彭不甚公允。曾氏告诉弟弟,别人的毛病易于看到,而自己的毛病则难于看到,要多多检查自己。"责己严而待人宽",实在是处理同事之间关系的一个最好方法。

一九一一年,蔡锷将军从曾氏和胡林翼的文集中选取部分有关用兵打仗的言论,编为《曾胡治兵语录》一书,作为新军士官的教材。此教材后来又被黄埔军校所沿用。在"和辑"一节中,蔡锷摘取了此信中的几句话:"弟谓雪声色俱厉。凡目能见千里,而不能自见其睫,声音笑貌之拒人,每苦于不自见,苦于不自知。雪之厉,雪不自知;沅之声色,恐亦未始不厉,特不自知耳。"并于其后加以评议:"古人相处,有愤争公庭而言欢私室,有交哄于平昔而救助于疆场,盖不以公而废私,复不以私而害公也。人心不同如其面,万难强之使同。驱之相合,则睚眦之怨,芥蒂之嫌,自所难免。惟以公私之界分得清认得明,使之划然两途,不相混扰,则善矣。"蔡锷认为,同事间因性格、取向等方面的不同,要做到完全融洽无间是很难的,重要的是要分清公私,决不能将私人意气用在处理公事上,尤其不能容忍以私害公。笔者认为,这番话应为每一个从业者所重视。"不以私害公",应当成为一种职业道德。

传说老九打下安庆后,带了大批金银财宝回老家,岳阳到衡阳,几百里湘江码头上药铺里的人参被老九一购而光。从信中所说的"沅弟昔年于银钱取与之际不甚斟酌","去冬之买犁头嘴、栗子山,余亦大不谓然"看来,老九拐带大批金银回家之说不诬,也可知多少年来老大说的不买田起屋、不积宦银给子孙的话,在诸弟的身上几乎没起到作用。当年霍光秉政二十多年,权倾天下,死后其子孙恣意放肆,结果满门抄斩,与霍氏相连坐诛灭者数千家。诸葛亮之侄儿诸葛恪为吴国辅政大臣,也因骄慢招怨,被孙峻设计于酒席间斩杀。曾氏引这两段史实来敲一敲老九的脑袋:任你如何煊赫一时,若不知儆戒,近者祸于其身,远者报于子孙。这就是"天概"。天概是通过仇家之手来完成的。鉴于此,必须先自己来概,即自己来抑制自己,其方法在于廉、谦、劳三字。无疑,这正是给老九的贪、傲、怠(打完安庆后,在家待了半年)等毛病的对症下药。

这三个字岂止是医老九的药丸，对于一切有志做大事的人来说，都是一帖清醒剂。

致沅弟季弟（同治元年六月初十日）

沅、季弟左右：

专丁来信，应复者条列如左：

一、援贼大至，余甚为悬系。崇天义张姓，似是去春守徽州者，诡计甚多，打硬仗亦不甚悍。伪忠王前年十月在羊栈岭，去年春在建昌等处，均不甚悍，专讲避实击虚。弟所部新勇太多，总以"不出濠浪战"五字为主。如看确贼之伎俩，偶然一战，则听弟十分审慎出之，余但求弟自固耳。

一、上海军情，昨已将少荃信抄寄。周沐润业经批令来皖帮办文案。许惇诗有才而名声太坏。南坡专好用名望素劣之人，如前用湖南胡听泉、彭器之、李茂斋，皆为人所指目，即与裕时卿、金眉生交契，亦殊非正人行径。弟与南坡至好，不可不知其所短。余用周弢甫，亦系许、金之流。近日两奉寄谕查询，亦因名望太劣之故。毁誉悠悠之口，本难尽信，然君子爱惜声名，常存冰渊惴惴之心。盖古今因名望之劣而获罪者极多，不能不慎修以远罪。吾兄弟于有才而无德者，亦当不没其长，而稍远其人。

评点：如何使用有才无德者

一个大团队里，人员必参差不齐。通常是德才兼备者为数极少，德优才薄者也不是很多。大部分人是德也平平，才也平平。也不乏这样的人：缺德无德，但才干却过于常人。

一个团队之所以组合，必定有一桩共同的事业让大家来办，故而办事之才常常是这个团队最为需要的，至于德，只要不害别人、不损这个集体就行了。于是，才常常为团队的领导者所看重。然而，有德，却可以固结人心，为团队做更大的贡献；缺德，也可能做出有损于这个团队的事情来。因此，"德"字绝不可忽视。

在曾氏的人才思想中，可以看出他于才德二字上，更重德字。他说过这样的话："德若水之源，才即其波澜；德若木之根，才即其枝叶。"但他毕竟是个军事统帅，于军事有用的"才"，他也是看得很重的。信中所说的黄冕（南坡）就是德性上较差而才干出众的人。野史上说，黄为人贪。他在办东征局期间，利用手中的实权为自己聚敛了大量钱财。但他筹粮筹饷置办军需上都很有办法，故曾氏一直重用他。曾氏对包括黄冕在内的一批有才而无德者采取的原则是：不没其长，而稍远其人。

此种做法可为大大小小的公司老总们提供借鉴。

谕纪泽（同治元年七月十四日）

字谕纪泽儿：

曾代四、王飞四先后来营，按尔二十日、二十六日两禀，具悉五宅平安。

和张邑侯诗，音节近古，可慰可慰。五言诗，若能学到陶潜、谢朓一种冲淡之味和谐之音，亦天下之至乐，人间之奇福也。尔既无志于科名禄位，但能多读古书，时时哦诗作字，以陶写性情，则一生受用不尽。第宜束身圭璧，法王羲之、陶渊明之襟韵潇洒则可，法嵇、阮之放荡名教则不可耳。

希庵丁艰，余即在安庆送礼，写四兄弟之名，家中似可不另送礼。或鼎三侄另送礼物亦无不可，然只可送祭席挽幛之类，银钱则断不必送。尔与四叔父、六婶母商之。希庵到家之后，我家须有人往吊，或四叔，或尔去皆可，或目下先去亦可。

近年以来，尔兄弟读书，所以不甚耽搁者，全赖四叔照料大事，朱金权照料小事。兹寄回鹿茸一架、袍褂料一副，寄谢四叔。丽参三两、银十二两，寄谢金权。又袍褂料一副，补谢寅皆先生。尔一一妥送。家中贺喜之客，请金权恭敬款接，不可简慢。至要至要。

贤五先生请余作传，稍迟寄回。此次未写复信，尔先告之。家中有殿板《职官表》一书，余欲一看，便中寄来。抄本国史文苑、儒林传尚在否？查出禀知。此嘱。

涤生手草

评点：持身可学王陶而不可学嵇阮

曾纪泽的这首和张邑侯的五言诗，可惜已找不到了。他另有一首题作《题张铸庵邑侯树萱种竹图小像》的七律，也是写给这位张邑侯的。抄录于下，供诸位欣赏："契阔时多会合难，展图一笑接余欢。灵萱也应八千岁，新竹正宜三万竿。偶着黄冠披野服，曾凭赤手障狂澜。玉皇香案当年吏，长啸犹能集凤鸾。"这首诗，他也曾寄给乃父。曾氏批云："尚无俗句，然题图诗总宜少作。"看来，曾氏对儿子这首诗评价平平，且不喜儿子做这种应酬诗。

曾氏的意见是对的。诗是抒发性灵的文字，应酬总夹杂着非性情的成分在内，故古往今来，应酬诗少有佳作。

曾氏对陶渊明、谢朓的五言诗评价甚高，认为诗中的冲淡之味、和谐之音为天下之至乐。这是曾氏诗论中的重要观点。笔者以为，曾氏于文偏重阳刚豪放，于诗偏重阴柔婉约。又，曾氏于诗文早年偏重阳刚豪放，晚年偏重阴柔婉约。

曾氏特为向儿子指出，胸襟潇洒与放荡名节大不相同。胸襟潇洒是指淡泊名利、顺应自然，放荡名节则将触犯名教，与世道人情相忤。故曾氏要儿子学王羲之、陶渊明，而不可学嵇康、阮籍。

致澄弟（同治元年九月初四日）

澄弟左右：

沅弟金陵一军危险异常，伪忠王率悍贼十余万昼夜猛扑，洋枪极多，又有西洋之落地开花炮，幸沅弟小心坚守，应可保全无虞。鲍春霆至芜湖养病，宋国永代统宁国一军，分六营出剿，小挫一次。春霆力疾回营，凯章全军亦赶至宁国守城。虽病者极多，而鲍、张合力，此路或可保全。又闻贼于东坝抬船至宁郡诸湖之内，将图冲出大江，不知杨、彭能知之否？若水师安稳，则全局不至决裂耳。

来信言余于沅弟既爱其才，宜略其小节，甚是甚是。沅弟之才，不特吾族所少，即当世亦实不多见。然为兄者，总宜奖其所长而兼规其短，若明知其错而一概不说，则非特沅一人之错，而一家之错也。

吾家于本县父母官，不必力赞其贤，不可力诋其非。与之相处，宜在若远若近、不亲不疏之间。渠有庆吊，吾家必到；渠有公事，须绅士助力者，吾家不出头，亦不躲避；渠于前后任之交代，上司衙门之请托，则吾家丝毫不可与闻。弟既如此，并告子侄辈常常如此。子侄若与官相见，总以谦谨二字为主。

评点：对父母官宜若远若近

　　曾氏与兄弟之间的关系，从家信中看来，似乎常常是曾氏一人处一边，其他四人处一边，如早年关于赠银钱与亲戚、建社仓的争论，后来关于买田起屋的争论等等，都可以看出这种一对四的局面。这一方面是地位和居住远近的原因，另一方面也因为境界的不同。应该说，曾氏的境界已超出常人，而他的四个弟弟的境界与世俗人相同。这次是老四出来劝大哥了：既然老九有攻城夺关的大才，那么多运点金银回家、买田起屋这些事，便是小事了，何须计较？

　　老四的话并不错，若降低一格来看，老九已经很了不起了，没有必要再苛求。但若往深处想，老四与老九原本就是同一个层次的人。他在心里很可能会说，若我处于老九的状况，我也会这样做！你的那套高论还是少发为好。

　　眼下的曾家，在湘乡县的地位又远非昔日可比了。当年只是一个老大做京官，现在可是三兄弟都手握大权重兵，真可谓"曾家吼一吼，湘乡抖三抖"。处于这种地位，如何与本县父母官相交往，曾氏交给在家管事的老四一个原则：若远若近，不亲不疏。并举例说明具体操作的方式。

致沅弟（同治元年九月十一日）

沅弟左右：

初五早之捷，破贼十三垒，从此守局应可稳固，至以为慰。缩营之说，我极以为然。既不能围城贼，又不能破援贼，专图自保，自以气敛局紧为妥，何必以多占数里为美哉？及今缩拢，少几个当冲的营盘，每日少用几千斤火药，每夜少几百人露立，亦是便益。气敛局紧四字，凡用兵处处皆然，不仅此次也。

所需洋枪洋药铜帽等，即日当专长龙船解去。然制胜之道，实在人而不在器。鲍春霆并无洋枪洋药，然亦屡当大敌。前年十月、去年六月，亦曾与忠酋接仗，未闻以无洋人军火为憾。和、张在金陵时，洋人军器最多，而无救于十年三月之败。弟若专从此等处用心，则风气所趋，恐部下将士，人人有务外取巧之习，无反己守拙之道，或流于和、张之门径而不自觉，不可不深思，不可不猛省。真美人不甚争珠翠，真书家不甚争笔墨，然则将士之真善战者，岂必力争洋枪洋药乎？

闻霆军营务处冯标说，霆营现以病者安置城内，尽挑好者扎营城外，亦是一法。弟处或可仿而行之。将病者伤者全送江北，令在西梁、运漕等处养息，专留好者在营。将东头太远之营缩于中路、西路，又将病伤太多之营缩而小之，或以二营并而一之。认真检阅一番，实在精壮可得若干人，待王、程到齐，再行出濠大战。目下若不缩营蓄锐，恐久疲之后，亦难与言战也。

穆海航在无为州，已札饬将抵征之项银米并收，闻百姓欢欣之至。弟托之办两月米粮，必做得到，即当告之。

评点：制胜之道在人不在器

曾氏在这封信里提出一个很重要的观点：制胜之道，实在人而不在器。曾氏一贯重视人才，这是他成功的第一要素。从理论上看，从整体上看，这是一个很正确的观念。世间一切事，都是人做出来的，离开了人，什么都没有了。杀伤力再大的武器，也是人制造出来的。有了人，也便有了先进的武器，也便有了最后的胜利。但是，在具体的战斗中，在两军相搏的战场上，很多时候却是武器决定着胜负。不可能想象，两军对峙时，手执大刀长矛的军队能打得过使用大炮冲锋枪的军队。一方有了先进的武器，另一方也必须要拥有先进的武器，才可能形成对抗的局面。当然，这需要一个过程，在这个过程中，人的因素也是第一位的。从信上看来，老九对洋枪洋炮看得很重，作为一个前线指挥员，这也是完全可以理解的。相信他在读了这封信后，一定会窃笑乃兄坐而论道的迂腐！

致沅弟（同治二年正月十八日）

沅弟左右：

二日未寄信与弟，十七夜接弟初九日信，知弟左臂疼痛不能伸缩，实深悬系。兹专人送膏药三个与弟，即余去年贴右手背而立愈者，可试贴之，有益无损也。

"拂意之事接于耳目"，不知果指何事？若与阿兄间有不合，则尽可不必拂郁。弟有大功于家，有大功于国，余岂有不感激、不爱护之理？余待希、厚、雪、霆诸君，颇自觉仁让兼至，岂有待弟反薄之理？惟有时与弟意趣不合。弟之志事，颇近春夏发舒之气；余之志事，颇近秋冬收啬之气。弟意以发舒而生机乃旺，余意以收啬而生机乃厚。平日最好昔人"花未全开月未圆"七字，以为惜福之道、保泰之法莫精于此。曾屡次以此七字教诫春霆，不知与弟道及否？星冈公昔年待人，无论贵贱老少，纯是一团和气，独对子孙诸侄则严肃异常，遇佳时令节，尤为凛凛不可犯，盖亦具一种收啬之气。不使家中欢乐过节，流于放肆也。余于弟营保举、银钱、军械等事，每每稍示节制，亦犹本"花未全开月未圆"之义。至危迫之际，则救焚拯溺，不复稍有所吝矣。弟意有不满处，皆在此等关头，故将余之襟怀揭出，俾弟释其疑而豁其郁，此关一破，则余兄弟丝毫皆合矣。余不一一，顺问近好。

兄国藩手草

246

评点：花未全开月未圆

"花未全开月未圆"这句诗，出于宋代大书法家蔡襄的《十三日吉祥院探花》。全诗是这样的："花未全开月未圆，看花待月思依然。明知花月无情物，若是多情更可怜。"花全开后随之而来的是凋谢，月圆满后随之而来的是亏缺，故而世人所谓的花好月圆，在诗人看来并不是最佳状态，最佳状态是花尚未全开、月尚未全圆的时候。这与十多年前曾氏所提出的"求阙"是一样的意思。

常人都追求齐全，追求完美。"求阙"的观念则不主张这样，倒是希望存点欠缺存点遗憾。到底是完美好呢，还是有点缺憾好呢？这中间没有孰是孰非的问题，而是取决于一种处世态度。笔者以为，还是存阙好。因为，"完美"这一点很难达到。"完美"是没有固定的标准的，为着一个没有固定的标准去拼死拼命地追求，人很累，而意义则不大。有一个"完美"的概念在脑中，便会有过多的向外间捕获的行动。一人所得过多，便会招嫉招恨，惹来许多不必要的麻烦。"完美"既不好，那么它的对立面"存阙"便是可取的了。有心"存阙"，则心态较易满足，较易平和，人的自我感觉便会好多了。仔细想想，天地万物竟然没有纯粹的"完美"可言，明乎此，更应该存阙了。

曾氏以自己该得的一品荫生名额不给儿子纪泽、纪鸿，而给老九的长子纪瑞。曾氏以此来感激老九为他、为家族所做出的贡献。老九自然感谢乃兄的好意，并回函说今后他将为老四的儿子报捐职衔。

长兄为一家之榜样，无论优劣，都将对弟妹有直接的影响。因曾氏的谦让，带来了老九的谦让，形成了一门谦让之风。此种家风，与世上许多家庭中的兄弟姐妹争财斗气相比，自是不可同日而语。

曾国藩家书

247

致沅弟（同治二年正月二十日）

沅弟左右：

十九日接弟十四日缄，交林哨官带回者，具悉一切。

肝气发时，不惟不和平，并不恐惧，确有此境。不特弟之盛年为然，即余渐衰老，亦常有勃不可遏之候，但强自禁制，降伏此心，释氏所谓降龙伏虎，龙即相火也，虎即肝气也。多少英雄豪杰打此两关不过，亦不仅余与弟为然。要在稍稍遏抑，不令过炽，降龙以养水，伏虎以养火。古圣所谓窒欲，即降龙也；所谓惩忿，即伏虎也。儒释之道不同，而其节制血气未尝不同，总不使吾之嗜欲戕害吾之躯命而已。

至于倔强二字，却不可少。功业文章，皆须有此二字贯注其中，否则柔靡不能成一事。孟子所谓至刚，孔子所谓贞固，皆从倔强二字做出。吾兄弟皆禀母德居多，其好处亦正在倔强。若能去忿欲以养体，存倔强以励志，则日进无疆矣。

新编五营,想已成军。郴桂勇究竟何如？殊深悬系。吾牙疼渐愈，可以告慰。刘馨室一信抄阅，顺问近好。

评点：去忿欲以养体存倔强以励志

曾国荃十四日的信中有这样的话："恐惧和平，弭灾致福，自修之理，原是如此。然有时肝气一动，不惟不和平，并不知所谓恐惧者。此器量太小，学问不深之咎也。若能化其倔强之气，则德性纯良矣。在军办事日久，每为人所欺压，又行不动，不得不倔强于强者之前，惟心中尚有限制而已。"

针对这段话，曾氏写下了"去忿欲""存倔强"的长篇大论。

曾氏本人其实也是一个好忿欲逞倔强的人。

他早年在京师，不甘心文章居梅曾亮之下，即便到了晚年，仍想与梅争个高低。后来在长沙办团练，受绿营官兵欺负，湖南官场又祖护绿营。他以"打脱牙齿和血吞"自励，决心与绿营和湖南官场比比高下，遂不顾一切把团练办大，并力争出省作战，没想到真的成就了一番事业。曾氏在家信中曾说过："天下事有所激有所逼而成者居其半。"他的这个认识与其亲身体验很有关系。

曾氏说，他们兄弟的倔强性格来自母亲的遗传。曾氏在《台州墓表》中说："或以人多家贫为虑，太夫人曰：'某业读，某业耕，某业工贾。吾劳于内，诸儿劳于外，岂忧贫哉！'每好作自强之言，亦或谐语以解勉苦。"

笔者曾有心注意历史上不少做出过大事业的人物，他们在成功后，每每以尢限真挚的情感回忆起母亲在他们成长过程中的引导作用，而儿时的引导又往往影响着他们往后的一生，奠定其事业成功的基础。这固然有一份对慈母的感激因素在内，但不可否认，这同时也就是事实。

儿女来自母体。在母体内十个月的孕育中，完全靠母体内的营养发育；出生后，在襁褓中，在童稚和少年时代，总是与母亲接触得最多，人生百分之九十的生存意识来源于这段时期。一般情况下，母亲对子女的影响远大于父亲，子女对母亲的情感也就远过于父亲。

　　这样看来，世上怀念母亲的文字多于怀念父亲的文字，也就合情合理了。从另一角度来看，母亲在人类社会发展过程中所负的责任之重，所做的贡献之大，也就可想而知了。

致沅弟（同治二年三月二十四日）

沅弟左右：

二十三日张成旺归，接十八日来缄，旋又接十九日专人一缄，具悉一切。

弟读邵子诗，领得恬淡冲融之趣，此自是襟怀长进处。自古圣贤豪杰、文人才士，其志事不同，而其豁达光明之胸大略相同。以诗言之，必先有豁达光明之识，而后有恬淡冲融之趣。如李白、韩退之、杜牧之则豁达处多，陶渊明、孟浩然、白香山则冲淡处多。杜、苏二公无美不备，而杜之五律最冲淡，苏之七古最豁达。邵尧夫虽非诗之正宗，而豁达、冲淡二者兼全。吾好读《庄子》，以其豁达足益人胸襟也。去年所讲"生而美者，若知之，若不知之，若闻之，若不闻之"一段，最为豁达。推之即舜禹之有天下而不与，亦同此襟怀也。

吾辈现办军务，系处功利场中，宜刻刻勤劳，如农之力穑，如贾之趣利，如篙工之上滩，早作夜思，以求有济。而治事之外，此中却须有一段豁达冲融气象。二者并进，则勤劳而以恬淡出之，最有意味。余所以令刻"劳谦君子"印章与弟者，此也。

无为之贼十九日围扑庐江后，未得信息。捻匪于十八日陷宿松后，闻二十一日至青草堉。庐江吴长庆、桐城周厚斋均无信来，想正在危急之际。成武臣亦无信来。春霆二十一日尚在泥汊，顷批令速援庐江。祁门亦无信来，不知若何危险。少荃已克复太仓州，若再克昆山，则苏州可图矣。吾但能保沿江最要之城隘，则大局必日振也。顺问近好。

国藩手草

评点：豁达光明之识与恬淡冲融之趣

北宋学者邵雍字尧夫，谥康节，是一个理学家。他是象数学派的创立者，多次授官不就而潜心研究学问。他也爱好写诗，其收入《伊川击壤集》的诗号称三千首。他最有名的诗就是《水浒传》开篇的那首："纷纷五代乱离间，一旦云开复见天。草木百年新雨露，车书万里旧江山。寻常巷陌陈罗绮，几处楼台奏管弦。人乐太平无事日，莺花无限日高眠。"

但是他的诗在文学史上的地位不高，历代人编宋诗，邵雍的诗作都收得极少，钱锺书先生的名著《宋诗选注》于邵雍的诗干脆一首都不选。选家都不看重的缘故，是因为他的诗说教气味较重，而意境不够。曾氏说他"非诗之正宗"，其观点正与众选家同。但曾氏还是肯定他的豁达、冲融。

曾氏认为，历史上凡有成就的人，尽管从事的职业有所不同，在当时社会上的地位有高低之分，但有一点一定是共同的，即都有豁达光明的胸襟。所谓胸襟，我们通常的理解是人的内心对外部世界的吐纳。这种吐纳，既有程度的差别，也有品性的差别。豁达与否，指的是程度方面；光明与否，指的是品性方面。人生的意趣建筑在胸襟之上。恬淡冲融的意趣只能建筑在豁达光明的胸襟之上。

曾氏认为，人生除勤劳治事外，还得有豁达光明的胸襟和恬淡冲融的意趣。换句话说，即有意味的人生包括内外两个方面的内容：在外者为事业有成，在内者为有淡泊宽阔的心境。

致沅弟（同治二年四月十六日）

沅弟左右：

接弟十一、十二日两信，具悉一切。

辞谢一事，本可浑浑言之，不指明武职亲职，但求收回成命。已请筱泉、子密代弟与余各拟一稿矣。昨接弟咨，已换署新衔，则不必再行辞谢。吾辈所最宜畏惧敬慎者，第一则以方寸为严师，其次则左右近习之人，如巡捕、戈什、幕府文案及部下营哨官之属，又其次乃畏清议。今业已换称新衔，一切公文体制为之一变，而又具疏辞官，已知其不出于至诚矣。欺方寸乎？欺朝廷乎？余已决计不辞，即日代弟具折。用四六谢折外，余夹片言弟愧悚思辞，请收成命。二十一二日专人赍京。弟须用之奏折各件，即由此次折弁带归。

弟应奏之事，暂不必忙。左季帅奉专衔奏事之旨，厥后三个月始行拜疏。雪琴得巡抚及侍郎后，除疏辞复奏二次后，至今未另奏事。弟非有要紧事件，不必专衔另奏。寻常报仗，仍由余办可也。

李子真尽可分送弟处。莫世兄年未二十，子偲不欲其远离。赵惠甫可至金陵先住月余，相安则订远局，否则暂订近局。

五月杪以后之米，省局尽可支应。以三万人计之，每月需米万二千石（五百人一营者加夫一百八十名，每月需二百石）。弟部来此请米价及护票者已一万数千石，计六七月必到，不尽靠皖台也。顺问近好。

国藩手草

评点：以方寸为严师

接到浙江巡抚的任命书后，曾国荃一面与阿兄数函商议辞谢事，一面又在公牍上署明"浙江抚部院"新衔。这到底是想辞，还是不想辞呢？弄得曾氏心里颇为不快，信中的语气也就显得尖利："欺方寸乎？欺朝廷乎？"

几个月前，这位老九还振振有辞地奉劝乃兄不必矫情辞钦差大臣和江督的职务，为何轮到自己时，也要矫情呢？

笔者以为，这首先要归罪于中国官场源远流长的矫情文化。明明是自己所渴求的官职，一旦到了手之后，又要三推四让，说自己德不孚众，能力不够，借以表示并不在乎这个官位。其实，这是一种以退为进的手腕，极为虚伪。倘若真的收回去了，他又后悔不迭。我们看史册中那些袁世凯一心帝制自为却又三次辞谢的文字，真是活灵活现地刻画出中国官场的矫情丑态。

老九既然身处这种文化状态中，他不如此矫情一番，反倒显得与众不同，不好与别人相处了。

其次，这或许也是老九的心计。老九此刻的全副心思都在金陵城，他无心思也不屑于去做浙江巡抚职分之内的民政事务。他也不像当年的乃兄因客寄虚悬而欠缺军饷，坐镇在安庆的两江总督，对来自吉字营的无穷诛索总是有求必应的。但巡抚一职崇高尊贵，真要丢掉他又舍不得。于是，便借辞谢来堵日后要他履行浙抚职责的口。

另外，他的功名只是秀才一级的贡生，比起翰林出身的李鸿章、举人出身的左宗棠来都要差一截，辞一辞也正好抖抖自己的身价。

所有这一切，都不过自欺欺人而已。曾氏自己也矫情，但批评起老弟的矫情来却一针见血：不能欺骗自己的心，要"以方寸为严师"。

好个"以方寸为严师"！这倒真的是一句箴言。凡想玩花招骗世人的人，都先要在自己的心中过过堂，让自己的心来充当严师，审讯一番。常言说，举头三尺有神明。其实，神明就是自己的心。对于那些良心未泯的人来说，心这一关或许能截留一些罪过。

致沅弟（同治二年四月二十七日）

沅弟左右：

二十七日接二十一日来信，具悉一切。

弟辞抚之意如此坚切，余二十二日代弟所作之折想必中意矣。来信"乱世功名之际尤为难处"十字，实获我心。本日余有一片，亦请将钦篆、督篆二者分出一席，另简大员。吾兄弟常存此兢兢业业之心，将来遇有机缘，即便抽身引退，庶几善始善终，免蹈大戾乎？至于担当大事，全在明强二字。《中庸》学、问、思、辨、行五者，其要归于愚必明，柔必强。弟向来倔强之气，却不可因位高而顿改。凡事非气不举，非刚不济，即修身齐家，亦须以明强为本。

巢县既克，和、含必可得手。以后进攻二浦，望弟主持一切，余相隔太远，不遥制也。顺问近好。

国藩手草

弟公文不宜用"咨呈"，用"咨"以符通例。

评点：担当大事全在明强二字

曾国荃一向倔强，甚至强到霸蛮(湖南方言，即犟的意思)的程度，现在突然说出"乱世功名之际尤为难处"的话来，倒令乃兄奇怪了，于是又来劝老弟要明强。

《中庸》对学者提出五个方面的要求，即博学、审问、慎思、明辨、笃行。曾氏认为这五个方面的宗旨可以归纳为"愚必明，柔必强"六个字。

愚与明、柔与强是两组意义截然相反的对立面。乍然看来，似不大好理解，仔细分析，却有它的内在联系。

咸丰七年到八年守父丧这一年多里，曾氏对自己出山办团练五年来的所作所为作了痛苦的反思，反思的结果是他终于明白了专靠申韩之术是不能办成事的，必须杂糅老庄之术。

人类本身及其社会活动，有主流一面的表现，也有与之相对的非主流一面的表现。如果说儒家、法家、墨家这些学派都是致力于主流一面的研究的话，那么，道家学派便是致力于非主流一面的研究，《老子》《庄子》是道家学派的经典。

曾氏在明白"主流"学派与"非主流"学派都应当予以同等重视的道理后，咸丰八年复出以来，在许多方面改变了过去一味强悍一意孤行的做法，时时杂用老庄之术，事业从此走上日渐发展的道路。事实让曾氏悟出了儒道互补的学问上的道理，从而在一个更高层次上，领会了阴阳和谐这一宇宙间最高最大的原则。

所谓"愚必明，柔必强"，正是在这个认知层面上提出的观点。此"愚"是"明"后之愚，即"大智"后之愚；此"柔"是"强"后之柔，即"至强"后之柔。

质言之，即要想做愚公，必须先得事理明白；要想柔弱处世，必须得有强者的基础。

　　作为儒家学派的经典,《中庸》的作者无疑关注的是主流的一面,学、问、思、辨、行五者的提出,并没有考虑到与之对立的另一面。曾氏打通隔阂,融合儒道,于是便有这样更高更深刻的认识。

致沅弟（同治二年五月初九日）

沅弟左右：

日内未接来信，不知城贼又出扑我营否？寿州之围断不能解，大约如前年安庆故事，援贼看我破城耳。顷接云仙信，于弟疏稿不甚以为然。兹寄阅。余批弟疏亦寄去查收。弟平日于文章一途最谦退不敢自信，寄云仙处请益晰疑，原无不可。祭文寄京师刘韫翁处，则似自信为能文者，不似平日之谦谨。京师人文荟萃，韫翁交游最广，万目传观，究为非宜。以后弟文宜专从简当二字着力，每日读书一时，工夫亦不可少。

方子白谨厚朴实，而无佻薄难近之态，或有裨于弟。弟若欲延之，则另派员署和州也。刘冰如一信抄阅，系寄湖北司道者，读之寒心。李黼堂在湖北偶一蹉跌，便若半身不遂者，不知真病乎？抑装病乎？顺问近好。

国藩手草

评点：为文宜专从"简当"二字着力

老九作为贡生，不是不能握笔为文，他为文的毛病在于枝蔓，也就是曾氏曾经所指出的：不嫌没有话说，而是嫌说得太多。故而今后宜从简捷精当处下功夫。信中所说的云仙，即郭嵩焘，此时正在扬州做两淮盐运使，即将被擢升为广东巡抚。信中所说的韫翁，即刘昆，字韫斋，此时正在京师做鸿胪寺少卿。此人为道光二十一年的翰林，做过湖南学政、内阁学士、工部侍郎等官，以知文名世。郭为曾家老友，刘与曾家无交道；郭在扬州，文士不多，刘在京师，人文荟萃，所以曾氏认为老九将文章寄郭可以，寄刘则不可。

为提高老九的写作水平，曾氏曾亲自选了贾谊《陈政事疏》、诸葛亮《出师表》等十七篇文章予以逐段点评，又在文后予以总体评议，以便老九识别为文津筏，吸纳前人之长。这些点评连同文章一起，取《诗经·小雅·棠棣》中"脊令在原，兄弟急难"的诗意，命名为《鸣原堂论文》，收进了曾氏全集。

致沅弟（同治二年七月二十一日）

沅弟左右：

二十日接十六日信，二十一日接十一日交雷哨官信，具悉一切。

杏南未愈而萧、伍复病，至为系念。亲兵独到而丁道之匠头未到。丁道以前二年在福建寄信来此，献礌炮之技。去年十一月到皖，已试验两次，毫无足观。居此半年，苟有长技，余方求之不得，岂肯弃而不用。渠在此无以自长，愿至金陵一为效用，余勉许之。至欲在雨花台铸炮，则尽可不必。待渠匠头来此，如需用他物，或可发给，若需锅铁及铸炮等物，则不发也。

凡办大事，以识为主，以才为辅；凡成大事，人谋居半，天意居半。往年攻安庆时，余告弟不必代天作主张。墙濠之坚，军心之固，严断接济，痛剿援贼，此可以人谋主张者也；克城之迟速，杀贼之多寡，我军士卒之病否，良将之有无损折，或添他军来助围师，或减围师分援他处，或功隳于垂成，或无心而奏捷，此皆由天意主张者也。譬之场屋考试，文有理法才气，诗不错平仄抬头，此人谋主张者也；主司之取舍，科名之迟早，此天意主张者也。若恐天意难凭，而必广许神愿，付贿请枪；若恐人谋未臧，而多方设法，或作板绫衣以抄夹带，或蒸高丽参以磨墨。合是皆无识者之所为。弟现急求克城，颇有代天主张之意。若令丁道在营铸枪，则尤近于无识矣。愿弟常存畏天之念，而慎静以缓图之，则善耳。顺问近好。

兄国藩手草

弟于吾劝诫之信，每不肯虚心体验，动辄辩论，此最不可。吾辈居此高位，万目所瞻。凡督抚是己非人、自满自足者，千人一律。君子大过人处，只在虚心而已。不特吾之言当细心寻绎，凡外间有逆耳之言，皆当平心考究一番。逆耳之言随时随事皆有，如说弟必克金陵便是顺耳，说金陵恐非沅甫所能克便是逆耳。故古人以居上位而不骄为极难。兄又及。

评点：识为主才为辅人谋半天意半

曾氏在这封信里提出一个很重要的观点，即凡办大事，以识为主，以才为辅；凡成大事，人谋居半，天意居半。

办什么事，能办不能办，什么时候办，大体规划及其前景预测，这些方面均属于识的范畴。识，得之于学问，也得之于阅历，同时也得之于天赋智慧。

定下来以后，如何将设想变为现实，即如何去实现目标，这要靠才干去起作用。才干是一种能力，主要来自历练。

古人说"才难，才难"，才干诚然是难得的，而识高更为可贵。咸丰初年，朝廷几乎同时间在江南任命四十三个团练大臣，最后只有曾氏一人成功。论才干，这四十三个团练大臣中的大多数不亚于曾氏，有的甚至比他更能干。曾氏强过他们的是在"识"上。自从接手办团练后，曾氏就没有将湘勇局限在朝廷所期望的"保境安民"这个小圈子中，而是存心将它办成能与太平军打硬仗的军队，直至夺回江宁。

因此，他请求朝廷同意让他建"大团"，又要朝廷同意让他办水师（以便日后占领长江水面，进攻江宁）。用今天的时髦话来说，曾氏是在把湘勇做大做强。这便是见识！是这个远大的见识，让曾氏最终成就了一番其他四十二个团练大臣望尘莫及的大事业！

至于大事能否办得成，也并不是全由人力做得主的，其他因素同样起着非常重要的作用。在中国古代的语言里，"天"这个字便包含有个人意志、人类意志之外的因素这层意思在内，故而"谋事在人，成事在天"这句话有着千古不衰的真理性。办大事必须要有这种清醒的认识，它至少可以让你心理上有一个充足的准备。有了这个认识，不但不会削弱你办大事的信心，反而能让你减轻包袱，轻装前进，对事业的成功只会有好处。

致沅弟（同治二年七月二十三日）

沅弟左右：

二十一夜接十八早排递一信并折稿各牍，二十三日接十九日专丁送信，具悉一切。所应复者，仍条列如左：

一、折稿皆轩爽条畅，尽可去得。余平日好读东坡《上神宗皇帝书》，亦取其轩爽也（《古文辞类纂》有之），弟可常常取阅，多阅数十遍，自然益我神智。譬如饮食，但得一看适口充肠，正不必求多品也。周寿山久已署温处道，弟毫无所闻耶？金陵战事，弟自行具奏亦可，然弟总以不常奏事为妥。凡督抚以多奏新事、不袭故常为露面，吾兄弟正在鼎盛之际，弟于此等处可略退缩一步。

一、鲍军仍须由大胜关进孝陵卫，决不可由下面绕来。待过中秋后，弟信一到，余即咨鲍由南头进兵。

一、弟骤添多营，本与余平日之规模不相符合。然贼势穷蹙之际，力求合围亦是正办，余亦不敢以弟策为非。恽中丞余曾保过，凡大臣密保人员，终身不宜提及一字，否则近于挟长，近于市恩。此后余与湘中函牍，不敢多索协饷，以避挟长市恩之嫌，弟亦不宜求之过厚，以避尽欢竭忠之嫌。

一、江西厘务，下半年当可略旺。然余统兵已近十万，即半饷亦须三十万，思之胆寒。弟处米除每月三千外，本日又解四千石矣。顺问近好。

兄国藩手草

评点：避挟长市恩之嫌

曾氏认为苏轼的《上神宗皇帝书》是一篇很好的奏章，自己喜欢读，并推荐给老九，希望他常常取阅。前面提到，为帮助老九提高作文尤其是提高写奏章的水平，曾氏特为选了十余篇古代名疏予以详细讲解，命名为《鸣原堂论文》。这篇《上神宗皇帝书》亦收在其间。曾氏在分段讲解之后，对这篇"上书"又做了一段总体评议。这段评议很好，兹全文录于此：

"奏疏总以明显为要。时文家有典、显、浅三字诀，奏疏能备此三字，则尽善矣。典字最难，必熟于前史之事迹，并熟于本朝之掌故，乃可言典。至显、浅二字，则多本于天授，虽有博学多闻之士，而下笔不能显豁者多矣。浅字与雅字相背。白香山诗务令老妪皆解，而细求之，皆雅饬而不失之率。吾尝谓奏疏能如白诗之浅，则远近易于传播，而君上亦易感动。此文虽不甚浅，而典、显二字，则千古所罕见也。"

这段话中的"明显""显豁"，正是信中所说的"轩爽"之意。用今天的语言来说，即所要表达的意思，读者一目了然。现今有些人作文，喜欢转弯抹角、掩掩藏藏，或是故弄玄虚，弄得文章晦涩费解。奏疏是公文报告，不是文学作品，最要紧的是要让读者一目了然。

曾氏对老九说，像《上神宗皇帝书》这样的好文章，读上数十遍，自然益我神智。他打了个比方，譬如吃东西，不在多，只在合味。这是深得读书三昧之言。笔者于此也有同感。好的诗词，好的文章，好的书，不妨十遍百遍反复读，细读精读，烂熟于胸，终身受益无穷。而这个"好"的范围并不一定要很大，诗词三百首、文一百篇、书二十部就够非专家用一辈子了。

曾氏密保新任湖南巡抚恽世临（字次山）的折片，保存在他的全集中，见《全集·奏稿五》中《黄冕恽世临主持东征局最力请从优奖励片》："又，卸署湖南布政使衔盐运使衔岳常澧道恽世临，自去年九月会办局务，综核精密，条理秩然。"

这道密片是同治元年十二月二十七日发的，当时恽世临已经卸掉了署理湖南布政使之职，依旧做他的岳常澧道道员。不过半年光景，恽便擢升湖南巡抚，显然是曾氏密保的结果。但曾氏恪遵传统道德：不居功，不市恩。

中国的传统道德，对于施恩受恩双方有两种截然不同的要求：施恩图报非君子，忘恩负义是小人。

施恩者，应不求回报；受恩者，则应终身不忘恩德。现实世界中，这种人有，但不多，多的是相反的现象：施恩者，反复向受恩者索取；受恩者，则往往淡忘施恩者的恩德。

索取过多，受恩者反感；忘记了别人给的好处，易使施者心寒。两者的结果都将使得施、受双方关系恶化。仔细想想，还是按传统道德所提倡的那样为好，彼此能长久地友好相处。

谕纪鸿（同治二年八月十二日）

字谕纪鸿儿：

　　尔于十九日自家起行，想九月初可自长沙挂帆东行矣。船上有大帅字旗，余未在船，不可误挂。经过府县各城，可避者略为避开，不可惊动官长，烦人应酬也。余日内平安。沅叔及纪泽等在金陵亦平安。此谕。

涤生手示

评点：不可挂大帅旗不可惊动官长

　　接家眷的船本是大帅船，为确保旅途平安畅通，挂一挂帅字旗也无妨；沿途有多少府县官员，正好借此大肆招待，以便讨好巴结眼下红得发紫的曾家兄弟。接受人家的宴请馈赠何乐而不为？这或许是坐在这条船上的许多人的想法，而曾氏却下了硬命令：不许挂帅字旗，不可惊动官长。从严治家，不让家属享受特权。曾氏的这种作风，直到今天，依然是有特权者所应当学习的。

致沅弟（同治二年九月十一日）

沅弟左右：

　　接初五日戌刻来函，具悉一切。旋又接十九日所发折片之批谕，饬无庸单衔奏事、不必咨别处，正与七年四月胡润帅所奉之批旨相同。但彼系由官帅主稿会奏，饬令胡林翼无庸单衔具奏军事，未禁其陈奏地方事件，与此次略有不同耳。弟性褊激，于此等难免怫郁，然君父之命，只宜加倍畏惧。余自经咸丰八年一番磨炼，始知畏天命、畏人言、畏君父之训诫，始知自己本领平常之至。昔年之倔强，不免意气用事。近岁思于畏慎二字之中养出一种刚气来，惜或作或辍，均做不到。然自信此六年工夫，较之咸丰七年以前已大进矣。不知弟意中见得何如？弟经此番裁抑磨炼，亦宜从畏慎二字痛下功夫。畏天命，则于金陵之克复付诸可必不可必之数，不敢丝毫代天主张。且常觉我兄弟菲材薄德，不配成此大功。畏人言，则不敢稍拂舆论。畏训诫，则转以小惩为进德之基。余不能与弟相见，托黄南翁面语一切，冀弟毋动肝气。至嘱至嘱。

国藩手草

评点：从"畏慎"二字痛下功夫

奏折是官员与皇上联系的一条最主要的渠道，但清朝的制度规定，一般情况下，二品以上的官员才具有直接上奏的权利，低于二品的官员的奏折则要请人代呈。这样一来，上奏一事不仅是责任，也是权利的一种表现。曾国荃身为浙江巡抚，即便没有到任，但作为从二品官员，他是既有单衔上奏的责任，也有单衔上奏的权利。现在朝廷批他一个"毋庸单衔具奏"，无异于剥夺了他的这个权利。这是令曾氏兄弟大为不安的事。

这一封普通的军务奏折，是由机要幕僚赵烈文起草的。朝廷对这道奏折的批语，赵烈文《能静居日记》是这样抄录的："曾国荃未到浙江巡抚之任，嗣后军务与杨岳斌、彭玉麟一律由曾国藩奏报，毋庸单衔具奏。"

而这道奏章正是赵烈文主的稿。他为之心存歉疚，故提前从安庆返回江宁，慰藉老九。

老九无缘无故地受此一击，内心的愤恨和痛苦自然可想而知。十三日，曾氏又给老九一信，说这事是因为恭亲王心情不好而引起。曾氏的分析很有见地。李泰国事件（中国海关总税务司李泰国斥巨资从英国购买舰队，英方只受由李泰国所传达的中国皇帝命令，别人不得干预。曾国藩、李鸿章对此坚决反对，这支舰队后交由英国变卖，损失了几十万两银子），弄得恭亲王奕䜣很不快。他虽然撤了李泰国的职，但作为总署的王大臣，他负有用人不当的责任。这账无疑让慈禧及他的反对派给记上了一笔。另一方面，奕䜣也于此看出曾氏兄弟和李鸿章等人，依仗军事实力坐大的趋势，"无庸单衔奏事""不必咨别处"如同两根棒子，明里是敲打曾老九，其实也在敲打曾氏及李鸿章等人。只是飞鸟尚未尽，良弓不能藏罢了。朝廷与南方军事集团的冲突已露端倪，随着军事形势一步步地顺利，这个冲突也一天天地加剧了。

致澄弟（同治二年九月十四日）

澄弟左右：

接弟八月二十一日信后又连接二信：一系唐蘋洲之弟德圃携来，一系沈霭亭之甥王君携来。德圃朴实稳练，此间必有以位置之。王君则无可录用，霭亭亦同来，此又不能不位置也。

此间自青阳解围后，各路平安。唐义渠在临淮近亦稳固。春霆已至南陵，令其由宁国、建平进攻东坝。沅弟军中士气甚壮，惟新奉批谕"无庸单衔奏事"，恐不免抑郁触动肝气。又沅近日添募陆军至二万之多，又添募水师十二营，全不函商余处，殊不可解。长江业已一律肃清，贼匪并无一船，杨、彭水师尽敷调遣，不知弟添十二营果作何用？其向恽中丞求索饷银火药，动辄数万或十数万，亦过于尽人之欢竭人之忠。

闻十月十九日家庙落成，将由县城叫省中戏班以志庆。吾意我家方在鼎盛之际，此等处总宜收敛，不宜过于发扬，望弟时时留心。吾身体平安，泽儿已痊愈，余上下均吉。家眷船初四日尚在长沙未开，大约十月乃到也。顺问近好。

兄国藩手草

再，贺潘因兔形山之事来此告状，余批以不管隔省之事。渠求写信与弟及县局蔡、许诸君，但求不褫革渠之秀才，以后再不敢多事兴讼云云。究竟渠之讼事有理与否，褫革秀才之说已见明文否，望弟查明。渠既言以后定不

多事，或有可以挽回之处（若太无理则不勉强），弟为之出力可也。（十四日又行）

评点：鼎盛之际宜收敛

曾国荃的吉字营在最盛时，人数曾达五万之多，几近曾氏所指挥的湘军全部人马的一半。此信中所说的这次大添募，竟然连乃兄都不告知。于公于私，于理于情，都说不过去。老九为什么这样做呢？这是因为曾氏曾经对他说过：不要扩军，不要多向湖南索取。于是老九干脆不禀报，来个自行决定，也不管乃兄有无意见，也不管恽世临反感不反感。

这就是曾老九的性格和办事作风，接近于曾氏出山办团练的前期表现，而与其复出之后的风格截然不同。

老九这种我行我素，固然给他带来许多负面影响，但仔细想想，他不这样办也不行。围攻江宁的人马，自然是多多益善，你大哥不同意我也得招募；人马多自然饷需得多，你恽世临再怨恨也得给我勒紧裤带，把银钱运来再说！这有点类似不讲道理的霸蛮。老九若没有这个霸蛮劲，一个吉字营如何能将一座天京城打下来？

曾氏自然能体谅他的用心，故而虽有不满也只得听之任之。对于家中的过分张扬，曾氏也很不满意，他叮嘱老四要收敛。注意收敛，不可过于张扬，这是曾氏一贯的思想。官越大名越著权越重的时候，他越注意退抑。他的退抑是全方位的：嘱咐家中办事不求显眼是一个方面；教导老九畏天命、畏人言、畏训诫，是另一个方面；承认自己德薄才疏，成功只是侥幸的，是一个方面；在物质享受上，尽量压低，是一个方面；将大权集于一身的局面做点分散，也是其中的一个方面。

这就是曾氏！你说他是深谙中国官场文化、洞悉人情世故的大智者也可；你说他是小农经济的产物，自保意识太强烈的懦弱者也可；你说他是持盈保泰、明哲保身的庸人也可；你说他其实是一个事功清望什么都想获得的贪心之徒也可。

总之，这都是中国这块土地上产生的、中国这个文化传统熏陶下的产物。

致澄弟（同治二年十月十四日）

澄弟左右：

接弟九月中旬信，具悉一切。

此间近事，自石埭、太平、旌德三城投诚后，又有高淳县投诚，于十月初二日收复，东坝于初七日克复，宁国、建平于初六、初九日收复，广德亦有投诚之信，皖南即可一律肃清。淮上苗逆虽甚猖獗，而附苗诸圩因其派粮派人诛求无厌，纷纷叛苗而助官兵，苗亦必不能成大气候矣。

近与儿女辈道述家中琐事，知吾弟辛苦异常，凡关孝友根本之事，弟无不竭力经营。惟各家规模总嫌过于奢华。即如四轿一事，家中坐者太多，闻纪泽亦坐四轿，此断不可。弟曷不严加教责？即弟亦只可偶一坐之，常坐则不可。篾结轿而远行，四抬则不可；呢轿而四抬则不可入县城、衡城，省城则尤不可。湖南现有总督四人，皆有子弟在家，皆与省城各署来往，未闻有坐四轿。余昔在省办团，亦未四抬也。以此一事推之，凡事皆当存一谨慎俭朴之见。

八侄女发嫁，兹寄去奁仪百两、套料裙料各一件。科三盖新屋移居，闻费钱颇多。兹寄去银百两，略为伙助。吾恐家中奢靡太惯，享受太过，故不肯多寄钱物回家，弟必久谅之矣。即问近好。

国藩手草

评点：子侄辈不能坐四抬轿

同治二年十月，驻扎江苏要塞东坝的太平军随王杨柳谷及高淳县城的主将杨友清投降湘军，是继古隆贤投降后另一件大降事。它使湘军轻易地扫除了江宁城的南面屏障，天京孤立的局面日益加重。

在皖南诸城相继收回，军事形势进展顺利时，皖北的乱象仍显猖獗势头。

凤台县有个秀才塾师名叫苗沛霖，是个强梁而反复无常的人。他靠在寿州办团练对抗捻军起家，先是投靠胜保，升官道员；后又投靠太平天国，受封奏王；不久又暗中与胜保勾结，诱执太平军英王陈玉成献给胜保。清政府要他解散团练，他不从。同治二年十月，在安徽蒙城，苗沛霖再次与清政府闹翻。曾氏与老四说的，就是苗此刻的状态。曾氏断定"苗亦不能成大气候"，此话很快便得到了应验。苗的团练迅速为蒙古王僧格林沁所击败，他本人也为陈玉成的旧部所杀。

四抬轿，即四个轿夫所抬的大轿。抬个轿子，有两人足够了，之所以要四人，无非是为了抬高规格，讲究排场罢了。还有八抬、十六抬的，其作用也是如此。天王洪秀全进天京城时，坐的是六十四人抬的黄龙轿。他如此浪费人力，张扬膨胀，其目的是要向天京城的百姓，乃至于向全国人民表示他是上帝次子的独一无二的身份。

轿子本身也有等级之分。篾结轿是极普通的代步工具，只要出几个小钱，是人人都可以坐的。呢轿则不同了。朝廷礼制：二品以上的大员坐绿呢轿，三品以下的中低级官员则坐蓝呢轿。没有官职的有钱人呢？大概只能坐黑呢轿了。曾氏当年在长沙办团练时，虽没有具体官职，但他是朝廷钦命的团练大臣，刚从正二品侍郎位上退下，坐与巡抚规格相当的绿呢大轿是理所当然的。但他连四抬轿也未坐，始终以一孝子身份严格要求自己：戴葛巾穿布衣办公事。现在居然连儿子都坐起四抬轿了，家中的奢华确实令他意外。

信中说"湖南现有总督四人"，即除曾氏外，尚有闽浙总督左宗棠、直隶总督刘长佑、云贵总督劳崇光。全国八个总督，湖南已占其半。过几年后，湖南的封疆大吏就更多了。"无湘不成军""无湘不成省"的局面正在形成过程中，三湘四水开始赢来了盘古开天地以来从未有过的辉煌时代。

致澄弟（同治二年十二月初四日）

澄弟左右：

初一日接弟二缄，一系蒋官一等十一月初三日所发，一系王继清等十一日所发，具悉一切。

此间近事平安。二十九日忽接鲍春霆信，言溧水失守。次日始知为谣言，该城实坚守无恙。伪忠王到金陵已二十日，尚未猛扑沅弟营盘。大约扑沅营数次不得逞，即以全力上犯江西耳。

袁婿读书之事抛荒太久，又心之所向不在此途，故不令其拜师上学。金二外甥悟性日开，发奋异常，文赋诗字均有长进，不特进学科廪可以操券而获，即乡会试亦大可望，可为蕙妹庆，可为诸舅庆。望弟详告蕙妹、王太宜人，尽可安心养病，不患无显荣之日也。

衡州都司唐犟，稍迟再行咨调。彭寿十爹钱挥，弟可涂销交彭九峰于。工辅臣已派至金柱关坐厘卡，距沅营仅百余里，当可常往请示。李家之挽联挽幛甚为妥叶。迪庵早年入款，尚有万金分存成、萧、蒋、毛、张五处。余拟提回寄李家，为姻伯养赡之资。此外奠仪之类，或尚可凑万金，为希帅丧事及迪、希二家将来日用之资。不知妥否？现尚未定局，亦未函告李家也。

安庆寓中内外大小平安，足慰远念。共办棉花车七架，每日纺声甚热闹。顺问近好。余详日记中。

兄国藩手草

评点：欧阳夫人带头纺纱

家属来到安庆督署后，曾氏为她们置办纺车七架，自纺棉纱。母女媳妇在内共六人，一人一架，尚多一架，可能是给未来的媳妇——纪鸿太太准备的。

贵为总督家属，却要自纺棉纱；堂堂督署后院，终日响着纺车声。曾氏治家之严与曾氏家风之淳厚，于此可见一斑。

关于此事，曾氏的好友欧阳兆熊在其所著《水窗春呓》中有一段记载："文正夫人在安庆署中，每夜姑妇俩纺棉纱，以四两为率，二鼓后即歇。一夜不觉至三更，劼刚世子已就寝矣。夫人曰，今为尔说一笑话，以醒睡魔可乎：有率妇纺至夜深者，子怒詈，谓纺车声聒耳，不得眠，欲击碎之。父在房中应声曰，吾儿，可将尔母纺车一并击碎为妙。翌日早晨，文正为笑述之，坐中无不喷饭。"

夫人在夜间给儿媳讲笑话，而此笑话所讽刺的又恰恰是他自己这样的人，曾氏却把它搬到早餐桌上，对幕友们讲述，引得大家笑得喷饭。谁说曾氏是个终日板着脸孔的无味之徒，他也有幽默可亲的另一面哩！

谕纪瑞（同治二年十二月十四日）

字寄纪瑞侄左右：

前接吾侄来信，字迹端秀，知近日大有长进。纪鸿奉母来此，询及一切，知侄身体业已长成，孝友谨慎，至以为慰。吾家累世以来，孝弟勤俭。辅臣公以上吾不及见，竟希公、星冈公皆未明即起，竟日无片刻暇逸。竟希公少时在陈氏宗祠读书，正月上学，辅臣公给钱一百，为零用之需。五月归时，仅用去一文，尚余九十九文还其父。其俭如此。星冈公当孙入翰林之后，犹亲自种菜收粪。吾父竹亭公之勤俭，则尔等所及见也。今家中境地虽渐宽裕，侄与诸昆弟切不可忘却先世之艰难，有福不可享尽，有势不可使尽。勤字工夫，第一贵早起，第二贵有恒；俭字工夫，第一莫着华丽衣服，第二莫多用仆婢雇工。凡将相无种，圣贤豪杰亦无种，只要人肯立志，都可以做得到的。侄等处最顺之境，当最富之年，明年又从最贤之师，但须立定志向，何事不可成？何人不可作？愿吾侄早勉之也。荫生尚算正途功名，可以考御史。待侄十八九岁，即与纪泽同进京应考。然侄此际专心读书，宜以八股试帖为要，不可专恃荫生为基，曾以乡试会试能到榜前，益为门户之光。

纪官闻甚聪慧，侄亦以立志二字，兄弟互相劝勉，则日进无疆矣。顺问近好。

涤生手示

评点：勿忘先世之艰难

曾氏侄儿众多，但现今保存的给侄辈信，却仅只有这一封。人们说，曾氏给弟弟的信，语气较峻厉；给儿子的信，语调要柔和得多；而这封给侄儿的信，其语气语调又比给儿子的信更柔和，更亲切，纯是一位慈祥温和的长者在跟晚辈娓娓叙谈：叙家世家风，谈期待勉励。

曾氏这封不足五百字的短信，句句说的是大白话，也句句说的是大实话，而内中又包含着天底下最重要最宝贵的人生道理，这些道理尤其对生在富裕权贵之家的年轻人更为管用。

富贵家子弟没有生存的压力，也少有机会看到人情冷暖、世态炎凉的一面，因而懒散、骄娇、脆弱、无大志常为他们的通病。针对这种普遍的社会现象，曾氏谆谆告诫侄儿要勤俭，要谨慎，要惜福，要不仗势，尤其是要立定志向，自己奋斗，切莫躺在父辈所营造的安乐窝中。

今日小康之家的后生子，愿你多诵几遍这封与侄书。

致沅弟（同治三年正月二十六日）

沅弟左右：

二十五日接十八日来信，二十六日接二十二夜来信。天保城以无意得之，大慰大慰。此与十一年安庆北门外两小垒相似，若再得宝塔梁子，则火候到矣。

弟近来气象极好，胸襟必能自养其淡定之天，而后发于外者，有一段和平虚明之味。如去岁初奉不必专折奏事之谕，毫无怫郁之怀，近两月信于请饷、请药毫无激迫之辞，此次于莘田、芝圃外家渣滓悉化，皆由胸襟广大之效验，可喜可敬。如金陵果克，于广大中再加一段谦退工夫，则萧然无与，人神同钦矣。富贵功名皆人世浮荣，惟胸次浩大是真正受用。余近年专在此处下功夫，愿与我弟交勉之。

闻家中内外大小及姊妹亲族无一不和睦整齐，皆弟连年筹画之功。愿弟出以广大之胸，再进以俭约之诚，则尽善矣。喜极答函，顺问近好。

国藩手草

评点：惟胸次浩大是真正受用

功名富贵，几乎人人都想得到，然而毕竟能得到者为少数，大多数得不到。个别痴迷者，或许将此引为一生憾事。但我们来听听这位功名到顶富贵至极的老先生的话："富贵功名乃人世浮荣，惟胸次浩大是真正受用。余近年专在此处下功夫，愿与我弟交勉之。"

是不是此老得了好处又卖乖呢？笔者以为，至少不完全如此。功名富贵毕竟是外在的东西，未得到之前觉得它千好万好，得到之后才知道其实不过如此，况且还有许多随之而来的麻烦事。至于胸次浩大，乃是属于生命本身的内容，它可以让你时时刻刻感到胸襟开朗有如光风霁月，胸怀宽大如同海阔天空。这种愉悦感才是真正的人生享受。

同治三年新年以来，曾氏收到老九来自江宁城下的多封信。信中说："无德而居高位，辱不足惜，恐误大局，斯受害者多，所以惴惴耳。"还说："弟以德器太薄，领军太众，老师糜饷，久而无功，日夜惕惧，恐防变生。"老九这种临事而惧的心态最是乃兄所愿意看到的，故而说他气象甚好，进而与他谈事功与胸襟之间的差别。信中对老九提出望再益以"谦退""俭约"的建议，正说明曾氏对老九这两个方面还不太满意。

致澄弟（同治三年二月十四日）

澄弟左右：

二月十三日接弟正月二十五日衡州一函，其萧开二等所带腊肉亦于十二始到。弟所寄食物多而且好，谢谢。

正月下冻冰雪太久，恐非佳兆，而弟决谷米之必贱，何也？此间亦苦风雪严寒，气象黯惨，几与庚申春间苏杭大变时景象相似，余深以为忧，幸二日内已放晴矣。

沅军平安如故。自正月底合围，贼至今未出城猛扑。探称洪逆积柴绕屋，自誓城破则放火自焚。上窜江西之贼近日未闻的报，不知已至抚、建否？

寓中大小平安。纪泽之病已愈，但尚禁风。后辈体气远不如吾兄弟之强壮。吾所以屡教家人崇俭习劳，盖艰苦则筋骨渐强，娇养则精力愈弱也。老弟以为然否？顺问近好。

国藩手草

评点：艰苦则强娇养则弱

由曾纪泽生病，曾氏发出后辈体气不强，是因为生活太富裕的缘故的感叹。曾氏五兄弟，除死于战场的老六、老幺外，其他三人都寿过六十（老大六十一岁，老四、老九均六十七岁）。曾氏的二子五女，除小女纪芬得享高龄（九十三岁）、三女纪琛年过花甲（六十八岁）外，其余均无过六十者；至于他的五个女婿，也无一人年过六十。

与父辈比起来，他们都是生长在安逸富足的环境中，但都享寿不永，可见曾氏"艰苦则筋骨渐强，娇养则精力愈弱"是有道理的。

致沅弟（同治三年四月初三日）

沅弟左右：

接二十七、八日两信，具悉一切。

地道既难中止，听弟加工再挖，余不复遥制。徽、休、祁、黟俱无恙，贼已由婺境横窜遂安、华埠，将仍走玉山、广信以犯抚、建，闻剃头者甚多，并不杀人放火，或有各自逃散之意，亦未可知。弟军今年饷项之少为历年所无，余岂忍更有挑剔？况近来外侮纷至迭乘，余日夜战兢恐惧，若有大祸即临眉睫者。即兄弟同心御侮，尚恐众推墙倒，岂肯微生芥蒂？又岂肯因弟词气稍戆藏诸胸臆？又岂肯受他人千言万怄遂不容胞弟片语乎？老弟千万放心，千万保养。此时之兄弟，实患难风波之兄弟，惟有互劝互勖互恭维而已。

余日内所患者三端：一则恐弟过劳生病，弁勇因饷绌而散漫；二则恐霆营人心涣散，另生祸变；三则恐汉中大股东窜，庐、巢、和、滁俱不能守，西梁山亦无兵可以拨防。此三事中，弟有法可以补救一二否？即问近好。

评点：互劝互勖互恭维

这段时期，是曾氏心绪极坏的一段时期。我们看他的日记，尽是"殊用焦灼，不能治事""寸心郁郁""绕屋徘徊，若将有祸变之及者"。心情之所以如此，江西厘金固然是主要原因；围攻江宁已到关键时刻，惟恐意外，也是一大缘故。除此，纪泽病重，妹妹国蕙病逝，也对他的心情有很大的影响。曾氏同胞九兄妹，这几年间陆续死去六人，再加上父亲、叔父、妹夫、陈氏妾，七八年间死去十人之多。常言道兔死狐悲，物伤其类，眼看着这些与他血肉相连、关系密切的人一个个故去，曾氏怎能不伤痛、不悲哀？在这种心境下，更感到在做着同一事业的手足之情的珍贵。"此时之兄弟，实患难风波之兄弟，惟有互劝互勖互恭维而已"，这的确是出自肺腑的心声，然而唯其如此，也让人更感凄恻。

局外之人，都以为他们在干轰轰烈烈、风光无比的大事；后世之人，对他们在历史上的作为或仰慕或痛诋，但绝少有人知道他们成功前夕的这种令人酸楚的心绪。

致沅弟（同治三年四月二十八日）

沅弟左右：

二十四、五日接二十一日两信，二十六日接二十三夜来信，具悉一切。余已于二十七日具片销假。弟信既恳至，雪琴又由湖口特来此间一行，遂不复续假，亦恐人疑我此举专为沈中丞也。片稿先抄弟阅。

抚州于十八早解围，外间言围攻极猛，不知实尚隔一大河，炮船排列，断难飞渡也。富公数千人预备助剿金陵，谕旨令其以江北为重，富来函亦谓即将调回扬防。大约除少荃亲来外，别无一支来弟处帮忙者。事权之一，可喜；担荷之重，亦可惧。究竟尹光六须借稿荐否？中关之接济已断否？望示及。

弟病在水不能生木，余亦夙有此疾，非药物所能为力。每日无论如何忙迫，总须略有抽闲之时，或静坐，或渴睡，或散步。火不动，则水得所养矣。弟若续接沪饷九万，可分二三万运湘中官盐否？顺问近好。

评点：每日总须略有抽闲之时

江宁城下，吉字营与太平军的决战已处于最后阶段。城内是万众一心，死守到底，任何选择都已彻底断绝，只有一个信念：人在城在，城破人亡。

城外的吉字营也是非拿下这座城、夺取这个天下第一功不可，再缺饷，再乏粮，他们也要硬着头皮顶住，绝不撤退。仗打到这个地步，已无任何理智可言了。每天摆在双方面前的只有两种状态：打仗、死亡。

前线的总指挥固然是焦头烂额、心肝俱裂，后方的统帅也同样是忧心如焚、寝食不安。据曾纪芬说，他们所住的两江总督衙门，原先是太平天国的英王府。曾氏搬进来后，屋前屋后添种了许多他所喜爱的竹子，又在后院房屋的二楼上加了一间小望楼。望楼里没有别的东西，只铺着一张棉垫。曾氏每天傍晚都要来到这间小望楼里，跪在棉垫上，默默向天祷告。他们当时都知道这是其父在为前线的九叔而祈祷。

从这封信里，我们可以知道，曾纪芬只说对了一半，还有一半便是信中所说的：借此让自己的心静下来。

曾氏早年在京师拜理学名家唐鉴、倭仁为师，从他们那里所得到的最大教益便是懂得"静"的重要。道光二十二年十月二十七日的日记写道："唐先生言，最是'静'字功夫要紧。大程夫子是三代后圣人，亦是'静'字功夫足。王文成亦是'静'字有功夫，所以他能不动心。若不静，省身也不密，见理也不明，都是浮的。总是要静。"

他自制的《五箴》里便有一首《主静箴》，内中说："后有毒蛇，前有猛虎。神定不慑，谁敢余侮？岂伊避人，日对三军。我虑则一，彼纷不纷。"

心静则神定，神定则虎蛇不惧，则能驾驭三军。一天到晚，曾氏都在烦躁惊疑中度过，心浮神散，于是他每天不管多忙多乱，都要抽出一时半刻出来，找一个安静的地方来收心定神。这小望楼便是最好之处。他把自己这种养生心得传授给老九。老九这一年来身体状况不佳，当然是战事危急引发的。曾氏认为老九的病在肝脾之间。中国的传统医学将金、木、水、火、土五行套之于人体内最主要的五脏肺、肝、肾、心、脾。五行可相生也可相克。相生意味着相互促进，如木生火、火生土、土生金、金生水、水生木。反之，即相克，意味着互相排斥，如水克火、火克金、金克木、木克土、土克水。曾氏认为老九的病是水不能生木，即肾与肝出了毛病，倘若减少火气，则水不受影响，即可生木，那么肾、肝就得到了保养。而"静"则是熄火的最好方法。

郭沫若的自传里曾说过他年轻时体弱多病，有段时期，他每天打坐一两个小时，结果不药自愈，身体日渐好了。这就是以静熄火，从而达到水生木的相生效果。

致沅弟（同治三年六月十六日）

沅弟左右：

接弟十二夜信，知连日辛苦异常，猛攻数日，并未收队，深为惦念。弟向来督攻，好往来于炮子如雨之中，此次想无二致也。少泉前奏至湖州一看，仍回苏州。此次十六启行，不知径来金陵乎？抑先至湖州乎？难禁风浪四字璧还，甚好甚慰。古来豪杰皆以此四字为大忌，吾家祖父教人，亦以"懦弱无刚"四字为大耻。故男儿自立，必须有倔强之气。惟数万人困于坚城之下，最易暗销锐气。弟能养数万人之刚气而久不销损，此是过人之处，更宜从此加功。

子弹日内装就，明日开行，不知果赶得上否？余启行之期，仍候弟一确信也。顺问近好。

评点：男儿自立须有倔强之气

要说倔强，老九比起乃兄来，自有过之而无不及。吉字营人马最多时也不过五万；江宁城，论其城墙之长来说乃世界第一，城内有十余万将士，城外又常有各处援兵来攻打，多则二十余万，少也有数万。围城两年来，所遇之困难亦不少。先是瘟疫流行，人心恐惧，连曾国葆的命也搭了进去。继则是饷银匮乏，欠饷多至八九个月，军心动摇；又杀出个沈葆桢截江西厘金事，倘若其他省看样，则军队随时可能哗变。再下来是老九自己生病，病到"六月尚盖棉被三床"，体质之弱可想而知。此外，还得忍受来自京师各省及同在江南作战的友军中各种指责讥讽等等。所有这些，曾老九都挺过来了。他没有听从乃兄的多次"暂时撤退"的规劝，也不理睬朝廷三番五次的派遣李鸿章来援的谕旨，他我行我素，一意孤行，只认定一个"夺取天下第一功"的死理。要说湘人的"犟""霸蛮""骡子精神"，在曾老九的身上可谓体现得淋漓尽致，典型至极。

致沅弟（同治三年六月十九日）

沅弟左右：

　　十八夜子正接弟十六日申刻咨文，知午刻克复金陵。弟功在社稷，岂仅一家之光哉！虽有志者事竟成，然弟苦矣，将士苦矣。未得弟详信，不知弟平安否？将士伤亡不甚多否？进城巷战不甚久否？洪、李二酋未逃出否？俟得详函、发详折后，再赴金陵与弟相会也。顺问近好，并贺并谢。

评点：八百里驰奏打下金陵

　　六月十六日一早，金陵城太平门一带的城墙，被填入地洞里的炸药炸开二十余丈。曾国荃指挥吉字营官兵从缺口中冲进城内，然后分成四路人马，分别进攻天王府、神策门与仪凤门、通济门、朝阳门及洪武门。

　　当天夜里十点多钟，在天王府尚未打下的时候，曾国荃便会合彭玉麟、杨岳斌，迫不及待地以日速八百里捷报向朝廷报喜。当时以马送信函，日速四百里便算快递了。若日速八百里，则每到一驿站，便得换人换马连夜奔跑。如此，大概只需四天工夫，便可将捷报由金陵递到北京。安庆离金陵约七八百里路，曾氏两天后收到捷报。可知此捷报未用八百里，用的是日速四百里。

十六夜三更，天王府及其他王府同时举火焚烧，乘着火势，忠王李秀成带着幼天王洪天贵福及一千多号太平军将士，穿着湘军号衣号褂，从太平门缺口冲出，向孝陵卫定林镇一路奔去。就在这个时候，湘军冲进天王府内城。金陵城的完全攻下，应该是此刻。十八夜三更三点，曾氏接到这个信息，一颗悬着的心才彻底落下。当夜日记写道："思前想后，喜惧悲欢，万端交集，竟夕不复成寐。"

二十三日，曾氏会同湖广总督官文，并附杨岳斌、彭玉麟、李鸿章、曾国荃为后衔，共同以六百里速度用红旗报捷的方式向朝廷递送这份奏折。六百里是介于八百里与四百里之间的一种快递。红旗报捷，大概是在捷报信函上贴一块红纸片，作为喜庆的表示。曾氏供职翰苑时，曾作过题为《感春六首》的诗作，其中一首里有这样几句："国家声灵薄万里，岂有大轳阻屏螳。立收乌合成齑粉，早晚红旗报未央。"红旗，即红旗捷报。汉代长安城里的未央宫为皇帝居住之地，故后世以未央为皇宫的代名词。那时的曾氏，大概没有想到，二十年后，他能真的作为前线军队的最高统帅，亲手将呈递朝廷的红旗捷报拜发！

这份奏章在曾氏历年折片中算是最长的了，绝大部分文字，对今天的读者来说已无意义，但也不乏具有史料价值及文字上的可欣赏之处，让我们摘几句来看看。

"窃念金陵一军围攻二载有奇，前后死于疾疫者万余人，死于战阵者八九千人，令人悲啼，不堪回首。"为围攻金陵，吉字营付出近二万人的代价。此数字或许略有夸大，但不至于相差太远。

"此次金陵城破，十万余贼无一降者，至聚众自焚而不悔，实为古今罕见之剧寇。"这实在是人世间最为惨烈的场景。太平军将士之所以如此，主要的原因当然是大部分人对信仰的坚定，对敌人的仇恨，但不可否认，湘军、淮军过去的杀降行为，也断绝了他们投降求生的念头。

"宫禁虽极俭啬，而不惜巨饷以募战士；名器虽极慎重，而不惜破格以奖有功；庙算虽极精密，而不惜屈己以从将帅之谋。"这是奏章结尾一段中歌颂已死的咸丰皇帝的几句话，单从行文来看，的确精彩。它采取对比的句式，突出咸丰帝对这场胜利所起的关键作用。尤其是最后一句，既颂扬了已死的皇上，又表彰了自己的谋略。接下来说："皇太后、皇上守此三者，悉循旧章而加之，去邪弥果，求贤弥广，用能诛除僭伪，蔚成中兴之业。"在原有的基础上再递进一步，用以拍当今实际掌权者的马屁，并让被拍者接受得自然轻松。建此大功，却不居功自夸，而是将成绩都归之于朝廷。这当然是皇太后、皇上所乐意看到的奏章。

这篇奏章的思想、大体格局，自然都出于文章斫轮老手曾氏。当然，拟稿者不可能是他，只能是幕僚代笔。于此可见，曾氏幕府中是大有善为文者的。

谕纪鸿（同治三年七月初九日）

字谕纪鸿：

自尔起行后，南风甚多，此五日内却是东北风，不知尔已至岳州否？余以二十五日至金陵，沅叔病已痊愈。二十八日戮洪秀全之尸，初六日将伪忠王正法。初八日接富将军咨，余蒙恩封侯，沅叔封伯。余所发之折，批旨尚未接到，不知同事诸公得何懋赏，然得五等者甚少。余借人之力以窃上赏，寸心不安之至。

尔在外以谦谨二字为主，世家子弟，门第过盛，万目所属。临行时，教以三戒之首，末二条及力去傲惰二弊，当已牢记之矣。场前不可与州县来往，不可送条子，进身之始，务知自重，酷热尤须保养身体。此嘱。

评点：进身之始务知自重

六月二十二日，曾纪鸿辞别父母，离安庆回湖南参加甲子科乡试。此刻尚在途中。曾氏在种种大事纷至沓来的时候，仍不忘给小儿子写这封叮嘱信，叫儿子在此举世瞩目曾家的时候，尤当注意谦虚谨慎。

现在办事时兴拉关系，走后门。从这封信看来，一百多年前的风气大概也差不多。许多人在考试之前，多方联络，疏通关节，好让别人为自己的录取暗中出力帮忙。作为当今天下第一功臣的曾府二公子，长沙城里该有多少官绅士商想巴结讨好？只要开口，什么事都好办。曾氏深知世态人情，叮嘱儿子不要去与地方官拉拉扯扯，踏入社会的第一步，便要清清白白，自爱自重，不可仗父辈的功劳而走轻巧之途。

曾纪鸿这次乡试结果是落榜了。此事也从另一面看出当时的科考还是较为严格的。若考官们要借此巴结曾府，让二少爷中个举人，其办法总是可以想得出的。二少爷没有去走门子，考官们也没有存心去讨好，彼此都还规矩。

谕纪泽（同治三年七月初十日）

字谕纪泽儿：

　　今早接奉二十九日谕旨。余蒙恩封一等侯、太子太保、双眼花翎，沅叔蒙恩封一等伯、太子少保、双眼花翎，李臣典封子爵，萧孚泗男爵。其余黄马褂九人，世职十人，双眼花翎四人（余兄弟及李、萧）。恩旨本日包封抄回。兹先将初七之折寄回发刻，李秀成供明日付回也。

涤生手示

评点：兄弟同日封侯伯

　　七月初八日，曾氏便从江宁将军富明阿咨送来的廷寄中，得知自己封一等侯，老九封一等伯，但没有亲自接到廷寄，不便上表称谢。初十日，正式接到六月二十九日的上谕。

　　这道上谕是接到曾氏二十三日捷报的当天拟的，可见当时两宫太后的喜悦之情。

　　上谕是这样嘉奖这批有功之臣的：曾氏赏加太子太保衔，赐封一等侯爵，世袭罔替，赏戴双眼花翎。曾国荃赏加太子少保衔，赐封一等伯爵，赏戴双眼花翎。李臣典赐封一等子爵,赏穿黄马褂,赏戴双眼花翎。萧孚泗赐封一等男爵,赏戴双眼花翎。

此外还有一大批将领或获骑都尉、轻车都尉、云骑尉等世职,或给以布政使、道员、知府、提督、总兵等衔。

同一天,还颁发另一道上谕:加赏蒙古亲王僧格林沁之子以贝勒封号。官文赐封一等伯爵,世袭罔替,抬旗,赏戴双眼花翎。李鸿章赐封一等伯爵,赏戴双眼花翎。杨岳斌、彭玉麟、骆秉章均赏一等轻车都尉世职,赏戴双眼花翎。另外尚有鲍超、都兴阿、冯子材等人获赏。

这年九月,左宗棠也获一等伯爵之赏;之前,他已获太子少保衔。同时获封爵之赏的还有鲍超:受封子爵。历时十四年之久的这场战争结束了。一人封贝勒,一人封侯,四人封伯,两人封子,一人封男。许多人封各种名目的世职。据曾氏说,封赏之厚,超过平三藩、平准部,为有清一代所仅见。

尤其是曾氏兄弟同日封侯伯,古往今来极为罕见。然而,以曾国荃为代表的一批吉字营将领大多不满意,他们认为赏轻了,不足以酬劳。前面说过,咸丰帝曾有"打下金陵封王"的许诺,后接受近臣所谏,采取以满人围金陵,用汉人打外围的战略。谁知事与愿违,结果打下金陵的还是汉人。

曾国荃自认为功盖天下,就是受封王之赏亦不为过,即便限于祖制,不能封王,公侯之爵也是可以封的,为什么只是伯爵,而且没有"世袭罔替"?所谓"世袭罔替",就是世代承袭,若不触犯国法的话,子子孙孙都顶着这个封爵。比如曾氏便是"世袭罔替"的一等侯。他死后,其子纪泽承袭,世称"曾袭侯"。纪泽死后,其子广銮承袭。曾氏的侯爵只传了三代,那是因为清朝被推翻了,清朝廷的一切封赏自然跟着寿终正寝。

这都罢了,最让曾国荃不甘心的是,官文、李鸿章等都跟他一样的封一等伯爵。多了,滥了,他的一等伯爵就贬值了。同治三年九月初八日,曾氏在日记里写道:"沅弟谈久,稍发抒其郁抑不平之气。余稍阻止劝解,仍令毕其说以畅其怀。沅弟所陈,多切中事理之言。"

老九的郁抑不平有很多,封爵不公是其中之一。他心中的另外不快,我们将在后面的评点中再谈及。

其实，据精通掌故的人说，老九的这个伯爵还是乃兄的"王"所分出来的，他不应当不平而应当窃喜。我们来看徐珂编《清稗类钞》中的一段话："粤寇之据金陵也，文宗顾命，深引为憾，谓有能克复金陵者，可封郡王。及曾国藩克金陵，廷议以文臣封王似嫌太骤，且旧制所无。因析而为四，封侯、伯、子、男各一。于是国藩封一等毅勇侯，世袭罔替，其弟国荃封一等威毅伯，提督李臣典封一等子，提督萧孚泗封一等男。"

此次获殊赏的子爵李臣典没有来得及领赏，早在八天前便一命呜呼了。李只有二十七岁，正是年轻力壮之时，如何突然死去呢？原来，李正是仗着自己功劳大，年轻力壮，进城之后荒淫过度。他没有死在炮子堆里，而是死于石榴裙下。另，据野史透露，萧孚泗后来成了湘军中哥老会的大龙头。堂堂朝廷所封的男爵，却做了江湖会党的头领。湘军高级将领的素质如何，可以从李、萧二人处略知一二。

致沅弟（同治三年七月二十九日）

沅弟左右：

数日未寄信于弟，想弟悬系无已。余于二十二宿芜湖，二十六宿池州，二十八坐一小舟回省寓中，内外平安。二十五日接到初七日所发一折之批、一明谕、一寄谕，舟中匆匆，尚未咨弟。兹接弟二十六日信，已赶办咨文矣。

弟撤勇之事，余必一一速办，除催李世忠及办里下河之捐外，再札上海官绅办沪捐六十万，并加函托苏、常绅士，必有收获，弟可放心。昨得筠仙信，已办六万径解弟营。弟之退志兄应成全，兄之门面亦赖弟成全。第一要紧守金陵、芜湖、金柱三处，第二要分一支出剿广德，以塞众望。即令朱南桂与刘松山、易开俊三人进剿广德，而弟处派三支，分防宁郡、泾、旌，或亦一道，望弟早为酌定。倘兄之门面撑立不住，弟亦无颜久居山中矣。熊登武、张诗日、刘南云三人，弟万万不可放走。陈舫仙稍迟一步，明年再退可也。此外孰留孰散，听弟裁酌。总不使我遽倒门面为要。千万千万。

弟肝气不能平伏，深为可虑。究之弟何必郁郁？从古有大勋劳者，不过本身得一爵耳！弟则本身既挣一爵，又赠送阿兄一爵。弟之赠送此礼，人或忽而不察，弟或谦而不居，而余深知之。顷已详告妻子知之，将来必遍告家人宗族知之。吾弟于国事家事，可谓有志必成，有谋必就，何郁郁之有？千万自玉自重。顺问近好。

评点：老九遭各方攻击郁郁不乐

曾氏在金陵住了二十多天，于七月二十日返棹归皖，二十八日抵安庆城，二十九日即给老九写了这封信。他知道老九还在为封爵一事而郁郁，便开导他，又特别指出自己的侯爵都是他所赠送，并要将此遍告家人宗族，用以宽慰大功告成后却偏多忧愁的老九。

老九的忧郁不仅是封爵一事，还有别的。曾氏当然清楚，只是信里没有讲罢了，让笔者来略叙几桩。

一、放走了幼天王。这是令朝廷最为不满意的事。幼天王虽是十六岁少年，并无实际才干，但他名义上是太平天国的领袖，有很大的号召力和凝聚力。有他在，也就意味着太平天国并未灭亡。何况江南江北尚有二十万太平军将士存在，这些人马很有可能在他的旗号下再度聚集，整军复国。另外，令朝廷不快的是，曾氏六月二十三日的奏折中清清楚楚地写明"破城后，伪幼主积薪宫殿举火自焚"，事实并非如此。若上纲上线的话，曾氏兄弟有欺君之罪。

二、擅自杀李秀成。朝廷先后两次严令将李秀成槛送京师，讯明后依法处置。但曾氏兄弟抢在谕旨下达之前，便匆忙将李秀成杀了。这便让朝廷内外许多人产生疑问：是真的捕获了李秀成吗？为什么不押李到北京来？这中间难道有不可告人的目的？朝廷还为此密令江宁将军富明阿暗中调查。

三、财产去向不明。多年来外间纷传金陵城的圣库里金银如海、百货充盈。但曾氏七月七日的奏折中说"逮二十日查询，则并无所谓贼库者"，还说"克复老巢而全无货财，实出微臣意计之外，亦为从来罕闻之事"。这几句话，能让朝廷相信吗？朝廷还指望着这笔财富来办事哩，不料竹篮打水一场空。朝廷怎能不生气？

朝廷的强烈不满很快表现了出来。首先是六月二十六日上谕的严厉斥责："该逆死党尚有万余，曾国荃于攻克外城时，即应一鼓作气，将伪城尽力攻拔，生擒首逆。乃因大势初定，遽回老营，恐将士等贪取财物，因而懈弛万一。该逆委弃辎重，饵我军士而潜出别道，乘我不备，冀图一逞，或伺间奔窜，冲出重围，切不可不虑。着曾国藩饬令曾国荃督率将士，迅将伪城克日攻拔，歼擒首逆，以竟一篑之功，同膺懋赏。倘曾国荃骤胜而骄，令垂成之功或有中变，致稽时日，必惟曾国荃是问。"

接下来是七月十一日廷寄的训斥："曾国藩以儒臣从戎，历年最久，战功最多，自能慎终如始，永保勋名。惟所部诸将，自曾国荃以下，均应由该大臣随时申儆，勿使骤胜而骄，庶可长存恩眷。"

再往下，便是曾氏一连七次保举都被吏部打了下来。这在过去是从来没有过的事。曾氏以往的每次保举，朝廷都照准不误。狡兔刚亡，走狗便不受宠了。

紧接着，便是四面八方都说吉字营将金陵城内的财富打劫一空，为消灭罪证，有意放火烧了天王府和其他王府，并骂曾老九是"老饕"（饕即饕餮，为古代传说中的一种贪食的恶兽，后世以此比喻贪婪凶恶）。

老九虽获伯爵之封，受双眼花翎之赏，处于这种形势下，他的日子的确不好过。

事实上，这些指责都是有道理有根据的。常言道，擒贼先擒王，打下金陵，却让幼天王逃跑了，缺憾不可谓不大。赵烈文说，幸而后来捕捉了李秀成，否则真是不能交卷出场。像李秀成这样的大人物，当然不能擅自处置。是怕李秀成供出金陵城里的金银财宝吗？无论如何，杀他有灭口之嫌。至于吉字营将士把金陵城财货打劫一空，则更是千真万确的事实。

"敲竹杠"有多种说法，其中一说便是针对此事的。说是吉字营将士将金银藏在竹杠里，用船载回湖南。后来被官府知道了，便设卡专门稽查。见有装竹杠的船便拦下，用棍子敲打竹杠。竹杠里若装了金银，响声与空竹杠明显不同，一敲便知道。一旦查出，便作私货没收。由此可见他们打劫银子之多。至今在湖南民间流传着一句话："打开南京了！"这话的意思是说发大财了。最有说服力的还是赵烈文当时的日记:"所恨中丞厚待各将,而破城之日,全军掠夺,无一人顾全大局,使槛中之兽大股逃脱。"

照理说,事实是这样,曾国荃也没有必要太忧郁,但他有委屈之感。他的委屈是在与别人的比较中产生的。

同治二年,李鸿章在打下苏州后,在奏折中写明李秀成从小路搭桥而去。同治三年春,左宗棠打下杭州后,在奏折中也写明听王陈炳文等十万多人逃走。同是打下名城而让主犯逃逸,李、左都没有遭到指责。至于城破后抢劫,几乎是所有胜利之师的通病,为何独对吉字营要求这样严格?

老九的这些委屈,曾氏是深抱同感的。他知道自己的文字,即便是家信,日后也得公之于众,故不愿在信中挑明,只作如此泛泛劝解。

致澄弟 （同治三年八月二十四日）

澄弟左右：

前接弟信，知已由李家送葬归来，具悉一切。

此间近状平安。沅弟之肝疾未平，湿毒更炽，克城封爵之后而郁抑之气并未稍减。余在金陵住二十余日，自六月二十五至七月初八、九，沅弟心神不怡，初十日至二十日，察沅心怀似稍开豁，病亦日减。近与余相隔二十余日，情复郁结，疾亦略增。余定初一日起程，再赴金陵，家眷亦于初间同去，并于二十一日具折，为沅弟告病开缺回籍调理。沅见归期已近，或可速痊。然起行总在十月，但能归家过年，不能赶十一月初三也。

纪鸿想已抵家，在署一年，已沾染贵公子气习否？吾家子侄，人人须以勤俭二字自勉，庶几长保盛美。观《汉书·霍光传》，而知大家所以速败之故。观金日磾、张安世二传，解示后辈可也。即问近好。

评点：老九开缺回籍

无论乃兄如何规劝，老九总是心病重重、郁积难化，他决定辞职回家。名为养病，实为发泄不满：不满朝廷的赏不酬劳、偏听偏信，不满朝野内外对他和吉字营的指责。曾氏为老九代为递折。

奏折叙述老九病情严重，非回籍安心调养不可，又说明经手事件业已处置妥当；最后一段文字可谓佳极妙极："伏查臣弟曾国荃，春夏之交，饮食日减，睡不成寐，臣曾陈奏一次。然以一人而统九十里之围师，与群酋悍贼相持，自无安枕熟睡之理，亦系将帅应尝之苦，臣尚不甚介意。迨克城之后，臣至金陵，见其遍体湿疮，仍复彻夜不眠，心窃虑之。近十数日不得家书，询之来皖差弁，知其肝火上炎，病势日增，竟不能握管作字。幸值撤勇就绪，军务业经大定，地方又无专责。合无仰恳圣恩，俯如所请，准曾国荃开缺回籍调理，一俟病体就痊，即令奏请销假入都陛见，跪求圣训。"

明为述病，实为表功。对于这样因勤劳王事而病体沉重的有功之臣，朝廷还要指责猜忌，能说得过去吗？曾氏幕府的奏章，有"天下第一疏"之称，此折可为一例。

九月初四，朝廷颁发上谕，在说了一大通称赞的话之后，准予曾国荃开缺，并赏人参六两以示安慰。

初八日，曾氏由安庆乘轮船抵金陵城。两江总督衙门已空了十二年，而今迎来战后的第一位总督。曾氏做了五年的江督，其衙门一直在流亡途中，现在算是回家了。

致沅弟（同治三年十月十四日）

沅弟左右：

自前发二信后，闻柳寿田割耳事，恐伤弟之肝气，甚不放心。又闻弟意欲除吉中二字各勇，必不舒服，因札撤柳之委。若余无此札，各统领不能不遵弟札行事。一去吉中二字，则水陆相仇无已时矣。兄为弥息争端起见，不知果妥否？接弟初十日在大通所发一咨，未接信函，不知病势加重乎？减轻乎？

十三夜接奉寄谕，督篆交少泉暂署，饬余赴鄂皖之交剿贼。少泉三日内可到。余交卸后，拟即力陈精力已衰，请解兵柄，实不愿赴楚界，更不愿赴他处矣。弟闻此信，未免更增郁结。然此次寄谕与七月各寄谕，朝廷于外间艰难实未周知。吾辈坦然安之若命，正不必稍怀悒悒。弟难作字，请朱心榄代写病状告我。顺问近好。

评点：新的使命

发源于皖北，活动于皖、豫、鲁、苏、鄂一带，以私盐贩子和无业游民为主体的捻军，其兴旺时期在咸丰五年至同治二年之间，随着领袖张乐行的死去，其势力也渐趋衰落。金陵城破后，太平军余部大部分陆续瓦解，但以遵王赖文光为首的一支人马与捻军首领张宗禹、任化邦联合起来了，用太平军制改组捻军。因此，这一支人马又日渐活跃起来，成为清朝廷的头号大敌。

十月十三日，曾氏在金陵督署接朝廷旨令："现今江宁已臻底平，军务业经蒇事，即着曾国藩酌带所部，前赴皖鄂交界督兵剿贼，务其迅速前进，勿少延缓。李鸿章前赴江宁，暂署总督篆务。江苏巡抚，着吴棠暂行署理。"

此处所谓的"贼"，即赖文光、张宗禹所领导的捻军。从内心来说，曾氏并不愿意接受这个新的使命。其原因大致有如下几点：一、捻军不能与太平军相比，即便很快赢得胜利，也不能为他增添多少荣耀；二、曾氏已心力交瘁，不堪再荷重负；三、湘军中的精锐之师正在裁撤中，已无得力人马再上前线；四、捻军擅长骑术和流动作战，这两点均为湘军之弱，实不易对付。

但曾氏的性格与老九大不一样，他办事多顾虑，且老九已开缺回籍，他不能再做违背朝廷旨意的事，只得硬着头皮答应，勉力而行。

十月十七日，李鸿章从苏州来到金陵，与曾氏商量接篆及剿捻之事。鉴于湘军的现状，李提出由刘铭传、李鹤章统率两支淮军渡江而北，上援皖鄂。就在这次会面时，曾氏做出一个对李鸿章本人及中国近代政局至关重要的决定：在撤湘军的同时，扩大淮军。

淮军成军晚，尚未到全面衰暮期，比湘军有生气，战斗力强，又得到上海及苏南商贾的支持，饷银一向不缺。捻军的活跃，使曾氏意识到，不能将多年来所培植的军事力量一下子全部减杀，保持一支有战斗力的军队仍十分重要。湘军已在撤勇阶段，不能挽回，淮军没动，正好不撤。除此之外，还有一个重要原因促使他做出扩大淮军的决定，那就是湘军中有一批人不愿意离开军营回家乡。这批人从戎多年，已习惯于军旅生活，打仗是行家，对种田务工反而不喜欢了。曾氏便让他们改头换面，从湘军转入淮军。对此，四十二岁身体强健雄心勃勃的李鸿章欣然赞同，他借此大力扩展淮军。从那以后，湘军便渐为淮军所取代，成了中国军界的主力。后来的北洋军，其实就是从淮军中衍生的。淮军影响近代中国的政局，也确保李鸿章在曾氏死后的三十年中执掌晚清军事、外交大权的不可撼动的地位。

关于这次重大的会谈，曾氏年谱中只给了寥寥数句的记载："公与商裁退楚军，进用淮勇。"

十一月初三日，曾、李二人在金陵举行总督关防交接仪式。隔了两天，一道上谕下来，说鄂皖捻军已被肃清，曾氏不用离开金陵，督印也不要交了。李鸿章已来金陵，就不必急着回去，即命充当乡试监临，待乡试结束后，再回苏抚本任。两江总督的大印，李鸿章只掌了两天，便又交了出来。

致澄弟沅弟（同治四年五月二十五日）

澄、沅弟左右：

纪瑞侄得取县案首，喜慰无已。吾不望代代得富贵，但愿代代有秀才。秀才者，读书之种子也，世家之招牌也，礼教之旗帜也。谆嘱瑞侄从此奋勉加功，为人与为学并进，切戒骄奢二字，则家中风气日厚，而诸子侄争相濯磨矣。

吾自奉督办山东军务之命，初九、十三日两折皆已寄弟阅看，兹将两次批谕抄阅。吾于二十五日启行登舟，在河下停泊三日，待遣回之十五营一概开行，带去之六营一概拔队，然后解维长行。茂堂不愿久在北路，拟至徐州度暑后，九月间准茂堂还湘。勇丁有不愿留徐者，亦听随茂堂归。总使吉中全军人人荣归，可去可来，无半句闲话惹人谈论，沅弟千万放心。

余舌尖蹇涩，不能多说话，诸事不甚耐烦，幸饮食如常耳。沅弟湿毒未减，悬系之至。药物断难奏效，总以能养能睡为妙。

评点：不望富贵愿代代有秀才

纪瑞为曾国荃长子，此时年方十六，得中秀才。十六岁中秀才，在科场虽不算很年轻，但在曾家，也算是功名早达了，值得曾府上下庆贺。曾氏因此大

309

发了一通议论。曾氏此论，与数年前写给儿子信里说的不望子孙做大官，只望做明理君子是一脉相承的。曾氏的这种思想，实在是十分清醒而明智的。

说其清醒，是指曾氏对做官与读书二者看得清楚透彻。官场因是名利渊薮，故为众人所向往；又因其名额有限，故而为众人所争夺。于是官场便成为勾心斗角、倾轧挤压之地，且权力又启人贪婪之心思。所以，久处官场，人易于变得或阴险，或圆滑，或贪心。总之，人的心灵容易被扭曲。所以，老于宦海的曾氏知道做官也并不是很好的行当。早在道光二十六七年，他就萌生了弃官回籍的念头。相反的，读书可以让人更多地懂得生命的真趣味，在领略前人智慧的过程中陶冶自己的性灵情操，在不与人争斗的环境中享受天君泰然、心境平和的乐趣。二者相较，若家境宽裕、不愁稻粱的话，做个读书人实在是比做个官吏要好得多。

说其明智，是说曾氏知道做不做得成官、能做多大的官，不是自己所能掌握的，通常是握在别人的手里。首先，科名这一关能不能过，便不可知，所谓"功名乃前世事"，说的便是这层意思。此外，做官后能不能常获迁升，也不可知。不要以为有才干有政绩便一定升官，那是天真的一厢情愿，许多庸才反而官运亨通，他有的是另一种本事。若一心一意要做官，但又做不成，或一门心思想升官，却又仕途坎坷，那反而会给自己带来无穷无尽的痛苦、怨尤，不如干脆不想那档子事，陶醉于书卷中，尚可与人无干，自得其乐。

曾氏的这种思想，实际上是一种很平实的治家之方。我们今天的父母应该从中得到某些启示。现在的父母大都望子成龙，巴盼儿子长大后做老总、做明星、做大官，其实那都很渺茫，还不如鼓励他们做个明道理的好人、有健康体魄的正常人现实得多。

曾氏这次北上打捻，带去的易开俊、刘松山等部湘军九千人及刘铭传、周盛波、张树声、潘鼎新等部淮军二万二千人，共三万余人。

谕纪泽（同治四年闰五月十九日）

字谕纪泽儿：

接尔十一、十五日两次安禀，具悉一切。尔母病已痊愈，罗外孙亦好，慰慰。

余到清江已十一日，因刘松山未到，皖南各军闹饷，故尔迟迟未发。雉河、蒙城等处日内亦无警信。罗茂堂等今日开行，由陆路赴临淮。余俟刘松山到后，拟于二十一日由水路赴临淮。身体平安。惟廑念湘勇闹饷，有弗戢自焚之惧，竟日忧灼。蒋之纯一军在湖北业已叛变，恐各处相煽，即湘乡亦难安居。思所以痛惩之之法，尚无善策。

杨见山之五十金，已函复小岑在于伊卿处致送。邵世兄及各处月送之款，已有一札，由伊卿长送矣。惟壬叔向按季送，偶未入单，刘伯山书局撤后，再代谋一安砚之所。该局何时可撤，尚无闻也。

寓中绝不酬应，计每月用钱若干？儿妇诸女，果每日纺绩有常课否？下次禀复。吾近夜饭不用荤菜，以肉汤炖蔬菜一二种，令其烂如，味美无比，必可以咨培养（菜不必贵，适口则足养人），试炖与尔母食之（星冈公好于日入时手摘鲜蔬，以供夜餐。吾当时侍食，实觉津津有味，今则加以肉汤，而味尚不逮于昔时）。后辈则夜饭不荤，专食蔬而不用肉汤，亦养生之宜，且崇俭之道也。颜黄门（之推）《颜氏家训》作于乱离之世，张文端（英）《聪训斋语》作于承平之世，所以教家者极精。尔兄弟各觅一册，常常阅习，则日进矣。

涤生手草（清江浦）

评点：夜饭不用荤为养生之道

信中所言的这个"亦好"的罗外孙，其实很不好，没有多久便夭折了。这个小儿是被炮声吓死的。此事曾纪芬的《自订年谱》中提到了："朝命文正公带兵北上，以五月二十五日启行。先是，适罗氏姊于三月二十八日在署中生子，及是亦乘吉日携幼回湘。姊之姑为罗忠节之妾，性颇悍厉。姊惮于行，临别悲恋不已。又文正公出署登舟之际，全城水陆诸军举炮送行，其声震耳，久而不绝。其子因惊致疾，已登舟，疾甚，遂折回署中也。医治无效，竟殇。"

先是想趁着父亲出征的大吉日子回湖南，不料送行的炮声将怀中刚出生两个来月的婴儿给吓死了。本来就惧怕恶婆婆，这下又将她的孙子给弄没了，曾纪琛在罗家的日子就更不好过了。两年后，纪琛生了一个女儿，不为夫家所喜。鉴于自己的身体不好，难以再生育，纪琛亲自出面，为丈夫罗兆升找了一个小十多岁的女子洪氏为妾。后来，罗兆升到陕西做小官，又在那里纳了一妾。光绪十四年，罗兆升死于任上，年仅四十三岁，死时仍无儿子。过了几个月，洪氏妾为他生了个遗腹子。从此，三个寡妇守着这个单丁过日子。侯门家的这个三小姐一生也够苦的了。

湘军在短时期内大规模地裁撤，留下不少后患。最大的问题便是欠饷无法补还。咸丰三年，曾氏组建湘军之初，亲自为勇丁制定月薪：什长四两八钱，亲兵四两五钱，正兵四两二钱，伙夫三两三钱，连为军营挑担的长夫一个月也有三两银子，而当时七八钱银子便可买一石谷。

湘军的薪水比绿营、八旗的都要高，故而投军者很多。初期，湘军也主要靠这种优厚的薪水来稳定队伍。但后来，因为兵勇的大幅增加及筹饷的艰难，饷银不能按时足额发放，各营各部无一不欠饷，即便是后起的淮军，有上海绅商的支持,也只能发一半饷银。年复一年地拖欠,这个数目便可观了。许多勇丁,都指望着拿到这笔钱回家买田起屋,现在一下子说声没了就没了,他们如何不恼火?于是,聚众闹饷,便成了湘军裁撤后的一个普遍现象。六天前,曾氏在给老四、老九的信中说:"徽、休、青阳三军闹饷,情同叛逆。"可见,这件事已经被闹得很严重了。对于闹饷之风,曾氏分别采取借银补还一部分及以盐票代替等办法来平息,有的则派军队予以强力弹压。

大部分欠饷的勇丁都没有得到多少补还,他们于是结团搭伙流落江湖不回原籍,哥老会便成了他们最得力的组织。在哥老会的旗帜下,他们打家劫舍啸聚山林,活跃在长江中下游一带,最兴旺的时期曾达到二三十万人马。后来,他们中的一部分人与反满革命势力联合起来,成为推翻清王朝的一股重要力量。九泉之下的湘军创始人,面对着这种与他初始愿望绝对相反的结局,不知作何感慨!当然,这都是后话了。

曾氏在信中教给后辈一个养生之法:晚餐专吃蔬菜,不沾荤。现在的保养经验,也有"晚餐吃得少"一说。这与曾氏的养生之法在道理上是一致的,即晚上人活动少,睡得早,吃得过多过好,都不宜消化吸收,肠胃中堆积太多未经消化吸收的食物,对身体无益而有大害。早在西汉初年,人们就认识到了这个问题,故枚乘的《七发》里有"甘脆肥脓,命曰腐肠之药"的说法。现在物资丰富,餐餐鱼肉鸡鸭不断,吃起来是舒服快乐,但富贵病也便随之而起。但多素少荤、晚餐少食,往往只为那些年过半百以上、已发觉满身都是病的中老年人才信奉,身体强壮的年轻人则总是不屑一顾。不知有没有青年读者愿意长期奉行曾氏所说的晚餐素食的家教,或许它于养生真有大好处。

谕纪泽纪鸿（同治四年六月初一日）

字谕纪泽、纪鸿儿：

闰五月三十日由龙克胜等带到尔二十三日一禀，六月一日由驲递到尔十八日一禀，具悉一切。罗家外孙既系漫惊风，则极难医治。

余于二十五六日渡洪泽湖面二百四十里，二十七日入淮。二十八日在五河停泊一日，等候旱队。二十九日抵临淮。闻刘省三于二十四日抵徐州，二十八日由徐州赴援雉河，英西林于二十六日攻克高炉集。雉河之军心益固，大约围可解矣。罗、张、朱等明日可以到此，刘松山初五六可到。余小住半月，当仍赴徐州也。毛寄云年伯至清江，急欲与余一晤。余因太远，止其来临淮。

尔写信太短。近日所看之书，及领略古人文字意趣，尽可自攄所见，随时质正。前所示有气则有势，有识则有度，有情则有韵，有趣则有味，古人绝好文字，大约于此四者之中必有一长。尔所阅古文，何篇于何者为近？可放论而详问焉。鸿儿亦宜常常具禀，自述近日工夫。此示。

涤生手草

评点：气势识度情韵趣味

在文学史上，曾氏是以散文家的身份留下姓名的。关于他的散文成就，钱基博在其名著《现代中国文学史》中给予很高的评价。钱氏之前，近代不少文章大家如梁启超、章太炎等人也都推崇备至。但后来出于政治方面的原因，各种文学史论或有意回避，或不得不曲意批判。20世纪90年代出版的由中国社科院主编的《中华文学通史》拨乱反正，给了曾氏散文成就以较为公允的评价。该书称曾氏为"桐城派的中兴改造者"，并具体地指出这种改造主要在两个方面：一、补救桐城派空疏迂阔的弱点，将文章引导到经世致用；二、针对桐城派规模狭小、气势孱弱的毛病，提出广开门径，转益经史百家，作雄奇瑰玮、气象光明之文。该书还准确地揭示其为文的特征："曾国藩之文，以切于事理而持议坚劲、委婉严谨而内藏拗强之气为基本特点。"

实事求是地说，曾氏的确是近代散文创作的一代宗师。他在近代散文创作中的这种地位，并非主要因其政治地位的煊赫，而是由他本人的创作成绩来奠定的。曾氏是个有心人，他对什么事都力求弄清个所以然。他好文章，不仅多写，而且也对前人的文章认真地钻研分析，抉其优长，化为己用。他的这个特点不仅使他在散文创作上取得过人的成就，也是他在其他方面取得过人成就的一个重要原因。

在这封信里，他向儿子谈了他对前人文章研究的一个心得，即前人绝好文章，必于气势、识度、情韵、趣味四个方面有一长。尤其可贵的是，他将人们所熟悉的这四个词拆开来分析，揭示其间的内在联系，使读者明白势来自气，度来自识，韵来自情，味来自趣。笔者相信，有心为文的人，将会于这种细细的分析中获得启示。

曾氏擅长细分法，他将这种细分法名曰剖析，并详加说明："剖析者，如治骨角者之切，如治玉石者之琢。每一事来，先须剖成两片，由两片而剖成四片，四片而剖成八片，愈剖愈悬绝，愈剖愈细密。如纪昌之视虱如轮，如庖丁之批郤导窾，总不使有一处之颟顸，一丝之含混。"

　　任何麻烦之事、深奥之理，都经不得这样一剖再剖。越剖得细便越看得清楚了，一旦看得清清楚楚、明明白白，则治理之方应对之策也便相应出来了。读者诸君不妨在自己的工作和学习实践中试一试！

谕纪泽纪鸿（同治四年七月初三日）

字谕纪泽、纪鸿儿：

纪泽于陶诗之识度不能领会，试取《饮酒》二十首、《拟古》九首、《归田园居》五首、《咏贫士》七首等篇反复读之，若能窥其胸襟之广大，寄托之遥深，则知此公于圣贤豪杰皆已升堂入室。尔能寻其用意深处，下次试解说一二首寄来。

又问有一专长，是否须兼三者乃为合作。此则断断不能。韩无阴柔之美，欧无阳刚之美，况于他人而能兼之？凡言兼众长者，皆其一无所长者也。鸿儿言此表范围曲成，横竖相合，足见善于领会。至于纯熟文字，极力揣摩固属切实工夫，然少年文字，总贵气象峥嵘，东坡所谓蓬蓬勃勃如釜上气。古文如贾谊《治安策》、贾山《至言》、太史公《报任安书》、韩退之《原道》、柳子厚《封建论》、苏东坡《上神宗书》，时文如黄陶庵、吕晚村、袁简斋、曹寅谷，墨卷如《墨选观止》《乡墨精锐》中所选两排三迭之文，皆有最盛之气势。尔当兼在气势上用功，无徒在揣摩上用功。大约偶句多，单句少，段落多，分股少，莫拘场屋之格式。短或三五百字，长或八九百字千余字，皆无不可。虽系《四书》题，或用后世之史事，或论目今之时务，亦无不可。总须将气势展得开，笔仗使得强，乃不至于束缚拘滞，愈紧愈呆。

嗣后尔每月作五课揣摩之文，作一课气势之文。讲揣摩者送师阅改，讲气势者寄余阅改。四象表中，惟气势之属太阳者，最难能而可贵。古来文人虽偏于彼三者，而无不在气势上痛下功夫。两儿均宜勉之。此嘱。

评点：少年文字总贵气象峥嵘

曾氏在前封信中提出气势、识度、情韵、趣味四说，认为前人绝好文章，必于此四者中拥有一种。细揣这封信，可以看出曾氏希望他的两个儿子更注意在气势上学前人之长，并提出"少年文字，总贵气象峥嵘"的观点。笔者认为，曾氏此说很有道理。

关于气势，曾氏在同治五年十月十四日的日记里有一段议论："文家之有气势，亦犹书家有黄山谷、赵松雪辈，凌空而行，不必尽合于理法，但求气之昌耳。故南宋以后文人好言义理者，气皆不盛。大抵凡事皆宜以气为主，气能挟理以行，而后虽言理而不厌，否则气既衰，说理虽精，未有不可厌者。犹之作字者，气不贯注，虽笔笔有法，不足观也。"

曾氏将文章与书法作为同一个审美对象看待，认为皆须气势贯注，能达到这种境地的，即便小有瑕疵，仍不失为上品。这正与王船山的气为文章之帅的观点一脉相承。

因此，曾氏希望儿子把握住这个最重要的为文诀窍。

曾氏自己的文章以及以他为宗师的湘乡文派，其与桐城诸老文章的一个最显著的区别，也就在于气势上。曾氏于"气势"揣摩最深，运用最好，故他在这方面的顺手指点都能到位："偶句多，单句少，段落多，分股少，莫拘场屋之格式。""将气势展得开，笔仗使得强，乃不至于束缚拘滞，愈紧愈呆。"在另外一封信里他说过："议论勃发，层出不穷，乃文章必发之品。"这里所讲的都是关于"气势"方面的行家之说，至于情韵、趣味等方面，似乎曾氏本人也不太擅长。

更重要的是，曾氏特别看重人生少年时的朝气锐气。峥嵘气象，正是朝气锐气的外在表现。

人生少年时，好比一天中的早晨、一年中的春天，蓬蓬勃勃，生机旺盛，对前途充满信心，才是理所当然、天经地义的。此时的为人为文，即便狂一点傲一点偏激一点都不要紧，尤为可贵的是，说不定正是因为这种狂傲、不拘常度，才有日后超过常人的成就。千百年来的阅历告诉人们，倒是那些从小便循规蹈矩、瞻前顾后的人，大多没什么出息。我们应当鼓励少年多蓄盛气，多存狂想，切莫轻挥戒骄戒躁的大棍子，从而伤害了可成参天大树的幼苗。

谕纪鸿（同治五年正月十八日）

字谕纪鸿：

尔学柳帖《琅邪碑》，效其骨力，则失其结构，有其开张，则无其挽抟。古帖本不易学，然尔学之尚不过旬日，焉能众美毕备，收效如此神速？

余昔学颜柳帖，临摹动辄数百纸，犹且一无所似。余四十以前在京所作之字，骨力间架皆无可观，余自愧而自恶之。四十八岁以后，习李北海《岳麓寺碑》，略有进境，然业历八年之久，临摹已过千纸。今尔用功未满一月，遂欲遽跻神妙耶？余于凡事皆用困知勉行工夫，尔不可求名太骤，求效太捷也。以后每日习柳字百个，单日以生纸临之，双日以油纸摹之。临帖宜徐，摹帖宜疾，专学其开张处。数月之后，手愈拙，字愈丑，意兴愈低，所谓困也。困时切莫间断，熬过此关，便可少进。再进再困，再熬再奋，自有亨通精进之日。不特习字，凡事皆有极困极难之时，打得通的，便是好汉。余所责尔之功课，并无多事，每日习字一百，阅《通鉴》五页，诵熟书一千字（或经书或古文、古诗，或八股试帖，从前读书即为熟书，总以能背诵为止，总宜高声朗诵），三八日作一文一诗。此课极简，每日不过两个时辰，即可完毕，而看、读、写、作四者俱全。余则听尔自为主张可也。

尔母欲与全家住周家口，断不可行。周家口河道甚窄，与永丰河相似，而余住周家口亦非长局，决计全眷回湘。纪泽俟全行复元，二月初回金陵。余于初九日起程也。此嘱。

评点：打得通的便是好汉

曾纪鸿临摹字帖不过十日便有收效不大的感叹，针对儿子这种急功近利的心态，曾氏予以谆谆教导，且以自己习字的实践和切身体会来证明。曾氏认为凡真本事都出于困知勉行之中，这是真正的阅历之言，十分值得我们重视。

略有点经历的人都知道，学习的过程都有一个从易到难，再从难到易，又从易到难的过程。学习一样东西，一开始会有一个进展较快的时候，那时的兴趣很大。过了这个阶段，再要提高一步便会觉得难了。过了这个难关，又有一段进展快的时期。到一定的时候，又出现了新的难关。这道难关往往要比上道难关更大。这一道道难关，实际上便是一个个飞跃的起点。过了，便超越了前一段的自我。当自我越来越高的时候，超越也便越来越难，攻关者也便因陆续淘汰而越来越少：怕苦怕难者被淘汰了，满足现状者被淘汰了，天分差者被淘汰了，而能打通极困极难关口的才是好汉，才是成功者。

谕纪泽纪鸿（同治五年三月十四夜）

字谕纪泽、纪鸿：

顷据探报，张逆业已回窜，似有返豫之意。其任、赖一股锐意来东，已过汴梁，顷探亦有改窜西路之意。如果齐省一律肃清，余仍当赴周家口以践前言。

雪琴之坐船已迟到否？三月十七果成行否？沿途州县有送迎者，除不受礼物酒席外，尔兄弟遇之，须有一种谦谨气象，勿恃其清介而生傲惰也。余近年默省之勤、俭、刚、明、忠、恕、谦、浑八德，曾为泽儿言之，宜转告与鸿儿，就中能体会一二字，便有日进之象。泽儿天质聪颖，但嫌过于玲珑剔透，宜从浑字上用些工夫。鸿儿则从勤字上用些工夫。用工不可拘苦，须探讨些趣味出来。

余身体平安，告尔母放心。此嘱。（济宁州）

评点：不宜过于玲珑剔透

曾氏眷属已决定离宁回湘，纪泽、纪鸿兄弟均已成人娶妻，护送母亲、妹妹的事，自是他们的本职。曾氏叮嘱两儿，沿途既不可接受别人的礼物酒食，又要谦虚礼貌相待。待人接物，是一种艺术，处置得好，朋友遍天下；处置得不好，易招怨惹是非。像纪泽、纪鸿这种侯门公子，沿途张扬招摇，让州县故旧都来迎送宴请，固然不好，但若做起一副清高绝俗、拒人于千里之外的神态来，或许更不好。把握分寸，适中合度，艺术技巧全在此八字中。

人人都希望自己聪明敏捷，也都盼望儿女天质聪颖，但聪明的人也有其弊端。曾氏指出的"过于玲珑剔透"，不仅是聪明如纪泽者身上有，也几乎是所有聪明人的通病。

所谓聪明，耳聪目明之谓也。具体地说，头脑灵泛，反应快，口齿伶俐，善察风色等等，都是聪明的表现。但若把握不好，过了分寸，便会变为过于玲珑剔透，则反为不美。

为什么不美？个中原因太多太复杂，绝不是一篇短文所能说清楚的。这里只略说几点。

一、过于玲珑剔透者，求学做事往往不愿意下笨功夫，也难以久耐艰苦寂寞。但大学问大事业，大多都是从笨、苦、持久中得来。因而，此种人难成大器。

二、过于玲珑剔透者，对人对事往往沉不住气，好表现，喜跟风，而世道人心，却复杂多变。故此种人不如持重者稳妥，易栽跟头。

三、过于玲珑剔透者，往往讲究清爽明白，打破砂锅问到底。但世界上许多事情是不能够求个清爽明白的，一味讲究，反倒招烦、招怨、招是非。

故而曾氏从他的丰富阅历中总结出一个"浑"字来，与勤、俭、刚、明、忠、恕、谦一道列为人之八德。

"浑"不是圆滑，更不是糊涂，它是一种高境界的处世待人之方。阅世浅的人难以理解，容易将它与"世故"混为一谈。阅世多而又有心者，当可从"浑"中体味出许多意蕴来。世人有句话叫作"聪明反被聪明误"，杨修丧命，祢衡问斩，头都掉在"聪明"二字上。所以古人从来不把聪明与否看得太重，而将深沉、稳重、坚毅等视为人生的种种美德。

致澄弟沅弟（同治五年三月二十六日）

澄、沅弟左右：

三月十八接沅弟二月二十八日长沙河干一信，二十二日接澄弟二月二十二日一缄，具悉一切。

沅弟定于十七接印，此时已履任数日矣。督抚本不易做，近则多事之秋，必须筹兵筹饷。筹兵，则恐以败挫而致谤；筹饷，则恐以搜括而致怨。二者皆易坏声名。而其物议沸腾，被人参劾者，每在于用人之不当。沅弟爱博而面软，向来用人失之于率，失之于冗。以后宜慎选贤员，以救率字之弊；少用数员，以救冗字之弊。位高而资浅，貌贵温恭，心贵谦下。天下之事理人才，为吾辈所不深知不及料者多矣，切弗存一自是之见。用人不率冗，存心不自满，二者本末俱到，必可免于咎戾，不坠令名，至嘱至嘱，幸勿以为泛常之语而忽视之。

陈筱浦不愿赴鄂。渠本盐务好手，于军事吏事恐亦非其所长。余处亦无折奏好手，仍邀子密前来，事理较为清晰，文笔亦见精当。自奏折外，沅弟又当找一书启高手，说事明畅，以通各路之情。

此间军事，二十一日各折已咨弟处，另有密件抄去一览。复张子青一信亦抄阅。纪泽母子等四月中旬当可抵鄂，纪鸿留弟署读书，余以回湘为是。科三嫂病愈，甚慰甚慰。顺问近好。

评点：用人不率冗存心不自满

曾国荃此时已在武昌，与曾国潢分开了。曾氏此信仍是两弟并称，应是让老九看后再寄回湘乡让老四看。

可谓千呼万唤，老九终于重新出山了。名为鄂抚，其实依旧是一员带兵的统帅，只是统率的人马由吉字营换成了新湘军，对手也由据城守地的太平军换为飘忽不定的捻军。

知弟莫如兄，曾氏深知从小看着长大的老九身上的毛病。当他只是一个普通耕读子的时候，他的毛病只是伤及自身和家庭；而现在，他身为一省之主、一军之主，其毛病就有可能伤及一省一军，甚至于更大范围。老九这个人究竟有什么特征，让我们借赵烈文与曾氏的一段对话来看看。这段对话见赵同治六年九月初十日《能静居日记》：

"因问师故乡山甚多，亦有园池之概否？沅师所居，闻有大池，然乎？师曰：'乡间唐沃所时有。舍弟宅外一池，闻架桥其上，讥之者以为似庙宇。所起屋亦极拙陋，而费钱至多，并招邻里之怨。'余问：'费钱是矣，招怨胡为者？'师曰：'吾乡中无大木，有必坟树，或屋舍旁多年之物，人借以为荫，多不愿卖。舍弟已必给重价为之，使令者则从而武断之。树皆松木，油多易蠹，非屋材。人间值一缗者，往往至二十缗，复载怨而归。其从湘潭购杉木，逆流三百余里，又有旱道须牵拽，厥价亦不啻数倍。买田价比寻常有增无减，然亦致恨。比如有田一区已买得，中杂他姓田数亩，必欲归之于己。其人或素封，或世产，不愿则又强之。故湘中宦成归者如李石湖、罗素溪辈买田何啻数倍舍弟，而人皆不以为言。舍弟则大遗口实，其巧拙盖有如天壤者。'余曰：'此正沅师厚德处。烈以为宦族归置产业，乃恒情，与其巧，毋宁拙。拙不过损一时清名而已，究竟用心不伤纤薄，必可以久贻子孙。纵使荒乱之时，以厚实贻累，天亦有乘除之理，忧患较轻。'师曰：'此理诚是，然如舍弟亦太拙矣。忆咸丰七年，吾居忧在家，劼刚前妇贺氏，耦庚先生女也，素多病，其生母来视之，并欲购高丽参。吾家人云：'乡僻无上药，既自省垣来，何反求之下邑邪？'对曰：'省中高丽参已为九大人买尽。'吾初闻不以为然。遣人探之，则果有其事。凡买高丽参数十斤，临行装一竹箱，令人担负而走。人被创者则令嚼参以渣敷创上，亦不知何处得此海上方。'余大笑曰：'沅师举动，真英雄不可及，书之青史，古人一掷百万，奚以过之！'"

之所以不厌其烦地抄录这一大段文字，是想让读者较为真切地感受到曾氏的言谈风采。从这段对话中，我们看到了一位不拘小节、我行我素、招摇张扬、挥金如土的曾老九！其行事做人，与乃兄真有霄壤之别。

谕纪泽纪鸿（同治五年八月二十二日）

字谕纪泽、纪鸿儿：

接尔等八月初十日禀，知鸿儿生男之喜。军事棘手，衰病焦灼之际，闻此大为喜慰。排行用浚、哲、文、明四字。此儿乳名浚一，书名应用广字派否，俟得沅叔回信再取名也。

九月初十后，泽儿送全眷回湘，鸿儿可来周家口侍奉左右。明年夏间，泽儿来营侍奉，换鸿儿回家乡试。余病已痊愈，惟不能用心。偶一用心，即有齿痛出汗等患，而折片等不肯假手于人。责望太重，万不能不用心也。

朱子《纲目》一书，有续修宋元及明合为一编者，白玉堂忠愍公有之，武汉买得出否？若有而字大明显者，可买一部带来。此谕。

涤生手示

评点：风流名士曾广钧

八月初十日，曾纪鸿的妻子郭筠生下一个儿子。早在四月份，曾氏家属包括欧阳夫人、纪泽纪鸿兄弟及内眷、大女纪静、二女纪耀夫妇、三女纪琛夫妇、四女纪纯、小女纪芬，一大家人浩浩荡荡乘船离开金陵回湖南。

那时，老九已就任湖北巡抚，留他们在湖北巡抚衙门暂住。不多久，老九的太太熊氏也带着两个儿子来到武昌。曾家的眷属们在武昌城里小团聚。这一住，便是几个月。纪鸿的儿子便生在湖北抚署东偏房名桂堂。

这是纪鸿的长子，也是曾氏的长孙子。纪泽虽结婚多年，但此时尚只有一女，并无儿子。那个时代，自然是重男轻女的，所以这个婴儿的降临，给曾府上下带来了巨大的喜悦。儿子生下的当天，纪鸿便兴冲冲地给在山东前线的父亲报喜。果然曾氏闻之大为喜慰，第二天在给老九的信中又说："知科一得生一子，于万分忧郁之中得一届公公之喜，老怀稍纾，病亦日痊。"得一孙子，连病都好了！此子，曾氏为他取名广钧，字重伯。

曾广钧七岁时，曾氏去世，他与父亲曾纪鸿同获举人之赏，"准其一体会试"。这就是说，曾广钧长大后，无须府试、乡试便可直接进京会试。这为他的科举道上扫除了多少障碍！这个好处，他的父亲曾纪鸿没有用上，而让他得了极大的便利。光绪十五年，二十三岁的曾广钧考中进士，朝考改翰林院庶吉士，成为曾家的第二个翰林，且比乃祖早中五年。尽管曾广钧的起点大为超过普通士子，但中进士点翰林，也不是一桩易事，须知曾氏是三次会试才如愿，左宗棠是三次也未如愿！

曾广钧的确天资聪颖，从小便有神童之称，尤擅长诗。十三四岁的时候，他的诗作便受到老辈诗人的赏识，被公认为湖湘诗坛的后起之秀。让我们借此机会抄录他的两首诗，以便读者略窥他的诗风。

其一《题齐河壁》："岱顶人归小九州，马前晴色鹊华秋。穿山古驿兼愁断，到海长河破晓流。辩士文章恢赤县，女郎风雨避青邱。羁吟莫认还乡路，明日车程过白沟。"

其二《陶然亭薄暮》："节序惊人不可留，风丝檐角见牵牛。寒砧和笛风清响，玉露兼风作素秋。京洛酒痕消短褶，关河幽梦落渔钩。雄心绮思成双遣，拼得红香委暮流。"

读者看看，比起他那爱吟诗的伯父来，"神童"的诗是不是真的才气多一点？

论资质，曾广钧或许胜过父、祖两辈，但论立身处世，却不如父、祖两辈远矣。

曾广钧风流不羁，以诗酒名士自居。我们来看他的胞妹曾广珊后来是怎么评价他的："幸亏文正公未做皇帝，如做，到了第三代，皇位如果传给他那个擅长诗词、爱搞女人的孙儿，那就会做李后主或宋徽宗了。"（见罗尔纲著《太平天国史》第二千零六十四页）可见，曾广钧在家族中口碑并不好。他的官只做到知府，似乎也无任何政绩可言。不过，他有一个很有名气的女儿曾宝荪。她是中国第一个获得外国大学学位的女性，后来在长沙创办艺芳女校，终身未嫁，献身教育事业，为曾氏家族赢得了极好的声誉。

致沅弟（同治五年九月十二日）

沅弟左右：

九月初六接弟八月二十七八日信，初十日接初五樊城所发之信，具悉一切。

顺斋一事业已奏出，但望内召不甚着迹，换替者不甚掣肘，即为至幸。弟谓命运作主，余素所深信；谓自强者每胜一筹，则余不甚深信。凡国之强，必须多得贤臣工；家之强，必须多出贤子弟。此关乎天命，不尽由人谋。至一身之强，则不外乎北宫黝、孟施舍、曾子三种。孟子之集义而慊，即曾子之自反而缩也。惟曾、孟与孔子告仲由之强，略为可久可常。此外斗智斗力之强，则有因强而大兴，亦有因强而大败。古来如李斯、曹操、董卓、杨素，其智力皆横绝一世，而其祸败亦迥异寻常。近世如陆、何、肃、陈亦皆予知自雄，而俱不保其终。故吾辈在自修处求强则可，在胜人处求强则不可。若专在胜人处求强，其能强到底与否尚未可知，即使终身强横安稳，亦君子所不屑道也。

贼匪此次东窜，东军小胜二次，大胜一次；刘、潘大胜一次，小胜数次。似已大受惩创，不似上半年之猖獗。但求不窥陕、洛，即窜鄂境，或可收夹击之效。余定于明日请续假一月，十月请开各缺，仍留军营，刻一木戳，会办中路剿匪事宜而已。余详日记中。顺问近好。

评点：求强在自修处不在胜人处

尽管曾氏对老九参劾官文之事老大不同意，但眼下的老九，已不是十多年前那个在大哥面前虽心里不同意但行动上不得不听话的小青年了。他要做的事情，已无人可阻挡了。

曾氏只能退而求其次，但愿后果不太严重就算是幸运了。

针对老九"自强者每胜一筹"的观点，曾氏发表了自己的不同看法。他在谈到一身之强时，列举了三种不同自强模式，即北宫黝式、孟施舍式、曾子式。北宫黝、孟施舍，这两个人已不可考，曾子即曾氏家族奉为始祖的宗圣曾参。这三种自强模式出于《孟子·公孙丑篇》。

孟子与其学生公孙丑在谈到培养自己的勇气的时候，说北宫黝皮肤被刺不退缩，眼睛被戳不眨眼皮，但在大庭广众下却不能忍受一丝被人所挫。有人骂他，他一定回骂，无论是一国君主还是市井小民，他都视如等同。而孟施舍与人交战，是一点也不考虑对方的实力和自己的后果，他只是凭借着胆气去较量。至于曾子，他奉行的原则是守约，即遵守一个标准：倘若是自己不占理，即便对方是最卑贱者，也不去欺侮；倘若道理在自己手上，即便对方是千军万马，也勇往直前。

"孔子告仲由之强"见于《论语·述而篇》。孔子告诉弟子仲由，不能做暴虎冯河的莽撞勇者，而是要做临事而惧、好谋而成的有头脑的勇者。

显然，曾氏是服膺孔、孟、曾子的自强模式的，即从自修处求强，也就是说强大自己本身，强大内在的力量。如对一个国家而言，即增强本国的经济、军事实力。实力一旦到了相当的地步，国家自然而然就强了，用不着去今天打这个，明天打那个。如对一个人而言，即增强自身的道德、才干、埋头苦干，在事业中去获得成就，用不着去忌妒别人，打击别人。在曾氏看来，专在对付别人方面下功夫的人，不是真正的强者。因为此种做法招怨招恨，强不了多久，即便强梁到能让别人奈何不了你，也不是正道，也不值得称赞。话虽没有挑明，但曾氏的意思已经很明显了，他认为老九只是孟施舍、仲由一路的强者，而不是圣贤所认可的真正强者。

当然，曾氏的这种自强理论也并不见得就能指导一切，面临着邪恶横行、是非颠倒的时候，一味地恪守在"自修处求强"的原则，则往往会吃亏。但是，我们应当相信，邪恶横行、是非颠倒的时候毕竟不可能是长久的。所以笔者还是赞同这种"略为可久可常"的自强理论。

关于"在胜人处求强"的人，曾氏列举了几个代表人物。李斯、曹操、董卓、杨素这四个古代人物，读者都知道。近世几个则可能不一定清楚了。陆，即曾做过两江总督的陆建瀛，咸丰三年死于太平军手中。何，即陆之后的两江总督何桂清。咸丰十年，在太平军的打击下弃城逃命，后被朝廷斩首。肃，即肃顺，顾命八大臣的首领，后被慈禧杀头示众。陈，即陈孚恩，做过军机大臣、尚书，肃顺党羽，后被抄家，发配新疆。这四个人的共同特点是为人强梁而下场都惨。

谕纪泽（同治五年十月十一日）

字谕纪泽儿：

九月二十六日接尔初九日禀，二十九、初一等日接尔十八、二十一日两禀，具悉一切。二十三如果开船，则此时应抵长沙矣。二十四之喜事，不知由湘阴舟次而往乎？抑自省城发喜轿乎？

尔读李义山诗，于情韵既有所得，则将来于六朝文人诗文，亦必易于契合。

凡大家名家之作，必有一种面貌，一种神态，与他人迥不相同。譬之书家羲、献、欧、虞、褚、李、颜、柳，一点一画，其面貌既截然不同，其神气亦全无似处。本朝张得天、何义门虽称书家，而未能尽变古人之貌。故必如刘石庵之貌异神异，乃可推为大家。诗文亦然。若非其貌其神迥绝群伦，不足以当大家之目。渠既迥绝群伦矣，而后人读之，不能辨识其貌，领取其神，是读者之见解未到，非作者之咎也。尔以后读古文古诗，惟当先认其貌，后观其神，久之自能分别蹊径。今人动指某人学某家，大抵多道听途说，扣槃扪烛之类，不足信也。君子贵于自知，不必随众口附和也。余病已大愈，尚难用心，日内当奏请开缺。近作古文二首，亦尚入理，今冬或可再作数首。

唐镜海先生没时，其世兄求作墓志，余已应允，久未动笔，并将节略失去。尔向唐家或贺世兄处（蔗农先生子，镜海丈婿也），索取行状节略寄来。罗山文集年谱未带来营，亦向易芝生先生（渠求作碑甚切）索一部付来，以便作碑，一偿夙诺。

纪鸿初六日自黄安起程，日内应可到此。余不悉。

涤生手示

评点：大家名作自有一种面貌神态

曾氏在这里提出一个审美标准，即艺术家要想成为大家的话，则必须在自己的作品中创造出别于他人的貌与神来。这个标准将那些模仿之技高得足以乱真的人，排斥在大家之外。当然，这个标准并非曾氏所提出，也不奇特怪异，而是被众人所一致认同。曾氏写在家信中，无非是向儿子传授这个知识罢了。但话又要说回来，作为艺术欣赏者，或者艺术领域的涉足者，有没有这个知识，也是有没有艺术素养的一个衡量之点。假若具备了这种鉴赏力，即能在众多的艺术品中看出其中的别于常态之作来，也就具备了相当高的艺术素质，堪称大鉴赏家了。

曾氏在摈弃了诸如张得天、何义门等名满一时的书法家后，独推刘石庵为大家，可见他对此人的尊崇。刘石庵即为近年来被电视剧《宰相刘罗锅》弄得人人皆知的那个刘罗锅子刘墉，他做过乾隆朝的大学士，死后谥文清。他的父亲刘统勋也做过乾隆朝的大学士，死后谥文正。父子宰相，在中国两千余年的封建社会里并不多见。

为什么曾氏如此推崇刘墉呢？我们在前面提到过曾氏咸丰十一年六月十七日记中的一段名言："看刘文清公《清爱堂帖》，略得其冲淡自然之趣。方悟文人技艺佳境有二，曰雄奇，曰淡远。作文然，作诗然，作字亦然。若能含雄奇于淡远之中，尤为可贵。"

原来，曾氏在欣赏刘墉的书法时，悟出了一个很大的道理，即将技艺佳境中的两端——雄奇与淡远，也就是人们所常说的阳刚之美与阴柔之美结合起来，才是最佳的境界，而这种结合的最好方式则是把雄奇寓含于淡远之中；说得浅白些，即外表上的显现为淡远，内里的实质为雄奇。更为重要的是，曾氏从艺术中获得的这个认识，又融入了他的人生感悟中。他在咸丰八年复出之后，注意将峻厉的申韩之法寓含于柔弱谦退的黄老之道中，因此而将事业和人生提升到一个新的境界。

致沅弟（同治五年十月二十三日）

沅弟左右：

十二日接初五日长信，言春霆事，十八日接李鼎荣带回之信，二十一日接十七夜之信，具悉一切。十六日交便勇带来之信与澄弟信则尚未到。此间子密接方子颖信，言光一外家已暂出军机。明白回奏两次，初次认系程仪千金，二次认系充炮船之赏，从来无明白回奏而可两次互歧者，或亦神魂扰乱之故。余初闻弟折已发，焦灼弥月，直至十月朔日得见密稿，始行放心。所言皆系正人应说之事，无论输赢，皆有足以自立之道，此后惟安坐听之而已。

余腰疼旬余，今将痊愈。开缺辞爵之件，本拟三请四请，不允不休。昨奉十四日严旨诘责，愈无所庸其徘徊。大约一连数疏，辞婉而意坚，得请乃已，获祸亦所不顾。春霆奉旨入秦，霞仙亦催之甚速。然米粮子药运送万难，且恐士卒滋事溃变，已批令毋庸赴秦，又函令不必奏事。除批咨达外，兹将函稿抄阅。

鸿儿十五日到此，一切平安。左公进京，当添多少谤言。日者言明年运蹇，端已见矣。顺问近好。

评点：自请开缺辞爵

十天前，曾氏一天之中连上一折一片。折题为《病难速痊请开各缺仍留军中效力折》，片名为《剿捻无功请暂注销封爵片》。曾氏奉旨北上，与捻军作战，已近一年半。一年半中，尽管他双管齐下——军事围剿和清乡查圩并行，却收效甚微。素来多病的身体又因劳累过度而更加衰弱，加之平地又刮起老九参劾官文的风波，真把曾氏弄得焦头烂额，身心交瘁。朝廷不满，御史责备，更让这个不久前尚处在荣誉巅峰状态的湘军统帅蒙羞负愧。他已清醒地意识到自己不是平捻之人，遂来个自请开缺辞爵，以求稍保面子。半个月后，曾氏接到让他回到江督本任、李鸿章继任为钦差大臣的上谕。他再次上疏，请求开缺两江总督、协办大学士。朝廷予以拒绝，并命他"懔遵前旨，克期回任"，以便办理后路粮饷，"俾李鸿章得专意剿贼，迅奏肤功"。在这道严旨面前，他不能再喋喋不休了。

就在他重返金陵途中，继御史朱镇、卢士杰、朱学笃等人的参劾之后，御史穆缉香阿、阿凌阿又劾他督师日久无功，骄妄轻率，请求朝廷予以谴责。事实上，曾氏是在朝廷上下一片指责声中，黯然失意回到金陵城的。

致沅弟（同治五年十二月十八夜）

沅弟左右：

十四、十五六日接弟初十日函、十二日酉刻及四更二函。贼已回窜东路，淮、霆各军将近五万，幼荃万人尚不在内，不能与之一为交手，可恨之至！岂天心果不欲灭此贼耶？抑吾辈办贼之法实有未善耶？目下深虑黄州失守，不知府县尚可靠否？略有防兵否？山东、河南州县一味闭城坚守，乡间亦闭塞坚守，贼无火药，素不善攻，从无失守城池之事，不知湖北能开此风气否？鄂中水师不善用命，能多方激劝，扼住江、汉二水，不使偷渡否？少荃言捻逆断不南渡，余谓任逆以马为命，自不肯离淮南北，赖逆则未尝不窥伺大江以南。屡接弟调度公牍，从未议及水师，以后务祈留意。

奉初九、十三等日寄谕，有严行申饬及云梦县等三令不准草留之旨。弟之忧灼，想尤甚于初十以前。然困心横虑，正是磨炼英雄玉汝于成。李申夫尝谓余怄气从不说出，一味忍耐，徐图自强，因引谚曰："好汉打脱牙和血吞。"此二语是余平生咬牙立志之诀，不料被申夫看破。余庚戌、辛亥间为京师权贵所唾骂，癸丑、甲寅为长沙所唾骂，乙卯、丙辰为江西所唾骂，以及岳州之败，靖江之败，湖口之败，盖打脱牙之时多矣，无一次不和血吞之。弟此次郭军之败，三县之失，亦颇有打脱门牙之象。来信每怪运气不好，便不似好汉声口。惟有一字不说，咬定牙根，徐图自强而已。

子美倘难整顿，恐须催南云来鄂。鄂中向有之水陆，其格格不入者，须设法笼络之，不可灰心懒漫，遽萌退志也。余奉命克期回任，拟奏明新正赴津，替出少荃来豫，仍请另简江督。顺问近好。

评点：好汉打脱牙和血吞

过去有人说过，上天降生曾氏兄弟，是安排做太平天国的对头的，太平天国失败后，他们也应在那时死去。若如此，无论是对他们个人，还是对清朝廷来说都是好事。此话虽是玩笑，却有一定的道理。自从金陵城被打下后，曾氏兄弟都开始走背运了。老大一年多的剿捻是吃尽了苦头，到头来无功而返，耳边听到的是一片讪笑声。老九的新湘军更是屡败于东捻任化邦、赖文光之部，先前吉字营的悍将彭毓橘、郭松林、熊登武等人，在捻军面前都抖不出半点威风来。十一月中，接连丢掉云梦、孝感、应城三县。朝廷震惊。十二月初一，上谕严斥曾国荃："该抚毫无布置，且近省各军俱已调拨赴营，致令后路空虚，实属调度无方；倘掉以轻心，不能速筹防剿，就地殄除，致令窜出本境，坐失机会，恐不能当此重咎也。懔之！"

十二月初九日，曾国荃再度遭到朝廷申斥："曾国荃驻扎德安，统领兵勇不少，调度无方，致令该逆如入无人之境，不知所司何事！着传旨严行申饬。""曾国荃身临前敌，责有专司，尤不得稍涉推诿，致干重咎。"

一个自视为天下第一战将的人，面临着屡战屡败的局面和朝廷一而再声色俱厉的训斥，他心里作何想？尤其令人玩味的是，上谕讲得清清楚楚，是据"官文奏"。此时官文的湖广总督虽已由钦差大臣谭廷襄暂署，但他仍在湖北督办军务。朝廷对官文的信任及军机处对官、曾两人的心之向背已昭然若揭。曾氏兄弟对此自然心知肚明。

事情已经是这样子了，只得硬着头皮顶下去。做哥哥的道出他平生成功的最大秘诀来，既是点拨，亦是安慰。这秘诀便是"好汉打脱牙和血吞"。

"打脱牙"意谓失败了；"和血吞"则是不在人前示弱，将仇恨埋在心里，下次再来较量。这的确是硬汉子的所作所为。苏联有部电影叫作《莫斯科不相信眼泪》，其实，岂止是莫斯科，全世界都如此！凡有人群之所，凡处竞争之地，如官场，如战场，如商场，如考场，即便是最缱绻最软性的情场，也不相信眼泪，它们都相信实力！哪怕是"运气不好"这样的话都不应该说。若有这种思想，便会为自己的失败寻找借口，便是在换取别人的廉价同情。这是软弱无能的表现，是没有出息的。有出息的强者就是曾氏所说的："一字不说，咬定牙根，徐图自强。"

　　笔者常常想：强者绝不是事事都强，时时都强，他必定有遭受挫折的时候，有失意的经历。古往今来，人们大多在胜利到来时才看到谁是强者。其实，真正的强弱早在如何面对挫折和失意时便已见分晓了。笔者真愿"打脱牙和血吞"这句最形象也最直白的湖南俚语，成为一切立志奋斗者的座右铭。

致沅弟（同治六年正月初二日）

沅弟左右：

鄂署五福堂有回禄之灾，幸人口无恙，上房无恙，受惊已不小矣。其屋系板壁纸糊，本易招火。凡遇此等事，只可说打杂人役失火，固不可疑会匪之毒谋，尤不可怪仇家之奸细。若大惊小怪，胡想乱猜，生出多少枝叶，仇家转得传播以为快。惟有处处泰然，行所无事。申甫所谓"好汉打脱牙和血吞"，星冈公所谓"有福之人善退财"，真处逆境者之良法也。

弟求兄随时训示申儆，兄自问近年得力，惟有一悔字诀。兄昔年自负本领甚大，可屈可伸，可行可藏，又每见得人家不是。自从丁巳、戊午大悔大悟之后，乃知自己全无本领，凡事都见得人家有几分是处。故自戊午至今九载，与四十岁以前迥不相同。大约以能立能达为体，以不怨不尤为用。立者，发奋自强，站得住也；达者，办事圆融，行得通也。吾九年以来，痛戒无恒之弊，看书写字，从未间断，选将练兵，亦常留心，此皆自强能立工夫。奏疏公牍，再三斟酌，无一过当之语，自夸之词，此皆圆融能达工夫。至于怨天本有所不敢，尤人则常不能免，亦皆随时强制而克去之。弟若欲自儆惕，似可学阿兄丁、戊二年之悔，然后痛下针砭，必有大进。

立达二字，吾于己未年曾写于弟之手卷中，弟亦刻刻思自立自强，但于能达处尚欠体验，于不怨尤处尚难强制。吾信中言皆随时指点，劝弟强制也。赵广汉，本汉之贤臣，因星变而劾魏相，后乃身当其灾，可为殷鉴。默存一悔字，无事不可挽回也。

评点：悔字诀助老九过难关

同治五年十二月二十七日，老九给大哥的信中写道："二十二日黎明，五福堂两栋均被火烧。幸人丁清吉，然受惊不少。火从上而下，非会匪之毒谋，即仇家之奸细……弟德凉福薄，又不量力而参秀相，本系取祸之道。今值此内讧外侮之交，又灾生意外，惟有益自儆惕，不敢稍涉怨尤，当求随时训示申儆为叩。"

此信即是对老九二十七日信的回复。

五福堂即湖北巡抚衙门后院。当时的规矩，各级官府的正堂（即一把手）及其眷属住衙门的后院。老九为湖北巡抚，巡抚衙门的后院则居住着他的妻儿婢仆。"五福堂"当系老九为后院所取的名字。如果换成别人做巡抚，同一座后院，则又是另一个名字了。后院起火，从上烧到下，很有可能是人为的放火，故而老九认定：要么是公敌——会匪，要么是私怨——仇家。但大哥劝老弟不要这样去想，而是把责任者局限在自家内部。多半是一件遭人暗害的事，为什么不去追查到底，揪出作案者，予以严惩，反而把责任揽在自己身上，这岂不是在示人以弱吗？何况受害人乃堂堂的一省之主！于是曾氏向老九推出他的一大人生诀窍：悔字诀。

什么是悔？悔者，悔过自新之谓。《易·系辞》曰："震无咎者存乎悔。"也就是说，行动而无过失的原因，在于能够悔改。咸丰七年、八年之间，曾氏在家守父丧的时候，回顾出山办事以来的种种不顺，终于悟出了一个道理，即自己并非万能者，而事情的成功也不是靠的一味硬干。从老庄的"柔弱胜刚强"的学说中，曾氏获得了人生的最大启迪。因为这一转变得力于对自己过去所作所为的悔改，故他将这一启迪命名为悔字诀。他又将这个悔字诀在"体""用"两个层面上予以充实。所谓体，即主干本体，"悔"的主体为立、达二字。立，即自立自强，这是核心。达，即通达圆融、事业成功，这是最终的目的。所谓用，即所采取的途径、方式、手段等等。"悔"的途径为不怨不尤。不怨不尤，则自心平静，亦不至于招恨结仇。以不怨不尤之用，可成能立能达之体。这就是曾氏"悔字诀"的主要内容。

以眼前的例子来说，家里失火，怀疑是别人有意加害，便是怨尤，要不得。

一个人身处逆境之际，一定是外界强自己弱的时候。此时行"悔字诀"，好比韬光养晦，减少被人攻击的目标；好比藏锋削芒，少了许多与人冲突的可能性。如此则能更好地保护自己，免受太多的伤害。若在顺境的时候也能奉行此诀，则更能赢得别人发自内心的敬服。

悔字诀或许真的是做人做事的成功诀窍。一向自视甚高的老九，在连遭挫折后，渐有自知之明。他在收到大哥此信后，回复道："前日奉初二手示，训诲肫详。悔字一诀，吉之所由生也。能站得住之谓立，能行得通之谓达。切实浅近，令人易于意味。兄去年信内随时指点一二语，弟犹漫然，不甚介意。今于忧患之后，一经提醒，始知一字一珠，均早诰诫于事端未发之先也。"

致沅弟（同治六年正月二十二日）

沅弟左右：

日内有战事否？留霆军剿任、赖一股，昨已附片具奏，另咨弟案。嗣后奏事，宜请人细阅熟商，不可一意孤行，是己非人，为嘱。

弟克复两省，勋业断难磨灭，根基极为深固。但患不能达，不患不能立；但患不稳适，不患不峥嵘。此后总从波平浪静处安身，莫从掀天揭地处着想。吾亦不甘为庸者，近来阅历万变，一味向平实处用功，非委靡也，位太高，名太重，不如是，皆危道也。

评点：波平浪静与掀天揭地

在一连串的打击和大哥的一再点拨下，老九的人生观正在向一个较高的境地迈进。正月初十，他在给大哥的信中写道："近观世事，即色即空，旋生旋灭。老氏祸倚于福、福伏于祸之说，与圣人悔吝吉凶之理互相发明，争竞之心稍平，而自强之焰亦渐减矣。进境乎，抑弥退境乎？不自得而主，亦不得而知也。仍求兄随时策励为叩。"

然老九仍在困惑中：随着竞争之心减退，自强的激情也跟着减退。这到底是向前进了呢，还是往后退了呢？请求大哥于此开导开导。

于是曾氏对老九说，你已经建立很大的功劳，够露脸了，"立"是毫无问题的，所欠缺的是通融平稳。今后该追求的是波平浪静——安安稳稳，不要再去想掀天揭地——大功大业。说白了，曾氏是希望老九往后平平静静地做官过日子，不要老想着干惊世骇俗的大事。

对于这个性格倔强、不安本分的老弟，曾氏的这番告诫实在是太切中要害了。信写得很短，他的许多心中所想并没有写出来，结合曾氏一贯的思想，笔者想说几句他于这方面的思考。

曾氏信奉"花未全开月未圆"的哲学，求缺而不求全，对于四十岁之前已功成名就的老九相当满意了，今后即便平平庸庸也是正常的，不必去企盼一辈子都轰轰烈烈，都荣耀风光。

曾氏相信大功大业的建立是多方因素的促成，他在打下金陵后一再对老九说要把功劳让一半与天，便是这个意思。这就是说，不要太霸蛮，不要刻意去追求事功。时机不顺，则淡然处之。曾氏深知"处大位大权而兼享大名，自古曾有几人能善其末路者"的历史教训。木秀遭摧，皎皎易污，名大招嫉，位高多倾。持盈保泰的最好办法是低调，是平淡，是不惹人注目。

曾氏的这些人生阅历，可作为立志做强者和已经是强者的读者的另一种思维参考。

致沅弟（同治六年正月二十六日）

沅弟左右：

二十五日亲兵回，接正月初十日来信，具悉一切。

顷阅邸钞，官相处分极轻，公道全泯，亦殊可惧。惟以少帅督楚，筱荃署之，又以韫斋先生抚湘，似均为安慰吾弟，不令掣肘起见。朝廷调停大臣，盖亦恐有党仇报复之事，弟不必因此而更怀郁郁也。

少荃宫保于吾兄弟之事极力扶助，虽于弟劝顺斋不甚谓然，然但虑此后做官之不利，非谓做人之有损也。弟于渠兄弟务须推诚相待，同心协力，以求有济。淮军诸将在鄂中者有信至少荃处，皆感弟相待之厚，刘克仁感之尤深。大约淮、湘两军，曾、李两家，必须联为一气，然后贼匪可渐平，外侮不能侵。少荃力劝余即回江宁，久于其位。余以精力日衰，屡被参劾，官兴索然，现尚未能定计。霞仙去官，屡干谕旨诘责，余不能不与之通信，兹有一函，请弟阅后封口，专人妥交。

鸣原堂文亦思多选，以竟其事。若不作官，必可副弟之望。古文目录，俟抄就再寄。顺问近好。

国藩手草

评点：湘淮两军曾李两家联为一气

官文所受的处分，落到实处的不过为罚伯爵俸禄而已，所以曾氏认为是"极轻"。之所以这样，是大部分朝中官员，包括钦差大臣、军机处在内，都不站在曾国荃一边，只是考虑到现在还得用他打仗，不得已敷衍敷衍罢了。曾氏知道老九心中不快，便从另一个角度来安慰。所谓"恐有党仇报复之事"，系指朝廷担心此中或有个人恩怨的因素在内。因为事实上同城督抚不和的原因，大多在个人恩怨上。尽管奏章上的话都说得漂亮，仿佛自己全是正义在握，对方尽皆祸国殃民，其实多不是这回事。朝廷对督抚不和的事件，多采取调离的办法来解决。这种做法的结果往往是双方都不满意，但却是较为稳当的。

官文走后，湖广总督一职的空缺由李鸿章来补，但李鸿章军务为重，不能在职，于是让他的哥哥湖南巡抚李瀚章来武昌署理，所留下的湘抚一缺则由刘昆来补。这种安排，对曾氏兄弟来说可谓最好了。

对于李鸿章，曾氏一向是把他作为替手来着意培养的。历史证明，曾氏在鼎盛时期便考虑"替手"事宜，作为一个政治家来说，是极富远见极为老到的举措；历史还证明，曾氏选择李鸿章作为替手，并有意让淮军作为湘军的后续，是极为明智极为成功的决策。捻军的最后平息，完全靠的是李鸿章的淮军。曾氏在他死后，事业得以赓续，声名得以久传，除了他本人的因素之外，也很得力于李鸿章在政坛上的长据要津以及淮军集团对近代中国的巨大影响。

尽管在个人道德修养上，曾氏对李鸿章颇多微辞，但总体上对这个替手还是较为满意的。相对于大哥而言，老九对李鸿章的意见更大。这个嫌隙起于同治三年五六月间有关李增援打金陵的事。老九要独吞天下第一功，最讨厌有人来分这杯羹，故对李之援金陵极为反感。前面说过，赵烈文曾怀疑京师流传老九无力独打金陵和非淮军不能破金陵的话都是李散布的。李明里说不来金陵，暗地里又散布这样的传言。赵认为李人品不好。赵当时在老九身边，老九自然也是这样认为的，故而对李深怀成见。再则，对于这次弹劾官文，李也不以为然，这也令老九不快。这样，老九于李的嫌隙更深了。曾氏深以此为忧，遂说出"湘淮两军、曾李两家必须联为一气"的话来。

曾氏的这番兄弟私语，无论对于眼下的战事还是今后曾家的未来，无疑都是见高识远的金玉良言，但笔者却于此看到即将到来的祸害近代中国半个世纪的军阀专政的苗头。曾氏说这话时，他的心里是有很明确的概念的，即湘军是曾家的军队，淮军是李家的军队，否则他在说到湘淮两军联为一气的时候，就不会立即说到曾李两家也要联为一气。军队是私家财产，军队为维护其统帅的利益而服务，这正是军阀的典型特征。过去史学界都把曾氏称之为近代军阀的开山鼻祖，这虽不十分确切(如曾氏在打下金陵后，将湘军十裁其九，这便不是后世军阀的作为)，但在心理意识上，他的确是把湘军当作他曾家的军队，多次在家信中谈到湘军关系到曾氏家族的气运。从这个层面上来看，他也可以算得上近世军阀的滥觞。

后来，曾氏的孙女嫁给李鸿章的侄子，两家结为儿女亲家，真正的联为一气了。

这里再附带说一件有趣的事。李鸿章的父亲李文安去世后，其母一直跟着长子瀚章住。瀚章这时署理湖督，李老太太随着儿子媳妇搬进督署后院，到了同治七年东捻平后，李鸿章正式做湖督，李瀚章改浙抚，他的眷属都得跟着走。但李老太太喜欢武昌，不愿走。她是可以不走的，因为继任的是她的次子。她于是继续住下，直到光绪八年死在督署后院。这中间湖督一职虽有过几次更换，但换来换去不是李家老大便是李家老二，老太太端居督署后院纹丝不动十五六年。这在有清一代的官场史上，可谓独一无二。李老太太又享高寿，一直活到八十多岁才辞世，故被人们称之为近代中国最有福气的一位女性。

致沅弟（同治六年二月二十一日）

沅弟左右：

澄弟之孙元五殇亡，忧系之至。家中人口不甚兴旺，而后辈读书全未寻着门路，岂吾兄弟位高名大，遂将福分占尽耶？

接吴竹庄信，捻似尚未入皖境。闻巴河、武穴焚掠一空，鄂饷日绌，军事久不得手，弟之名望必且日损，深以为虑。

吾所过之处，千里萧条，民不聊生。当乱世处大位而为军民之司命者，殆人生之不幸耳。弟信云英气为之一沮，若兄则不特气沮而已，直觉无处不疚心，无日不惧祸也。

评点：乱世处大位乃人生之大不幸

中国的传统观念认为多子为福。曾氏的父亲有五个儿子，当是有福之人。到了曾氏兄弟这一辈，没有一个赶得上父亲的：曾氏两个儿子，国潢三个儿子，国华一个儿子，国荃两个儿子，国葆无子。五兄弟加起来不过八个儿子。至于孙辈，眼下还只见四个，却又殇了一个。中国的旧观念里还有一说，即一代有一代的福分，这个福分的大小，是由上天安排的。若上一代的福分过大，超过了定额，则下一辈的福分就要相应减小。故而面对下辈人丁不旺的局面，他怀疑是否他和老九的福分过大了。当然，这是无稽之谈，不过在漫长的封建时代里，这种观念对于遏制非分与贪婪，多多少少地起过一点作用。

读"所过之处，千里萧条，民不聊生"的话，很容易令人想起建安时代的诗来："铠甲生虮虱，万姓以死亡。白骨露于野，千里无鸡鸣。生民百遗一，念之断人肠。"（曹操《蒿里行》）"侧足无行径，荒畴不复田……中野何萧条，千里无人烟。"（曹植《送应氏》）"出门无所见，白骨蔽平原。"（王粲《七哀诗》）自从咸丰初年以来，河南、安徽、江苏一带便陷于战火之中，十余年来几乎无日不战。战争的结果，古时和今时是没有什么区别的，都只能是田野萧条，民不聊生。生此乱世，百姓的命固然不如蝼蚁，但处高位者却无力制止战争，尤其是带兵者，还得制造和加剧这种惨象。稍有点良心的人，都会于心不安的。曾氏的"疚心"和"惧祸"应不是故作姿态。

谕纪泽（同治六年二月二十五日）

字谕纪泽儿：

二月十六日接正月初十禀，二十一日又接二十六日信。得知是日生女，大小平安，至以为慰。儿女早迟有定，能常生女即是可生男之征，尔夫妇不必郁郁也。李宫保于甲子年生子已四十二矣。惟元五殇亡，余却深为廑系。家中人口总不甚旺，而后辈读书天分平常，又无良师善讲者教之，亦以为虑。

科一作文数次，脉理全不明白，字句亦欠清顺。欲令其归应秋闱，则恐文理纰缪，为监临以下各官所笑；欲不令其下场，又恐阻其少年进取之志。拟带至金陵，于三月初八、四月初八学乡场之例，令其于九日内各作三场十四艺，果能完卷无笑话，五月再遣归应秋试。科一生长富贵，但闻谀颂之言，不闻督责鄙笑之话，故文理浅陋而不自知。又处境太顺，无困横激发之时，本难期其长进。惟其眉宇大有清气，志趣亦不庸鄙，将来或终有成就。余二十岁在衡阳从汪师读书，二十一岁在家中教澄、温二弟，其时之文与科一目下之文相似，亦系脉不清而调不圆。厥后癸巳、甲午间，余年二十三四聪明始小开，至留馆以后年三十一二岁聪明始大开。科一或禀父体，似余之聪明晚开亦未可知。拟访一良师朝夕与之讲《四书》、经书、八股，不知果能聘请否？若能聘得，则科一与叶亭及今为之未迟也。

余以十六日自徐州起行，二十二日至清江，二十三日过水闸，到金陵后仍住姚宅行台。此间绅民望余回任甚为真切，御史阿凌阿至列之弹章，谓余不肯回任为骄妄，只好姑且做去，祸福听之而已。澄叔正月十三、二十八之信已到，暂未作复，此信送澄叔一阅。

涤生手示（宝应舟中）

徐寿衡之长子次子皆殇，其妻（扶正者）并其女亦丧，附及。

评点：二十三四聪明始小开

曾纪泽这次生的女儿，是他的次女，取名广珣。广珣后嫁给浙江吴兴人吴永。吴永并非湘军将帅之后，亦不是名宦之裔。他出身平民之家，功名亦不过一秀才而已。他是怎么娶的曾袭侯的千金呢？原来，吴永在二十一岁那年客居长沙，结识湘阴郭家的后人，因此得以跟随赋闲在家的郭嵩焘。郭嵩焘赏识吴的才华，将他推荐给时任户部侍郎的曾纪泽。曾聘吴为西席。光绪十四年，二十四岁的吴永与时年二十二岁的曾广珣结婚。吴永最大的官只做到道员为止，但他却在近代史上有点小名气。他的这点名气完全得之于一个偶然的机缘。

光绪二十六年，八国联军打进北京，慈禧携带光绪帝匆忙西逃，离开北京后到的第一个县城为怀来县，而此时的怀来县令正是吴永。在十分艰难困苦的情况下吴永接驾，让饥寒交迫的慈禧吃上了东西，穿上了像样的衣服。吴永给慈禧换的衣服正是其妻广珣的，只可惜此时广珣已去世。推算起来，广珣生年不及三十四岁，且不曾留下儿女。慈禧赏识吴永能办事，便将其留在身边，为她的西行车队办后勤。就这样，吴永跟随慈禧整整一年，与慈禧、光绪帝一道经历了一段特殊的岁月，成了两宫的患难之交。因为此，在两宫回銮时，他便擢升广东雷琼道员。吴永后来将他的这段奇遇写成《庚子西狩丛谈》一书，记述了慈禧逃难途中的种种细节，甚为历史学家、掌故学家们看重，成为研究庚子、辛丑年间的一部信史。吴永于民国二十五年（1926年）七十二岁上死去，一生没有什么事业可言，但他能做曾氏的孙女婿和慈禧太后的患难朋友，也算是命运不凡了。

值得我们注意的是，在这封信里曾氏谈到了他自己的智力开发史：二十岁前后，他的文章尚是脉络不清晰文句不圆熟。二十三四岁时聪明初开。这两年间他接连中秀才、中举人，应该说此时的诗文已经是很好的了。曾氏并没有把二十八岁时中进士点翰林作为聪明大开的标记，而是将三四年后的三十一二岁作为分界线。这两年间，曾氏供职翰林院，拜唐鉴为师，在唐的指点下攻读宋明理学，身体力行，与倭仁、吴廷栋、邵懿辰等一班师友，以学问节义相砥砺；又详究前史，求经世之学，兼治古诗文词，从当时的文章大家梅曾亮、何绍基等人游。曾氏从三家村的功名之学走进真正的学术殿堂，正是在这段时间，一生事业的学问基础奠定于此。他将这两年视为自己的聪明大开期，是很有道理的。

曾氏的智力开发史给我们以多方面的启迪。它告诉我们，曾氏并非神童。事实上，神童也并不见得就是好事。神童大都无大出息大作为，就是因为智力开发得太早的缘故。过早被人颂扬，过早享受优越的待遇，只会将天才扼杀在温柔手里。它也告诉我们，学历和学位与真正的学问不完全相等，即便得了个博士，也还只能说刚迈进学问之门。聪明大开、智慧大开，是在独自探得学问骊珠之后。它还告诉我们，一个男孩子即便三十岁还没找到安身立命之处，亦不必太担忧，还有几年可以寻找，可以闯荡；只要在三十多岁前定下 生的目标，依旧可望成大事业、大成就。

致沅弟（同治六年二月二十九日）

沅弟左右：

十八之败，杏南表弟阵亡，营官亡者亦多，计亲族邻里中或及于难，弟日内心绪之忧恼，万难自解。然事已如此，只好硬心狠肠，付之不问，而一意料理军务，补救一分即算一分。弟已立大功于前，即使屡挫，识者犹当恕之。比之兄在岳州、靖港败后栖身高峰寺，胡文忠在梦山败后舟居六溪口气象，犹当略胜。高峰寺、六溪口尚可再振，而弟今不求再振乎？

此时须将劾官相之案、圣眷之隆替、言路之弹劾一概不管。袁了凡所谓"从前种种譬如昨日死，以后种种譬如今日生"，另起锅灶，重开世界。安知此两番之大败，非天之磨炼英雄，使弟大有长进乎？谚云"吃一堑长一智"，吾生平长进全在受挫辱之时。务须咬牙励志，蓄其气而长其智，切不可茶然自馁也。

评点：咬牙励志勿因失败而自馁

彭毓橘字杏南，系曾氏姑奶奶的孙子，当年吉字营中的重要将领；打下金陵后，被封记名按察使，并获赏一等轻车都尉世职。老九建新湘军，他与郭松林同任统领。据史载，彭毓橘兵败被俘后遭捻军肢解，死得很惨。捻军如此善战，这可能是刚刚取得对太平军大胜的湘淮军们所没有想到的。跋扈骄矜的曾老九因郭松林、彭毓橘的接连失败，终于陷于舆论和军事的双重困境中。面对如此局面，做哥哥的当然不能再指责了，只能反过来安慰他，将当年自己和胡林翼屡败屡战的往事翻出来，让颇有点沮丧的老九增加点自信心。

　　曾氏说他平生长进全在受挫受辱之时，这是一句实话。人的一生在社会上摸爬滚打，没有不受挫折的，蒙羞受辱的事绝大多数人也会经历过。但挫折羞辱对于不同的人来说，则会有不同的后果。性格刚烈、心理素质坚强的人，往往会将挫折羞辱作为激励自己上进的动力，从而造就出一个人才来。性格懦弱、心理素质脆嫩的人，则会被挫折羞辱所打垮，从此一蹶不振。这正好比一股激流冲刷下来，遇到岩石则会溅起美丽的浪花，遇到泥土则会出现一摊泥浆。

　　人的性格和心理素质固然得之于天授，但有意识地加以培养，也是可望收到好效果的。曾氏经常说"读书可以改变气质"。他第一次使用望远镜时，就对玻璃镜片经过多次打磨后能改变其原本性质一事大发感慨，认为人经过多次打磨后也能有质的飞跃。每当失意之时则咬牙励志，不灰心、不自馁、不屈服，这便是最好的自我打磨。曾氏说："劲气常抱于胸，而百挫不渝。"一个人能如此坚毅，世上还有什么办不成的事！

致沅弟（同治六年三月初二日）

沅弟左右：

接李少帅信，知春霆因弟复奏之片言省三系与任逆接仗，霆军系与赖逆交锋，大为不平，自奏伤疾举发，请开缺调理。又以书告少帅，谓弟自占地步。弟当此百端拂逆之时，又添此至交龃龉之事，想心绪益觉难堪。然事已如此，亦只有逆来顺受之法，仍不外悔字诀、硬字诀而已。

朱子尝言：悔字如春，万物蕴蓄初发；吉字如夏，万物茂盛已极；吝字如秋，万物始落；凶字如冬，万物枯凋。又尝以元字配春，亨字配夏，利字配秋，贞字配冬。兄意贞字即硬字诀也。弟当此艰危之际，若能以硬字法冬藏之德，以悔字启春生之机，庶几可挽回一二乎？

闻左帅近日亦极谦慎。在汉口气象何如？弟曾闻其略否？申夫阅历极深，若遇危难之际，与之深谈，渠尚能于恶风骇浪之中默识把舵之道，在司道中不可多得也。

评点：逆来顺受面对百端拂逆

鲍超的霆军历来是湘军中一支能征惯战的部队，打下金陵后，已是浙江提督的鲍超被赏一等轻车都尉。这次捻战，他也再上前线，率霆军与淮军、新湘军一道转战豫鲁苏鄂。鲍超本是曾氏一手提拔的湘军嫡系，不料也与老九闹起意见来，并以开缺养伤之举来表示他的强烈不满。继督抚互劾、军事受挫后又遭遇内部不和，老九可谓真正处于百端拂逆之时，大哥劝他采取逆来顺受之法，并于悔字诀外，再授硬字诀机宜。

元、亨、利、贞本是《易经》的卦辞，朱熹借过来，配以春、夏、秋、冬四季物象。冬天草叶凋零，只剩下粗枝强干在酷寒中顽强地生存着。干即贞也，干即硬也，故曾氏又将"冬藏之德"以一"硬"字来概括。这"硬"字诀也就是曾氏有名的"挺经"。

曾氏的孙女婿吴永在《庚子西狩丛谈》中有一段话，记载李鸿章与他谈"挺经"的事。李鸿章又曰："我老师的秘传心法，有十八条'挺经'。这真是精通造化、守身用世的宝诀。我试讲一条与你听：一家子，有老翁请了贵客，要留他在家午餐。早间就吩咐儿子前往市上备办肴蔬果品，日已过巳尚未还家。老翁心慌意急，亲至村口看望。见离家不远，儿子挑着菜担，至水塍上与一个京货担子对着，彼此皆不肯让，就钉住不得过。老翁赶上前，婉语曰：'老哥，我家中有客，待此具餐，请你往水田里稍避一步，待他过去，你老哥也可过去，岂不两便么？'其人曰：'你叫我下水，怎么他下不得呢？'老翁曰：'他身子短小，水田里恐怕担子浸着，湿坏了食物。你老哥身子高大些，可以不至于沾水。因为这个理由，所以请你避让的。'其人曰：'你这担内，不过是菜蔬果品，就是浸湿，也还可将就用的。我担中都是京广贵货，万一着水，便是一文不值。这担子身份不同，安能叫我让避？'老翁见抵说不过，乃挺身就近曰：'来来，然则如此办理：待我老头儿下了水田，你老哥将货担交付于我。我顶在头上，请你空身从我儿旁边岔过，再将担子奉还何如？'当即俯身脱履。其人见老翁如此，作意不过，曰：'既老丈如此费事，我就下了水田，让尔担过去。'当即下田避让。他只挺了一挺，一场竞争就此消解。这便是'挺经'中开宗明义的第一条"。

曾氏的十八条"挺经"，李鸿章只听到这一条。两人挺在田塍上互不相让，再来一个老头儿，宁愿自己下水田用头顶别人的担子，也不叫儿子相让。最后这位老头胜利了，对方让步了。谁能硬着头皮挺得住，谁就会赢。这大概就是曾氏"挺经"的含义。《凌霄一士随笔》中记载了一则李鸿章运用"挺经"对付政敌的实例。李与翁同龢一向不和。翁做协办大学士久了,想扶正做大学士,但没有缺,巴望李退休腾出个大学士位置来。袁世凯替翁做说客,李一口拒绝。待袁走后,李对人说:"我决不会把位子腾给翁,让他去想得要死。我老师的'挺经'正用得着,我是要传他衣钵的。我决计与他挺着,看他们如何摆布!"李鸿章靠什么来挺得住,当然靠的是硬字。

这硬字,既有"强硬"一层意思,也有"忍耐"一层意义,所谓"逆来顺受"便是忍耐。早在京师做官的时候,曾氏就有意培植这方面的修养。赵烈文《能静居日记》在同治六年八月二十八日中记道:"余曰:'少帅事机不顺,未必能如师宏忍。'师曰:'吾谥法为文韧公,此邵位西之言,足下知之乎?'余曰:'此一字简明的当,邵君诚知言也。'"韧者,毅也,忍也。

致沅弟（同治六年三月十二日）

沅弟左右：

春霆之郁抑不平，大约屡奉谕旨严责，虽上元之捷亦无奖许之辞，用是快快者十之四；弟奏与渠奏报不符，用是快快者十之二；而少荃奏省三败挫，由于霆军爽约，其不服者亦十之二焉。余日内诸事忙冗，尚未作信劝驾。向来于诸将有挟功而骄者，从不肯十分低首恳求，亦硬字诀之一端。

余到金陵已六日，应酬纷繁，尚能勉强支持，惟畏祸之心刻刻不忘。弟信以咸丰三年六月为余穷困之时，余生平吃数大堑，而癸丑六月不与焉。第一次，壬辰年发佾生，学台悬牌，责其文理之浅；第二，庚戌年上日讲疏，内画一图甚陋，九卿中无人不冷笑而薄之；第三，甲寅年岳州、靖港败后，栖于高峰寺，为通省官绅所鄙夷；第四，乙卯年九江败后，赧颜走入江西，又参抚、臬，丙辰被困南昌，官绅人人目笑存之。吃此四堑，无地自容。故近虽忝窃大名，而不敢自诩为有本领，不敢自以为是。俯畏人言，仰畏天命，皆从磨炼后得来。

弟今所吃之堑，与余甲寅岳州、靖港败后相等，虽难处各有不同，被人指摘称快则一也。弟力守悔字、硬字两诀，以求挽回。弟自任鄂抚，不名一钱，整顿吏治，外间知者甚多，并非全无公道。从此反求诸己，切实做去，安知大堑之后，无大伸之日也？

评点：平生四次受人讥笑

短短的半个月内，曾氏一连三封信安慰处于逆境中的老九。本是骨肉至亲，又加之共同的事业相系，曾氏的格外关心体贴，自是出之真情。

细读曾氏的四次受人讥笑一节，启发良多。笔者最大的感受是，人生还是不要太顺利为好，常常受点挫折吃点苦头是好事而不是坏事。曾氏才大能大，但总有一种虚怀之态，既不以己之长而骄人，又常有内省不足之明智，不知者以为这是曾氏的虚伪矫情。读这封信后，方知这是曾氏历经挫折而后的长进。我们常常可以看到一些年轻人骄狂得很，仿佛天下事无所不能为，仿佛别人尽皆不如他。之所以如此，除个性外，还因为入世浅，没有遭受过挫折和失意，待到多历些岁月多经些风雨，头脑自然就会清醒了。

老九自组建吉字营来，一路顺利，连克安庆、金陵两省城，遂自我膨胀，眼不容物。曾氏明里没说，言外之意，却是很清楚的：让你受点苦头也好，今后再也不要自诩本事大得很，应该知道畏人言畏天命的道理。

关于这层意思，曾氏与心腹幕僚赵烈文在平时聊天时也曾谈起过。同治六年六月十五日赵的日记里记载："师论兵事：'……如沅甫之攻金陵，幸而有成，皆归功于己。余常言汝虽才大，亦须让一半与天。彼恒不谓然，今渐悟矣。'余云：'此无足奇，人情大抵阅历既多，饱经怫乱，则知命运之有定。少、沅两帅所处皆顺境，起徒步，数年之中各建大功，安得不侈然自命！故沅帅去年劾官秀峰不胜，余以为此沅帅闻道之机，不当吊而当贺。'"

谕纪泽（同治六年三月二十八日）

字谕纪泽儿：

接尔三月十一日省城发禀，具悉一切。鸿儿出痘，余两次详信告知家中。此六日尤为平顺，兹抄六日日记寄沅叔转寄湘乡，俾全家放心。

余忧患之余，每闻危险之事，寸心如沸汤浇灼。鸿儿病痊后，又以鄂省贼久踞白口、天门，春霆病势甚重，焦虑之至。尔信中述左帅密劾次青，又与鸿儿信言闽中谣歌之事，恐均不确。余闻少泉言及闽绅公禀留左帅，幼丹实不与闻。特因官阶最大，列渠首衔。左帅奏请幼丹督办轮船厂务，幼已坚辞。见诸廷寄矣。余于左、沈二公之以怨报德，此中诚不能无芥蒂，然老年笃畏天命，力求克去褊心忮心。尔辈少年，尤不宜妄生意气，于二公但不通闻问而已，此外着不得丝毫意见。切记切记。

尔禀气太清。清则易柔，惟志趣高坚，则可变柔为刚；清则易刻，惟襟怀闲远，则可化刻为厚。余字汝曰劼刚，恐其稍涉柔弱也。教汝读书须具大量，看陆诗以导闲适之抱，恐其稍涉刻薄也。尔天性淡于荣利，再从此二事用功，则终身受用不尽矣。

鸿儿全数复元。端午后当遣之回湘。此信呈澄叔一阅，不另具。

涤生手示

评点：变柔为刚化刻为厚

曾氏与左宗棠原本惺惺相惜，但因金陵城破后放走幼天王和忠王一事，曾氏兄弟与左闹翻了。曾氏在江西期间，很赏识沈葆桢的才干和胆识，不仅调沈来幕中办军需，而且多次向朝廷密荐沈可大用。但同治三年因截留饷银一事，曾氏兄弟与沈也闹翻了。曾氏认为左、沈是以怨报德，心中的恨意长久不能消除。直到同治十一年曾氏去世，八年之间，曾、左这对昔日朋友一直不通音问。公文往来自然是有的，只是没有私函罢了。但他们都只将芥蒂停留在本人这一代上，不愿意对下一代有影响。曾氏谆谆告诫儿辈，不得对左、沈二公有丝毫意见。左的胸襟更为豁达。同治十一年四月十四日给长子孝威的信上说："曾侯之丧，吾甚悲之。不但时局可虑，且交游情谊亦难恝然也。已致赙四百金，挽联云：'知人之明，谋国之忠，自愧不如元辅；同心若金，攻错若石，相期无负平生。'盖亦道实语。见何小宋代恳恩恤一疏，于侯心事颇道得着，阐发不遗余力，知劼刚亦能言父实际，可谓无忝矣。君臣朋友之间，居心宜直，用情宜厚。从前彼此争论，每拜疏后即录稿咨送，可谓锄去陵谷，绝无城府。至兹感伤不暇之时，乃复负气邪？'知人之明，谋国之忠'两语亦久见章奏，非始毁今誉，儿当知吾心也。丧过湘干时，尔宜赴吊，以敬父执。牲醴肴馔自不可少，更能作诔哀之，申吾不尽之意，尤是道理。"

这是一段感人的文字，让我们看到一代雄杰左宗棠的真性情，也让我们知道什么是中国古人所谓的君子之交。

六十多年后，当曾氏最小的女儿曾纪芬在回忆往事时，更对左宗棠善待朋友后人的情谊满怀感激："文襄督两江之日，待中丞公（笔者注：文襄即左宗棠，中丞公即纪芬丈夫聂缉椝，他做过江苏、安徽、浙江等省巡抚）不啻子侄，亦时垂询及余，欲余往谒。余于先年冬曾一度至其行辕，在大堂下舆，越庭院数重，始至内室，文襄适又公出。余自壬申奉文正丧出署，别此地正十年。抚今追昔，百感交集，故其后文襄虽屡次询及，余终不愿往。继而文襄知余意，乃令特开中门，肩舆直至三堂。下舆相见礼毕，文襄谓余曰：'文正是壬申生耶？'余曰：'辛未也。'文襄曰：'然则长吾一岁，宜以叔父视吾矣。'固令余周视署中，重寻十年前卧起之室。余敬诺之。嗣后忠襄公至宁，文襄语及之曰：'满小姐已认吾家为其外家矣。'"

曾氏地下有知，听到女儿这一段深情的回忆后，心中对左的芥蒂一定会消除殆尽。

常言道，知子莫如父。曾氏是如何看待这个今后将要袭他爵位的儿子呢？他认为儿子"禀气太清"，"天性淡于荣利"。此时的曾纪泽二十八九岁。二十八九岁的曾氏正是翰林院的新科庶吉士：争强好胜，志向远大。看来纪泽的天性与父亲相距很远，这是来自母亲的遗传。

天底下的父亲尤其是有大作为的父亲，通常都喜欢与自己性格相同的儿子，而不喜欢与自己性格不同的儿子。吕后之所以将戚妃残为人彘，主要的原因是戚妃的儿子如意险些夺了吕后的儿子惠帝的位，而刘邦之所以喜欢如意，是因为"如意类我"。

晚年的曾氏，或舐犊之情十分浓厚，也或许因阅历太多而绚烂至极归于平淡，故对淡泊之性转而欣赏。总之，他对纪泽的这种清、淡天性是肯定的，只是提醒儿子注意这种性格的负面。其实，每种性格都有它的负面。

曾氏信中叫儿子提防"稍涉刻薄"。刻薄，人人都说不好。宽厚，人人都说好。但宽厚过分，则没有原则性，容易纵容祸害。此种人尤不宜做一把手。

曾纪泽连秀才也未考中，性情又淡泊，若生在普通人家，一辈子大概只是个塾师的命。但他因为有父亲的余荫，顺利进入官场。又因为学过英文，得以外放欧洲做大使，后来又做到侍郎高官。在中俄谈判中，居然赢得了晚清仅有的一次外交胜利，被朝野称为能员。曾纪泽也应该算是一个人才，但按正常的仕途规矩，他是连门槛也进不了的人。

从这件事上可以看出科举考试压抑了多少人才。但反过来，倘若没有正规的科举考试，像曾氏那样无所依傍的农家子弟，又通过什么途径来崭露头角呢？这真是一个两难之选。

致欧阳夫人（同治六年五月初五日）

欧阳夫人左右：

自余回金陵后，诸事顺遂。惟天气亢旱，虽四月二十四、五月初三日两次甘雨，稻田尚不能栽插，深以为虑。科一出痘，非常危险，幸祖宗神灵庇佑，现已痊愈发体，变一结实模样。十五日满两个月后，即当遣之回家，计六月中旬可以抵湘。如体气日旺，七月中旬赴省乡试可也。

余精力日衰，总难多见人客。算命者常言十一月交癸运，即不吉利，余亦不愿久居此官，不欲再接家眷东来。夫人率儿妇辈在家，须事事立个一定章程。居官不过偶然之事，居家乃是长久之计，能从勤俭耕读上做出好规模，虽一旦罢官，尚不失为兴旺气象。若贪图衙门之热闹，不立家乡之基业，则罢官之后，常常气象萧索。凡有盛必有衰，不可不预为之计。望夫人教训儿孙妇女，常常作家中无官之想，时时有谦恭省俭之意，则福泽悠久，余心大慰矣。余身体安好如常。惟眼蒙日甚，说话多则舌头蹇涩，左牙疼甚，而不甚动摇，不至遽脱，堪以告慰。顺问近好。

评点：有盛必有衰

同治六年的端午节，曾氏给欧阳夫人写了这封信。从咸丰二年底离家筹办湘军起，到同治十一年去世这十八九年时间，曾氏夫妇相聚时少，分离时多。曾氏小家庭的家书收信人，多为二子。欧阳夫人所要对丈夫说的话，也由儿子的信中说出。这种情形，正是中国传统观念中的"男主外，女主内"的表现。

保存下来的曾氏直接写给夫人的信仅两封，这是第二封。

这封信里，曾氏与夫人谈到居官与居家、盛与衰等事。依笔者的理解，官员之身的曾氏是将"官"看成暂时的，将"家"看成是永久的；将"官"视为用，将"家"视为本。他的这些观念，很值得我们重视揣摩，特别值得那些做大官、做大事的人重视揣摩。人生在世，最真实的成就感、幸福感，究竟是来自权势、财产、事业，还是来自家庭，来自自身？这可能是一个有争议且无固定答案的问题。

谕纪泽（同治八年正月二十二夜）

字谕纪泽儿：

久未闻两江折差入京，是以未及写信。前接尔腊月二十六日禀，本日固安途次又接尔正月初七禀，具悉一切。余自十二月十七至除夕已载于日记中，兹付回。

正月灯节以前惟初三、五无宴席，余皆赴人之召。然每日仅吃一家，有重复者辄辞谢，不似李、马二公日或赴宴四五处。盖在京之日较久，又辈行较老，请者较少也。军机处及弘德殿诸公颇有相敬之意，较去冬初到时似加亲厚，九列中亦无违言。然余生平最怕以势利相接，以机心相贸，决计不作京官，亦不愿久作直督。约计履任一年即当引疾悬车，若到官有掣肘之处，并不待一年期满矣。

接眷北来，殊难定策，听尔与尔母熟商。或全眷今春即回湖南，或全家北来保定，明年与我同回湖南，均无不可。若全来保定，三月初即可起行。余于二十日出京，先行查勘永定河。二十七八可到保定，接印后即派施占琦回金陵，二月二十日外可到。尔将书箱交施由沪运京，即可奉母北行耳。

余送别敬一万四千余金，三江两湖五省全送，但亦厚耳。合之捐教及杂费凡万六千上下，加以用度千余金，再带二千余金赴官，共用二万两。已写信寄应敏斋，由作梅于余所存缉私经费项下提出归款。阅该项存后路粮台者已有三万余金，余家于此二万外不可再取丝毫。尔密商之作梅先生、雨亭方伯，设法用去。凡散财最忌有名，总不可使一人知（一有名便有许多窒碍，或捏作善后局之零用，或留作报销局之部费，不可捐为善举费）。至嘱至嘱。余生平以享大名为忧，若清廉之名尤恐折福也。杜小舫所寄汇票二张，已令高列三涂销寄回。尔等进京，可至雨亭处取养廉数千金作为途费，余者仍寄雨亭处另款存库，余罢官后或取作终老之资，已极丰裕矣。纪鸿儿及幕府等未随余勘河，二十三日始出京赴保定也。此谕。

涤生手示（固安工次）

评点：散财最忌有名

曾氏从金陵出发，一路上走了四十天，十二月十三抵达北京城。自从咸丰二年出京以来，曾氏再未回过京师。此次重返京华，想必他最大的感慨，大概不是这十七年间做了一桩大事业，获得封侯拜相的人生大成功，而是叹息当年踌躇满志的中年人，如今已是衰朽残年了。

他进京后下榻东安门外金鱼胡同贤良寺。当天傍晚，便奉到次日召见的通知。这是皇家对进京谒见的大臣的格外礼遇。十四日凌晨四点一刻，曾氏便起床。吃过早饭，五点半钟来到紫禁城景运门。进入大内，在隆宗门外的军机值庐里会见了恭王、衿王、孚王等近支亲王和军机大臣，又在九卿朝房里会见许多卿贰大臣。已正时分，由道光帝的侄儿奕山带领走进养心殿东暖阁，两宫太后和同治帝在此召见他。

咸丰二年出京时，慈安太后虽已是皇后，但曾氏作为外官，是不可能见到她的。至于慈禧太后，那时只是一个地位极低的秀女。曾氏对这个那拉氏，绝对是名字都未听说过。十三岁的同治皇帝载淳，那时尚未出生。所以，他们之间的见面，彼此都是第一次。皇上一直没有开口，说话的都是两宫太后，其中慈禧说得更多些。两宫问的是一路的行程和曾家兄弟的情况，希望曾氏在直隶练出一支好兵来。第二天、第三天，又接连召见两次，问的是江南造船和撤勇的事。分成三次召见，一是一天要见的人太多，不能谈话太久，二是表示圣眷隆厚，让被召见者脸上更光彩。第一次召见时，两宫太后便赏曾氏紫禁城骑马的特殊待遇。所谓紫禁城骑马，并不是真的骑着马进紫禁城，而是朝廷将一根七八寸长装饰考究的马鞭赏给被赏者。这是对功大年高大臣的一种崇高赏赐。

在进京途中，曾氏又奉旨由体仁阁大学士改为武英殿大学士。二殿三阁的排列次序为文华殿、武英殿、文渊阁、东阁、体仁阁，这意味着大学士的位置又前挪了。既为大学士，曾氏也便到内阁去看了看，又去翰林院看了看，接见内阁及翰苑的官员们。同治八年大年初一，曾氏作为百官之首，带领群臣进宫向皇太后、皇上贺新年之禧。十六日，皇上在内宫宴请百官，倭仁坐满员首座，曾氏坐汉员首座。十七日中午，两宫太后与皇上第四次召见曾氏，再次谈及直隶练兵及防备外人入侵的事。二十日离京南下保定，一路查看永定河工。此信即写在查看河工途中。

从此信可知，曾氏的别敬是送给三江两湖五省的在京官员的。三江指的江苏、江西、安徽三省。曾氏身为两江总督，是此三省的最高行政长官，故三省全体官员沾润。两湖即湖南、湖北。曾氏为湖南人，湘籍京官自然都是乡亲，送礼在情理中。至于湖北京官为何要送呢？原来，在雍正朝以前，湖北湖南两省乡试为同一个考场，设在武昌。因为此，两湖有同乡之称。鉴于洞庭湖在六七月间风浪险恶，湖南士子此时过湖多危险，遂从雍正二年开始，两湖分闱，湖南士子在长沙乡试。但两湖同乡之谊仍沿袭下来。湖北湖南籍京官互称大同乡，湖南籍者则互称小同乡。明白了这个沿革，便可知曾氏为何要送鄂籍京官礼金。

"别敬"及捐款、杂费以及进京车马费，都是因公花的，故从公款——缉私经费上开支。缉私费类似于我们今天的罚款，它是公款，但不是正规的财政收入，朝廷是不会管的。廉洁的官员会将这笔额外收入用之于公事，不廉洁的官员则有可能私分或独吞。曾氏叮嘱家人不可从中妄取丝毫，而将余下的一万多两设法散去，但特别提醒儿子注意，不可张扬此事，不可视此事为做慈善事。

为什么如此呢?

笔者想,曾氏可能认为这笔钱本不是他的私产,若张扬出去,社会上会以"清廉""乐善好施"等来称颂他,那样将名不符实。他的名望已够大了,若加此不实之名,反为不美。在另一封给纪泽的信中,曾氏告诉儿子,他有一万八千两养廉费存于江苏藩司李宗羲处,这笔钱是他的私产,家人可用。故此信中他说,倘若家眷北上的话,其途费可以从雨亭(即李宗羲)处取养廉费数千金。

谕纪泽纪鸿（同治九年六月初四日）

余即日前赴天津，查办殴毙洋人焚毁教堂一案。外国性情凶悍，津民习气浮嚣，俱难和叶，将来构怨兴兵，恐致激成大变。余此行反复筹思，殊无良策。余自咸丰三年募勇以来，即自誓效命疆场，今老年病躯，危难之际，断不肯苟于一死，以自负其初心。恐邂逅及难，而尔等诸事无所禀承，兹略示一二，以备不虞。

余若长逝，灵柩自以由运河搬回江南归湘为便。中间虽有临清至张秋一节须改陆路，较之全行陆路者差易。去年由海船送来之书籍、木器等过于繁重，断不可全行带回，须细心分别去留。可送者分送，可毁者焚毁，其必不可弃者，乃行带归，毋贪琐物而花途费。其在保定自制之木器全行分送。沿途谢绝一切，概不收礼，但水陆略求兵勇护送而已。

余历年奏折，令夏吏择要抄录，今已抄一多半，自须全行择抄。抄毕后存之家中，留于子孙观览，不可发刻送人，以其间可存者绝少也。

余所作古文，黎莼斋抄录颇多，顷渠已照抄一份寄余处存稿，此外黎所未抄之文寥寥无几，尤不可发刻送人，不特篇帙太少，且少壮不克努力，志亢而才不足以副之，刻出适以彰其陋耳。如有知旧劝刻余集者，婉言谢之可也。切嘱切嘱。

余生平略涉儒先之书，见圣贤教人修身，千言万语，而要以不忮不求为重。忮者，嫉贤害能，妒功争宠，所谓忌者不能修，忌者畏人修之类也。求者，贪利贪名，怀土怀惠，所谓未得患得，既得患失之类也。忮不常见，每发露于名业相侔、势位相埒之人；求不常见，每发露于贷财相接、仕进相妨之际。将欲造福，先去忮心，所谓人能充无欲害人之心，而仁不可胜用也。将欲立品，先去求心，所谓人能充无穿窬之心，而义不可胜用也。忮不去，满怀皆是荆棘；求不去，满腔即卑污。余于此二者常加克治，恨尚未能扫除净尽。尔等欲心地干净，宜于此二者痛下功夫，并愿子孙世世戒之。附作忮求诗二首录右。

历览有国有家之兴，皆由克勤克俭所致。其衰也，则反是。余生平亦颇以勤字自励，而实不能勤。故读书无手抄之册，居官无可存之牍。生平亦好以俭字教人，而自问实不能俭。今署中内外服役之人，厨房日用之数，亦云奢矣。其故由于前在军营，规模宏阔，相沿未改，近因多病，医药之资漫无限制。由俭入奢易于下水，由奢反俭难于登天。在两江交卸时，尚存养廉二万金。在余初意，不料有此，然似此放手用去，转瞬即已立尽。尔辈以后居家，须学陆梭山之法，每月用银若干两，限一成熟，另封称出。本月用毕，只准赢余，不准亏欠。衙门奢侈之习，不能不彻底痛改。余初带兵之时，立志不取军营之钱以自肥其私，今日差幸不负始愿，然亦不愿子孙过于贫困，低颜求人，惟在尔辈力崇俭德，善持其后而已。

孝友为家庭之祥瑞。凡所称因果报应，他事或不尽验，独孝友则立获吉庆，反是则立获殃祸，无不验者。

吾早岁久宦京师，于孝养之道多疏，后来辗转兵间，多获诸弟之助，而吾毫无裨益于诸弟。余兄弟姊妹各家，均有田宅之安，大抵皆九弟扶助之力。我身殁之后，尔等事两叔如父，事叔母如母，视堂兄弟如手足。凡事皆从省啬，独待诸叔之家则处处从厚，待堂兄弟以德业相劝、过失相规，期于彼此有成，为第一要义。其次则亲之欲其贵，爱之欲其富，常常以吉祥善事代诸昆季默为祷祝，自当神人共钦。温甫、季洪两弟之死，余内省觉有惭德。澄侯、沅甫两弟渐老，余此生不审能否相见。尔辈若能从孝友二字切实讲求，亦足为我弥缝缺憾耳。

附怍求诗二首：

善莫大于恕，德莫凶于妒。妒者妾妇行，琐琐奚比数。己拙忌人能，己塞忌人遇。己若无事功，忌人得成务；己若无党援，忌人得多助。势位苟相敌，畏逼又相恶。己无好闻望，忌人文名著；己无贤子孙，忌人后嗣裕。争名日夜奔，争利东西鹜。但期一身荣，不惜他人污。闻灾或欣幸，闻祸或悦豫。问渠何以然，不自知其故。尔室神来格，高明鬼所顾。天道常好还，嫉人还自误。幽明丛诟忌，乖气相回互。重者灾汝躬，轻亦减汝祚。我今告后生，悚然大觉寤。终身让人道，曾不失寸步。终身祝人善，曾不损尺布。消除嫉妒心，普天零甘露。家家获吉祥，我亦无恐怖。（右不怍）

知足天地宽，贪得宇宙隘。岂无过人姿，多欲为患害。在约每思丰，居困常求泰。富求千乘车，贵求万钉带。未得求速偿，既得求勿坏。芬馨比椒兰，磐固方泰岱。求荣不知厌，志亢神愈忕。岁燠有时寒，日明有时晦。时来多善缘，运去生灾怪。诸福不可期，百殃纷来会。片言动招尤，举足便有碍。戚戚抱殷忧，精爽日凋瘵。矫首望八荒，乾坤一何大！安荣无遽欣，患难无遽憝。君看十人中，八九无倚赖。人穷多过我，我穷犹可耐。而况处夷途，奚事生嗟忾？于世少所求，俯仰有余快。俟命堪终古，曾不愿乎外。

（右不求）

评点：安排后事

同治九年五月二十五日，曾国藩奉到一道"前赴天津查办事件"的上谕。天津出的这个事件便是中国近代著名的天津教案。为方便读者阅读以下所录的几封家书，有必要将天津教案简单地介绍一下。

同治九年入夏以来，天津亢旱异常，人心不定，民间谣言甚多。传说有人用药迷拐幼孩，又义冢内有暴露的小孩尸体，暴露之尸系洋人教堂所丢弃，并有教堂挖眼剖心之说。五月二十日，有人捉拿用药迷拐幼孩的罪犯武兰珍至官府，审讯时牵涉到已加入法国教会的教民王三，于是民情汹汹。二十三日，法国领事丰大业、传教士谢福音面见武兰珍，但武不能指出王三其人，且所供与教堂实际不符。教堂外面，围观的老百姓与教堂中人发生口角、殴打。这时，丰大业持枪进入清廷设在天津的办理洋务的机构——三口通商衙门，并在衙门内放枪。丰大业走出衙门后遇到天津知县刘杰。丰向刘开枪未中，伤及刘的仆人。围观的百姓愤怒至极，遂将丰大业打死。百姓的情绪因此更加激愤，涌至法国领事馆，扯毁国旗，捣毁房屋，又放火焚烧仁慈堂一处、洋行一处、英国讲书堂四处、美国讲书堂二处，打死法国人九名、俄国人三名、比利时人二名、英美人各一名，另有无名尸十具，造成了震惊中外的天津大教案。此次教案中，外国人所遭受的打击，为历次教案所仅见。法国为此提出强烈抗议，并威胁清廷说要调集兵船，英、俄、意、比等也纷纷提出抗议，事态极为严重。

　　三口通商大臣崇厚急报朝廷，并请派大员来津处理此事。朝廷第一个想到的便是直隶总督曾国藩。五月二十五日曾氏所奉的谕旨是这样写的："崇厚奏津郡民人与天主教起衅，现在设法弹压，请派大员来津查办一折……曾国藩病尚未痊，本日已再行赏假一月，惟此案关系紧要，曾国藩精神如可支持，着前赴天津，与崇厚悉心会商，妥筹办理。匪徒迷拐人口，挖眼剖心，实属罪无可逭。既据供称牵连教堂之人，如查有实据，自应与洋人指证明确，将匪犯按律惩办，以除地方之害。至百姓聚众将该领事殴死，并焚毁教堂，拆毁仁慈堂等处，此风亦不可长。着将为首滋事之人查拿惩办，俾昭公允。地方官如有办理未协之处，亦应一并查明，毋稍回护。曾国藩务当体察情形，迅速持平办理，以顺舆情而维大局。"五月二十七日，朝廷在接到崇厚的再次报急后，又给曾氏下了一道上谕，令他赶赴天津查明案情，缉拿凶手，弹压滋事人员。五月三十日，朝廷谕内阁严惩作奸犯科的匪徒，紧接着又将天津道员周家勋、天津知府张光藻、天津知县刘杰先行交部分别议处，随后又派崇厚为出使法国大臣，向法国政府说明真相，赔礼道歉。

在这样的情况下，无论是事关重大、朝廷严命，还是职分攸关，重病中的曾氏都不可能不接受这个使命。离保定前夕，他想到眼下天津城一片乱哄哄，中外情绪都在激昂中，事情不仅棘手难以处置，即便处置了，也绝对是两边不讨好。事多心烦，再加之病情严重，此去天津很可能不是活着回来，于是给两个儿子写下了这份带有遗嘱性质的信。

信中所说的运灵柩回湖南之事，自是一般人的不愿客葬他乡做野鬼的心态，可不必说；关于不忮不求勤俭孝友等等，乃曾氏一贯的主张，先前的家信中反反复复地说得很多，也可不必再赘述。与通常人的遗嘱不同的事，曾氏着重叮嘱二子今后要"事两叔如父，事叔母如母，视堂兄弟如手足"。这是因为曾氏的兄弟经历与常人不同。曾府的真正鼎盛靠的是那场战争。五兄弟四人带兵在外打仗，一人在家守摊子。曾府因此赢得"一门忠义"的御旨赞誉，又因两人死于战场，使得这四个字的分量更重。在曾氏看来，曾府今日的局面，是众兄弟共同撑起来的。此为其一。其二，老九战功最大，为家族捞得的金银最多，曾氏又常说他的侯爵是老九送的。信中说各家的"田宅之安，大抵皆九弟扶助之力"，可知曾氏一直深记老九对家族的实在贡献，并对他心存感激。其三，曾氏从三十岁起便离家宦游，不能多管家事，身为次子的老四实际上挑起了长子照顾家庭的重担。

凡此种种，使得曾氏对健在的两弟的情感大为超过常人手足之情。明白了这几层原因，便不难理解"事两叔如父"的话了。

这封信另一个值得我们重视的，是关于他对自己所留文字的处置态度：奏折、古文不可发刻送人，只留于子孙观览；不刻文集。其原因，是他认为这些文字不足以传世。

他的这个遗嘱，家人并没有执行。他死后的第二年，即同治十二年便开始刊刻他的全集，四五年间他的全集陆续刷印问世。不但奏折、古文刻了，他的诗、杂著、批牍、信函都刻了，连纯粹属于个人的东西如日记、家书等也刻印了。

由李瀚章、郑敦谨等人主编的这套《曾文正公全集》，后来成了晚清人物文集中最为著名的一种，百余年来对中国官场士林影响最为深巨。到了20世纪80年代，湖南岳麓书社则组织学者专家对存世的湘乡曾氏文献予以清查整理，积数十人之工，历十余年之久，出版了一套三十册一千五百万字的《曾国藩全集》，将曾氏遗留人世的所有文字搜罗一尽。

曾氏家人不执行这个遗命是对的。因为曾氏一旦谢世，他的文字便进入历史档案一类，将它公之于世，对于历史研究是大有裨益的，倘若拘泥于遗命，反倒是一种自私的行为。事实上，曾氏本人及其关系密切之人，早就知道这些文字必定会刊刻出来的。曾氏将所有文字均录副送到老家保存，便是试图尽可能完整地保存他的档案，以利于今后出全集。他的日记绝少涉及机密事，也很少臧否人物，也是出于今后面世的考虑。有一次，老九看了曾氏的日记后，发现其间有对自己不利的文字，曾氏说可以将那些文字涂掉。

既作刊刻的考虑，又不同意发刻送人，看似有点矛盾虚伪，其实不然。曾氏是一个明智的人，自我看待是一件事，别人看待又是一件事，两者不能混淆。"身后是非谁管得，满村听说蔡中郎"。尽管自己不愿刻印文集，但他知道，刻印的"厄运"是不可逃避的。一向谨慎的他，于是处处预做日后刊刻的准备。

致澄弟沅弟（同治十年十月二十三日）

澄、沅两弟左右：

屡接弟信，并阅弟给纪泽等谕帖，具悉一切。兄以八月十三出省，十月十五日归署。在外匆匆，未得常寄函与弟，深以为歉。小澄生子，岳松入学，是家中近日可庆之事。沅弟夫妇病而速痊，亦属可慰。

吾见家中后辈体皆虚弱，读书不甚长进，曾以养生六事勖儿辈：一曰饭后千步，一曰将睡洗脚，一曰胸无恼怒，一曰静坐有常时，一曰习射有常时（射足以习威仪，强筋力，子弟宜多习），一曰黎明吃白饭，一碗不沾点菜。此皆闻诸老人，累试毫无流弊者，今亦望家中诸侄试行之。又曾以为学四字勖儿辈：一曰看生书宜求速，不多阅则太陋；一曰温旧书宜求熟，不背诵则易忘；一曰习字宜有恒，不善写则如身之无衣，山之无木；一曰作文宜苦思，不善作则如人之哑不能言，马之跛不能行。四者缺一不可，盖阅历一生，而深知之深悔之者，今亦望家中诸侄力行之。养生与为学，二者兼营并进，则志强而身亦不弱，或是家中振兴之象。两弟如以为然，望常以此教诫子侄为要。

兄在外两月有余，应酬极繁，眩晕、疝气等症幸未复发，脚肿亦因穿洋袜而愈。惟目蒙日甚，小便太频，衰老相逼，时势当然，无足异也。

聂一峰信来，言其子须明春乃来，又商及送女至粤成婚一层。余复信仍以招赘为定，但许迟至春间耳。

章合才果为庸才，其军断难得力。刘毅斋则无美不备，将来事业正未可量。其欠饷，余必竭力助之。王辅臣亦庸庸，颇难寻一相宜之差。

东台山为合邑之公地，众人属目，且距城太近，即系佳壤，余亦不愿求之已有，信复树堂矣。

茶叶、蛏虷、川笋、酱油均已领到，谢谢！阿兄尚未有一味之甘分与老弟，而弟频致珍鲜，愧甚愧甚。川笋似不及少年乡味，并不及沅六年所送，不知何故？

鸣原堂文，余竟忘所选之为何篇，请弟将目录抄来，兄当选足百篇，以践宿诺。祖父墓表即日必寄去，请沅弟大笔一挥，但求如张石卿壁上所悬之大楷屏（似沅七年所书）足矣，不必谦也。顺问近好。

国藩手具

评点：养生六事与为学四字

曾氏身体应属不强壮之列，同时代的"中兴"名流如左宗棠、彭玉麟、李鸿章等人都活了七十多岁，但曾氏却喜谈养生，也很注重养生。我们来看他所说的养生六事：饭后散步、临睡洗脚、不烦恼、静坐锻炼、早起吃白饭不吃菜，除最后一条较难理解外，其他五条都符合今天的养生科学。

曾氏三十岁时患肺病，几于不治。肺病在当时被视为绝症，他虽然死里逃生，但很可能此病对他的身体伤害极大。中年后患的癣疾伴他后半辈子，晚年患肾病、心血管病兼双目白内障。可谓终其生，他没有多少健康的岁月。曾氏以一病弱之躯，在短短的六十年里，读书，做官，写诗文，筹建军队，指挥打仗，一人做了两三人的事，而且样样都做得比别人好。之所以能坚持下去，除开过人的毅力外，说不定正是得力于他持之以恒的养生之道。

他的为学四字：一曰速。即博览群书，扩大知识面。二曰熟。即对经典之作反复读，并且能背诵。三曰恒。即坚持临帖习字，书法要好。四曰思。即做文章要有自己的见解、自己的思想。除第三字因电脑被广泛运用书法淡出外，其他三字均对今天的读者仍有启发。尤其是"熟"字，今天的读书郎往往不太重视。他们认为现在有了电脑，前人的东西，动一下鼠标就出现在荧屏上，还要记在脑子里做什么？其实，存在人脑里和存在电脑里是大不相同的。存在人脑里的知识是接受新知识的基础，也是产生新才智的源头。没有旧知作底，好比石板上没有土壤，任何新知的种子都不可能在此生根发芽。再说，人们在日常工作中处理事情、思索创造、著书立说等等，能时时从电脑里去找根据找启发找灵感吗？倘若脑子里一片空白，即便想找也无从着手。趁着年轻记忆力好的时候，必须在脑子里多储存前人已获取的宝贵知识，将它变为自己的精神财富，这是一切伟大创新的基础。不管科学技术发展到何等先进地步，人脑的记忆都是不可取代的。

谕纪泽纪鸿（同治十年十一月）

一曰慎独则心安。自修之道，莫难于养心。心既知有善知有恶，而不能实用其力，以为善去恶，则谓之自欺。方寸之自欺与否，盖他人所不及知，而己独知之。故《大学》之"诚意"章，两言慎独。果能好善如好好色，恶恶如恶恶臭，力去人欲，以存天理，则《大学》之所谓自慊，《中庸》之所谓戒慎恐惧，皆能切实行之。即曾子之所谓自反而缩，孟子之所谓仰不愧、俯不怍，所谓养心莫善于寡欲，皆不外乎是。故能慎独，则内省不疚，可以对天地质鬼神，断无行有不慊于心则馁之时。人无一内愧之事，则天君泰然，此心常快足宽平，是人生第一自强之道，第一寻乐之方，守身之先务也。

二曰主敬则身强。敬之一字，孔门持以教人，春秋士大夫亦常言之，至程朱则千言万语不离此旨。内而专静纯一，外而整齐严肃，敬之工夫也；出门如见大宾，使民如承大祭，敬之气象也；修己以安百姓，笃恭而天下平，敬之效验也。程子谓上下一于恭敬，则天地自位，万物自育，气无不和，四灵毕至。聪明睿智，皆由此出。以此事天飨帝，盖谓敬则无美不备也。吾谓敬字切近之效，尤在能固人肌肤之会筋骸之束。庄敬日强，安肆日偷，皆自然之征应，虽有衰年病躯，一遇坛庙祭献之时，战阵危急之际，亦不觉神为之悚，气为之振，斯足知敬能使人身强矣。若人无众寡，事无大小，一一恭敬，不敢懈慢，则身体之强健，又何疑乎？

三曰求仁则人悦。凡人之生，皆得天地之理以成性，得天地之气以成形，我与民物，其大本乃同出一源。若但知私己，而不知仁民爱物，是于大本一源之道已悖而失之矣。至于尊官厚禄，高居人上，则有拯民溺救民饥之责。读书学古，粗知大义，即有觉后知觉后觉之责。若但知自了，而不知教养庶汇，是于天之所以厚我者辜负甚大矣。

孔门教人，莫大于求仁，而其最切者，莫要于欲立立人、欲达达人数语。立者自立不惧，如富人百物有余，不假外求；达者四达不悖，如贵人登高一呼，群山四应。人孰不欲己立己达，若能推以立人达人，则与物同春矣。后世论求仁者，莫精于张子之《西铭》。彼其视民胞物与，宏济群伦，皆事天者性分当然之事。必如此，乃可谓之人，不如此，则曰悖德，曰贼。诚如其说，则虽尽立天下之人，尽达天下之人，而曾无善劳之足言，人有不悦而归之者乎？

四曰习劳则神钦。凡人之情，莫不好逸而恶劳，无论贵贱智愚老少，皆贪于逸而惮于劳，古今之所同也。人一日所着之衣所进之食，与一日所行之事所用之力相称，则旁人赚之，鬼神许之，以为彼自食其力也。若农夫织妇终岁勤动，以成数石之粟数尺之布，而富贵之家终岁逸乐，不营一业，而食必珍羞，衣必锦绣，酣豢高眠，一呼百诺，此天下最不平之事，鬼神所不许也，其能久乎？

古之圣君贤相，若汤之昧旦丕显，文王日昃不遑，周公夜以继日坐以待旦，盖无时不以勤劳自励。《无逸》一篇，推之于勤则寿考，逸则夭亡，历历不爽。为一身计，则必操习技艺，磨炼筋骨，困知勉行，操心危虑，而后可以增智慧而长才识。为天下计，则必己饥己溺，一夫不获，引为余辜。大禹之周乘四载，过门不入，墨子之摩顶放踵，以利天下，皆极俭以奉身，而极勤以救民。故荀子好称大禹、墨翟之行，以其勤劳也。

军兴以来，每见人有一材一技、能耐艰苦者，无不见用于人，见称于时。其绝无材技、不惯作劳者，皆唾弃于时，饥冻就毙。故勤则寿，逸则夭，勤则有材而见用，逸则无能而见弃，勤则博济斯民，而神祇钦仰，逸则无补于人，而神鬼不歆。是以君子欲为人神所凭依，莫大于习劳也。

余衰年多病，目疾日深，万难挽回，汝及诸侄辈身体强壮者少，古之君子修己治家，必能心安身强而后有振兴之象，必使人悦神钦而后有骈集之祥。今书此四条，老年用自儆惕，以补昔岁之愆；并令二子各自勖勉，每夜以此四条

相课，每月终以此四条相稽，仍寄诸侄共守，以期有成焉。（同治十年金陵节署中日记）

评点："慎独、主敬、求仁、习劳"四课

这封信所说的四门日课，最早见于曾氏同治九年九月二十二日记。其时曾氏已奉调两江，天津教案的处理也告一段落，第二天一早即由儿子纪泽陪同进京谒见，然后再南下金陵。这天晚上，他在天津寓所写下一段日记："是日细思古人功夫，其效之尤著者约有四端：曰慎独则心泰，曰主敬则身强，曰求仁则人悦，曰思诚则神钦。慎独者，遏欲不忽隐微，循理不问须臾，内省不疚，故心泰。主敬者，外而整齐严肃，内而专静纯一，斋庄不懈，故身强。求仁者，体则存心养性，用则民胞物与，大公无我，故人悦。思诚者，心则忠贞不贰，言则笃实不欺，至诚相感，故神钦。四者之功夫果至，则四者之效验自臻。余老矣，亦尚思少致吾功，以求万一之效耳。"

与上段日记相比，有三个字不同。一是第一条的慎独则心泰，将"泰"易为"安"。虽换字，意思是一样的。二是第四条思诚则神钦，"思诚"易为"习劳"。这两字改得更好。此外，则是通过诠释文字而将内涵大为丰富拓展。

"慎独"一词见于《大学》："所谓诚其意者，毋自欺也。如恶恶臭，如好好色。此之谓自谦，故君子必慎其独也……此谓诚于中，形于外，故君子必慎其独也。"又见于《中庸》："莫见乎隐，莫显乎微，故君子慎独也。"

慎独，即谨慎独处：一个人在独处时，也能做到严格要求自己，不妄取不苟为。在儒家学说中，慎独，乃是修身的最高境界。宋明理学家最重视的也就是人在独处时的态度。曾氏道光年间在京师拜倭仁、唐鉴为师研习理学，其中最主要的一项内容也即为此。我们看到他那时的日记中，常常充满了对自己的

指责，甚至辱骂，而其"错"往往是独处时的思想失落。试看道光二十二年十月初十日的一则日记："昨夜梦人得利，甚觉艳羡，醒后痛自惩责，谓好利之心至形诸梦寐，何以卑鄙若此！"

梦中的事，天地间惟有他一人知道，即便对于这种状况下所流露的一丝贪欲，他也要写在日记上，对自己痛自刻责，"慎独"到了何等自觉的地步！令人不由得想起"文革"期间当局所提倡的"灵魂深处爆发革命"。

前附的《君子慎独论》，就写在这个时期。文章开篇便说："尝谓独也者，君子与小人共焉者也。小人以其为独而生一念之妄，积妄生肆，而欺人之事成。君子懔其为独而生一念之诚，积诚为慎，而自慊之功密。"他在分析君子与小人在独处时对"善"与"不善"的不同想法之后，概括道："独知之地，慎之又慎。此圣经之要领，而后贤所切究者也。"一个人独处尚且能为善去恶，其心中自然无一内愧之事，什么时候都能坦然面对世界。

人们都知道，养身首在养心，最大的快乐在于心情的愉悦。慎独则是最好的养心，将可使人得到最大的快乐。

曾氏的第二条"主敬则身强"，实际上讲的是一个人的精神状态的重要性。我们在自己的周围常常可以看到两种不同的典型：一种人自强自信自立，对待工作对待生活庄敬严肃。这种人必定事业有成，生活充实。一种人做什么事都提不起精神，一副委靡不振的模样，事业上既无追求，生活上又毫无节制。这种人固然做不出成绩来，即便是身体也不会好。曾氏希望儿子以主敬来达到身强的目的，也就是说希望儿子做精神状态好的人。

曾氏的第三条，用今天的话说就是对人要有爱心。你关爱别人（欲立立人，欲达达人），别人也就欢迎你。儒家对这种关系，有一个说法叫作"民胞物与"。关于"民胞物与"，笔者在前面的评点中已说过。曾氏认为张载此说是对"仁"的最精当的阐述。

曾氏的第四条是说人应当用自己的劳作来换取生存和社会地位。圣君贤相，以自己的智慧给天下百姓带来福祉；升斗小民，则凭一己之才技为家庭谋食。无论智慧也好，才技也好，皆来自勤劳艰苦，困知勉行。人付出的劳作与所得之酬赏若相一致，则不会招来忌妒怨恨；反之则难以长久。

曾氏说："若农夫织妇终岁勤动，以成数石之粟数尺之布，而富贵之家终岁逸乐，不营一业，而食必珍羞，衣必锦绣，酣豢高眠，一呼百诺，此天下最不平之事，鬼神所不许也，其能久乎？"

一百三十余年前，一个侯爵大学士，一个手握重权高高在上的总督，能够清醒地看到当时社会上所存在的这种最不平等的现象，能够对农夫织妇这些处于社会最底层的人们予以同情，对于不事生产却坐享奢豪的富贵之家能有如此谴责，这是多么的不容易！这固然与曾氏出身农家、亲历艰苦有关，但更主要的出于他建筑在学养和阅历上的智慧。作为一个对家族具有深厚责任心的家长，他对于子孙的长远关怀，更多的是形而上的智慧的传授，而不是形而下的财富的遗留。曾氏此刻已是百病缠身，自知不久于人世，他将多年的人生思考凝聚为慎独、主敬、求仁、习劳八个字，作为最后的家训传给二子，希望他们牢记于心，传之于后，长保曾氏家族的兴旺不衰。其用心真是良苦深远至极。

关于曾氏的死，其小女曾纪芬在《自述》中有较为详细的记载："是年（笔者注：同治十一年）正月二十三日，文正公会客，偶患脚筋上缩，移时而复。入内室时，语仲姊曰：'吾适以为大限将至，不自意又能复常也。'至二十六日出门拜客，忽欲语而不能，似将动风抽掣者，稍服药旋即愈矣。众以请假暂休为劝。公曰：'请假后宁尚有销假时耶？'又询欧阳太夫人以竹亭公逝时病状。盖竹亭公亦以二月初四日逝世也。语竟，公曰：'吾他日当俄然而逝，不至如此也。'至二月初四日，饭后在内室小坐。余姊妹剖橙以进，公少尝之，旋至署西花园中散步。花园甚大，而满园已走遍，尚欲登楼，以工程未毕而止。散步久之，忽足屡前蹶。惠敏在旁请曰：'纳履未安耶？'公曰：'吾觉足麻也。'惠敏亟与从行之戈什哈扶掖，渐不能行，即已抽搐，因呼椅至，扶坐椅中，舁以入花厅，家人环集，不复能语，端坐三刻遂薨。二姊于病亟时祷天割臂，亦无救矣。时二月初四日戌时也。"

从症状来看，曾氏当死于中风，正月份的脚抽筋、失语等为其先兆。奇怪的是，他与乃父死于同月同日，只是晚了十五年。曾氏归葬于湖南善化，墓址在今日湖南望城县坪塘镇。墓穴为曾国荃选定。两年后欧阳夫人去世，享年五十九岁，与丈夫合墓。长沙市政府已将曾氏夫妇墓辟为旅游景点。

古人云，君子之泽，五世而斩。纵观古往今来，家族鼎盛的局面能传到五代以下的确是微乎其微，但曾氏家族则至少在五代之内代有英才，是海内极为少见的长盛之家。下面，笔者对这五代略作一点介绍：第一代：曾氏兄弟。第二代：曾纪泽，著名外交家，在收复伊犁地区的中俄谈判中维护了国家的主权和尊严。这是近代中国唯一一次获胜的外事活动。曾纪鸿，数学家，撰有《对数详解》《圆周率考真图解》等书。

第三代：曾氏长孙曾广钧，翰林，著名诗人，有《环天室诗集》行世。曾氏三孙曾广铨，外交家，三十三岁时即任出使韩国大臣。

第四代：曾氏曾孙女曾宝荪。民国五年（1917年）获伦敦大学理科学士学位，为中国第一位在西方获得学位的女子。她是一位基督徒，终身未嫁，一生献与教育事业，创办长沙艺芳女子学校，并任过湖南省立第一女子师范学校校长，湖南省立第二中学校长，第二届、第三届太平洋国际讨论会中国代表，湖南省临时参议会参议员，国民政府参议会参议员。

曾氏曾孙曾约农，英国伦敦大学博士。他亦是基督徒，终身未娶，与堂姐宝荪一起终生致力于教育事业，曾任湖南克强学院院长、台湾东海大学校长等职。

曾国潢曾孙女曾昭燏，英国伦敦大学硕士，德国柏林大学研究员，曾仟南京博物院院长等职。她是一位著名的考古学家，亦终身未嫁。

曾国潢曾孙曾昭抡，美国麻省理工学院博士，著名化学家，曾任过高教部副部长，中国科学院学部委员（即院士）。其夫人俞大姻的母亲曾广珊乃曾氏的孙女，他们的婚姻属姑表开亲。俞大姻为英国牛津大学文科学士，做过南京中央大学教授。

第五代：曾宪植。宪植为曾国荃的玄孙女。她是一位女革命家，曾参加过北伐战争、广州起义，一九三七年与叶剑英结婚。先后任过全国妇联书记处书记、党组副书记、副主席等职。

曾厚熙，亦为曾国荃的玄孙。早年毕业于华中大学，后长期定居香港，曾任过华南大学艺术学院院长，是誉满海外的画家，曾被联合国聘为文教委员。

难道曾氏家族中真有一种基因密码可以一代代传下去吗？难道上天刻意要在每代曾氏子孙中安置几个人才吗？显然都不是。曾氏家族之所以人才辈出，是因为有一种世代相传的浓郁的文化氛围的熏陶；而这种文化氛围的形成，则得力于后世子孙遵奉曾氏的家教。